Die Wirtschaftstrends der Zukunft

Prof. Dr. Hermann Simon ist Chairman des Consultingunternehmens Simon, Kucher & Partners. Seine Bücher werden in viele Sprachen übersetzt. Simon, Kucher & Partners ist die führende deutsche Unternehmensberatung für Vertrieb und Marketing sowie Weltmarktführer in der Preisberatung. Sein Titel *Hidden Champions des 21. Jahrhunderts* wurde zum internationalen Bestseller.

Hermann Simon

Die Wirtschaftstrends der Zukunft

Campus Verlag
Frankfurt/New York

Bibliografische Information der Deutschen Nationalbibliothek:
Die Deutsche Nationalbibliothek verzeichnet diese Publikation in der Deutschen Nationalbibliografie. Detaillierte bibliografische Daten sind im Internet über http://dnb.ddb.de abrufbar.
ISBN 978-3-593-39363-6

Umschlaggestaltung: Guido Klütsch, Köln
Satz: Fotosatz L. Huhn, Linsengericht
Druck und Bindung: Druckhaus »Thomas Müntzer«, Bad Langensalza
Gedruckt auf Papier aus zertifizierten Rohstoffen (FSC/PEFC).
Printed in Germany

Inhalt

Einleitung
Sechs Wirtschaftstrends unserer Zukunft

In den letzten Jahren hat sich unser Blick auf die Zukunft verändert. Dies mag uns verunsichern. Aber wir können diese Entwicklung nicht aufhalten, denn die Welt bleibt nicht stehen. Längerfristige Wirtschaftstrends, die durch die Krise teilweise unterbrochen wurden, setzen sich in der »Nachkrisenzeit«[1] durch und bestimmen unsere Zukunft. Ein Blick nach vorne lohnt deshalb gerade heute. Viele Megatrends sind offensichtlich und schon in vollem Gange, »no-brainers«, wie die Amerikaner sagen. Dazu gehören das Vordringen erneuerbarer Energien, alternative Antriebssysteme bei Automobilen, die Fortschritte in Biotechnologie sowie Medizintechnik. Auch Samuel Huntington scheint mit seiner These des sich verschärfenden »Kampfes der Kulturen« Recht zu behalten.[2] Desgleichen dürfte der amerikanische Politologe Robert Kagan richtig liegen, wenn er – anspielend auf das nach dem Fall des eisernen Vorhanges von Francis Fukuyama publizierte Buch »The End of History«[3] – nun »The Return of History and the End of Dreams« im Sinne des Entstehens neuer Machtblöcke propagiert.[4] Solche großen gesellschaftlichen und politischen Trends sind nicht Gegenstand des vorliegenden Buches.

Hier geht es vielmehr um Entwicklungslinien, die Management und Unternehmensführung sehr konkret betreffen. Die sechs Wirtschaftstrends, die dieses Buch behandelt, haben sich schon teilweise manifestiert, teilweise sind sie erst im Entstehen begriffen. Sie werden sich weiter konkretisieren, beschleunigen und verstärken. Sie beeinflussen die zukünftigen Chancen und Risiken erfolgreicher Unternehmensführung in starkem Maße. Mein Ziel ist es, klare Diagnosen zu stellen und daraus praktische, handfeste Empfehlungen für das Management abzuleiten. Wer sich auf die Wirtschaftstrends unserer Zukunft einstellt und vorausschauend die richtigen Weichen stellt, der wird von den gewonnenen Einsichten profitieren.

Beschleunigte Globalisierung

Eine Vielzahl von Indikatoren belegt, dass die Globalisierung in den letzten drei Jahrzehnten enorm an Fahrt gewonnen hat. Die grenzüberschreitenden Aktivitäten sind weitaus stärker gewachsen als die landesinterne Wertschöpfung. Vieles spricht dafür, dass sich dieser Trend fortsetzen und sogar noch verstärken dürfte. Ich spreche deshalb von *beschleunigter Globalisierung*.

Die Globalisierung von Unternehmen läuft in typischen Phasen ab. Am Anfang steht der reine Export, dann folgen die Gründung ausländischer Vertriebsgesellschaften und später die Produktion im Ausland. In diesem Prozess internationalisiert sich die Belegschaft. So haben die meisten international aktiven deutschen Unternehmen heute mehr Mitarbeiter im Ausland als in Deutschland. Kann man ein Unternehmen, das 60 oder 80 Prozent seiner Mitarbeiter in anderen Ländern beschäftigt, noch als »deutsch« bezeichnen? Zunehmend rücken weitere Funktionen wie Forschung und Entwicklung an ausländische Standorte nach. Als letzte Phase folgt schließlich die Globalisierung des Managements. Immer mehr Unternehmen treten in das Stadium ein, in dem Mitarbeiter und Führungskräfte aus unterschiedlichen Kulturen im Alltag zusammenarbeiten. Harvard-Professor Howard Gardner, Erfinder des Konzepts der multiplen Intelligenzen, qualifiziert deshalb in seinem Buch »Five Minds for the Future« den Respekt für andere Kulturen als eine Schlüsselfähigkeit der Zukunft.[5] Wo stehen Deutschland und deutsche Unternehmen in dieser Hinsicht? In vielen Aspekten wie Exportstärke, Wettbewerbsfähigkeit unseres Systems, geostrategische Lage schneiden wir hervorragend ab. Auf anderen Feldern wie Demografie, Management der Zuwanderung, Gewinnung internationaler Talente belegen wir allenfalls mittlere, wenn nicht sogar hintere Plätze. Gleichzeitig holen große Länder wie China oder Indien mit rapiden Schritten auf. Insbesondere chinesische Unternehmen erweisen sich als zunehmend gefährliche Konkurrenten für deutsche Mittelständler. Was sind die Antworten auf diese neue Herausforderung? Und welche Chancen bieten sich? Wie sehen die Strategien der Zukunft aus, die diese Chancen nutzen und die Gefahren im Zaum halten?

Stärkere Einflussnahme der Politik

Die Wirtschaftskrise hat den Trend zur stärkeren Einflussnahme der Politik, vor allem im Finanzsektor, massiv befördert. Unabhängig davon läuft die Maschinerie der staatlichen Intervention seit Jahren mit zunehmender Intensität. Die Einflussnahme wird dabei immer detaillierter (siehe EU-Regelungen) und kann alle Managementinstrumente betreffen (man denke beispielsweise an Vorschriften zur Managementvergütung). Selbst Kerngeschäftsprozesse sind nicht mehr tabu. So schlägt der Yale-Ökonom Shiller unabhängige Finanzberater vor, die vom Staat bezuschusst werden und pro Beratungsstunde vom Kunden bezahlt werden, aber ansonsten keine weiteren Provisionen erhalten. In einem weiteren Vorschlag verlangt er für Privatleute Kreditversicherungen, die ähnlich wie die Kfz-Versicherung Pflicht sind. Manager werden sich immer stärker mit derartigen Vorschriften herumschlagen müssen. Das Thema Compliance schränkt die Unternehmensführung nachhaltig ein. Gleichzeitig verringern sich die Spielräume der Politik aufgrund der exorbitanten Verschuldung. Das Manövrieren in dieser Gemengelage wird zunehmend schwieriger.

Damit wird die Fähigkeit des Managements, den politischen Willensbildungsprozess zu beeinflussen und innerhalb verstärkter Interventionen zu agieren, wichtiger. *Der Lobbyismus ist eine Wachstumsbranche der Zukunft.*

Engere Verzahnung von Management und Kapital

Eines der großen Themen unserer Zeit ist die Angleichung der Interessen von Eigentümern und angestellten Managern. Ein naheliegendes Verfahren besteht darin, Manager verstärkt zu Miteigentümern zu machen. Viele der Probleme der Vergangenheit wurden durch Aktienoptionen ausgelöst, die Manager zu einem Verhalten incentivierten, das letztlich nicht den Interessen der Eigentümer entsprach. Dieses Buch zeigt neue Wege zur Lösung dieses Problems auf. In engem Zusammenhang damit stehen Fragen der Finanzierung. Die Entwicklung von Unternehmen wird wesentlich stärker als bisher von den Finanzierungsmöglichkeiten bestimmt.

Kredite sind schwerer zu bekommen, diese Tendenz wird anhalten. Eigenkapital wird gegenüber Fremdkapital deutlich an Bedeutung gewinnen. Das ist eine der bleibenden Folgen der Krise, die aber ohnehin überfällig war. Die offensichtlich falsche Bewertung von Risiken hat zu massiven Fehlallokationen von Kapital und zu unrealistischen Renditeerwartungen geführt. Wenn Kredit in Zukunft ein knappes Gut wird, so muss vermehrter Eigenkapitaleinsatz die Lücke schließen. Dazu sind Innovationen in diesem Bereich erforderlich.

Tektonische Verschiebungen in der Produktwelt

Deutsche Produkte besetzen im weltweiten Wettbewerb vielfach Premiumpositionen. Diese sind durch überlegene Leistungen und interne Kompetenzen untermauert. Auch in Zukunft müssen diese Positionen verteidigt werden. Gleichzeitig entsteht aber am unteren Ende der Preisskala ein neues Segment, das sehr groß zu werden verspricht. Um in diesem Segment erfolgreich zu sein, ergeben sich neue Anforderungen im Hinblick auf Forschung und Entwicklung, Produktion und Vermarktung. Erste Erfahrungen zeigen, dass deutsche Unternehmen hier durchaus bestehen können. Dazu sind jedoch völlig neue Methoden und Vorgehensweisen erforderlich.

Außer im Automobilmarkt sind deutsche Unternehmen in den Luxussegmenten kaum vertreten. Doch auch diese Segmente wachsen stärker als die Mitte, insbesondere in aufstrebenden Ländern wie China. Die bisherige Vernachlässigung des Luxusgütersegments durch deutsche Firmen muss deshalb korrigiert werden.

Aufgrund der explosionsartig gestiegenen Leistungsfähigkeit und den gleichzeitig gesunkenen Kosten der Elektronik steht die Automatisierung nicht nur in der Industrie, sondern auch im Privatbereich vor einem Quantensprung. Wenige wissen, dass die deutschen Unternehmen auf diese Entwicklung bestens vorbereitet sind und sie mit vorantreiben. Das Fundament dieser Führungsrolle liegt darin, dass es hier nicht um reine Informationstechnologie, sondern um die Integration von IT und Mechanik geht.

Nachhaltig verändertes Kundenverhalten

Die Wirtschaftskrise war eine Absatz- und keine Kostenkrise. Die Kunden haben Kaufverweigerung betrieben und ihr Verhalten verändert. Das Vertrauen in die Marktwirtschaft und insbesondere in den Finanzsektor ist möglicherweise nachhaltig beschädigt. Vieles spricht dafür, dass diese Verhaltensänderungen in die Nachkrisenzeit hinein Bestand haben werden. Nach einer derart schwerwiegenden Krise kann es fünf Jahre dauern, bis die Verbraucher das verloren gegangene Vertrauen wieder gewinnen sowie zu ihren alten Kauf- und Konsumgewohnheiten zurückkehren. Misstrauen und Angst vor der Zukunft, vor allem vor dem Verlust des Arbeitsplatzes, bleiben für viele bestimmend. Die ungünstige Veränderung der Preiselastizität entwickelt sich nur langsam zurück. Harte Nutzen- und Kostenvorteile werden auf lange Zeit eine höhere Bedeutung behalten. Auf leichtfertige Käufe wird verzichtet. Spontankäufe hochpreisiger Artikel werden vermieden. Gestauchte Zeitpräferenz, striktere Finanzierung sowie Sicherheit sind weitere Facetten eines veränderten Kundenverhaltens. Diese neuen Gegebenheiten sollten jedoch nicht nur als Bedrohungen, sondern durchaus auch als Chancen verstanden werden, auf die strategische Antworten zu finden sind. Bei diesen kann es sich um erweiterte Garantien oder Probezeiten, großzügige Rücktrittsklauseln, erfolgsabhängige Bezahlung, Tauschgeschäfte, neue Servicemodelle, Vertiefung der Wertschöpfungskette oder ähnliche Maßnahmen handeln.

Totale Vernetzung

Das Internet ist bereits weit in die Unternehmensfunktionen vorgedrungen. Dennoch stehen wir wohl erst am Anfang. Die beiden ausschlaggebenden Fähigkeiten des Internets, nämlich die extrem kostengünstige Distribution digitaler Produkte sowie die Vernetzung großer Zahlen von Anbietern und Nachfragern, befinden sich geschäftlich betrachtet in einem frühen Stadium. Nur wenige Firmen nutzen die sich diesbezüglich bietenden Potenziale heute in einem optimalen Umfange. Apple hat die Chancen, die das Internet für die Distribution digitaler Inhalte bietet, am besten verstanden und zu seinen Gunsten genutzt. Integrierte Systeme wie iPod, iPhone, iPad und die dazugehörigen Applikationen (»Apps«) haben das Tor in die Zukunft weit aufgestoßen und können zu Vorbildern für andere Contentanbieter werden. In der Nutzung der Vernetzungsfähigkeit des Internets ist bisher nur Google ein großer wirtschaftlicher Erfolg. Facebook scheint auf dem Weg dorthin. Doch wir werden viele neue Ansätze, Modelle und Erfolge sehen. Für traditionelle Anbieter wie Zeitungs- und Buchverlage wird sich die Welt radikal verändern.

Die Herausforderung: Effektivere Umsetzung

Angesichts der großen und schnellen Veränderung stellt sich eine übergeordnete Herausforderung, die effektivere Umsetzung. Obwohl sich in dieser Hinsicht in den letzten Jahren vieles verbessert hat, hapert es nach wie vor in den meisten Unternehmen an einer effektiven und schnellen Umsetzung von Plänen und Entscheidungen. Managementeffizienz und -effektivität beginnen mit einer besseren Nutzung der knappen Ressource Zeit. Angesichts der Überflutung mit Information werden der Kampf gegen unproduktives Multitasking, der Umgang mit den neuen Kommunikationstools und die Vermeidung von Überorganisation zu noch wichtigeren Fähigkeiten von Managern. Dennoch verlieren hergebrachte Tugenden wie Realitätssinn, Vermeidung großer Fehler und Innovativität nichts von ihrer Bedeutung. *Unternehmensführung bleibt spannend.*

Trend 1

Beschleunigte Globalisierung

Die Bedeutung der Globalisierung lässt sich schwerlich überschätzen. Fragt man sich, welcher Megatrend unser Leben in den letzten 50 Jahren am stärksten verändert hat, dann dürfte die allgemein akzeptierte Antwort »die Informationstechnologie« lauten. Stellt man die gleiche Frage in 30 oder 40 Jahren, dann bestehen gute Chancen, dass die Antwort »die Globalisierung« lauten wird – gerade für Unternehmen im deutschsprachigen Raum. Denn deutsche Unternehmen sind für eine sich beschleunigende Globalisierung bestens aufgestellt. Doch es stellen sich angesichts der Demografie und des Aufstiegs Asiens auch gigantische neue Herausforderungen.

Globalisierung als Wachstumstreiber

Man kann sagen, dass die Globalisierung erst vor wenigen Jahren begonnen und in kürzester Zeit enorm an Bedeutung gewonnen hat. Eine Vielzahl relevanter Indikatoren belegt diese Aussage auf eindrucksvolle Weise, wie Abbildung 1.1 veranschaulicht.

Die Abbildung zeigt, dass sich alle Indikatoren der Globalisierung vervielfacht haben. Die Zahl der Bücher zum Thema ist heute fast 160 Mal so hoch wie vor 30 Jahren (dies liegt allerdings auch an der niedrigen Ausgangsbasis). Besonders stark sind die grenzüberschreitenden täglichen Finanztransaktionen mit einem Indikator von 943 gestiegen. Hingegen haben sich die ausländischen Direktinvestitionen »nur« um das Vierfache gesteigert. Alle diese Wachstumsraten liegen deutlich über dem Anstieg der Bruttoinlandsprodukte in den entwickelten Ländern.

Abbildung 1.1: Indikatoren der Globalisierung 1980–2007

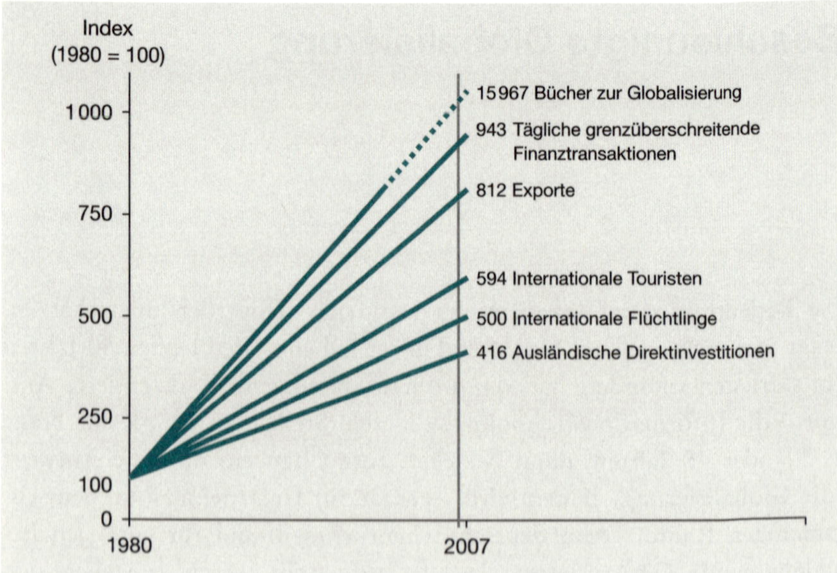

Betrachtet man die Entwicklung der Weltexporte pro Kopf der Weltbevölkerung über einen wesentlich längeren Zeitraum, nämlich seit 1900, so zeigt sich eine deutliche Beschleunigung in den letzten Jahrzehnten. Abbildung 1.2 veranschaulicht dies.

Ausgehend von einem sehr niedrigen Niveau (6 US-Dollar im Jahr 1900) wurden 50 Jahre für eine Vervierfachung benötigt. Die beiden Weltkriege zerstörten die internationalen Handelsstrukturen und warfen die Entwicklung der Exporte um Jahrzehnte zurück. In den nächsten 30 Jahren bis 1980 gab es ein sehr starkes Wachstum. Die nächste Verdoppelung auf knapp 1000 US-Dollar brauchte dann 20 Jahre. Seit dem Jahr 2000 haben sich die Weltexporte pro Kopf innerhalb weniger Jahre wiederum verdoppelt, trotz des bereits hohen Niveaus.

In absoluten Zahlen bedeutet diese Entwicklung einen Anstieg des internationalen Güteraustausches von 9,9 Milliarden US-Dollar im Jahr 1900 (damals lag die Weltbevölkerung bei 1,65 Milliarden Menschen) auf 16097 Milliarden US-Dollar[6] in 2008 (Weltbevölkerung: 6,7 Milliarden Menschen). Das ist eine Steigerung um mehr als das 1600-Fache. Der internationale Güteraustausch ist heute mehr als 1600-mal so hoch wie vor 100 Jahren. Dabei sind Direktinvestitionen und Dienstleistungs-

Abbildung 1.2: Weltexporte pro Kopf der Weltbevölkerung (in US-Dollar)

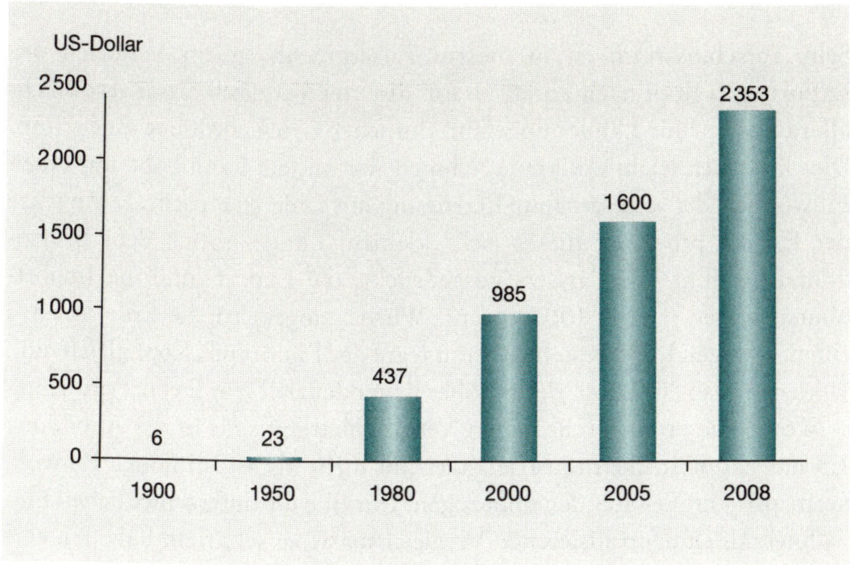

exporte (z. B. Finanzdienstleistungen, Softwareentwicklung oder Call-Center in Indien) nicht einmal eingerechnet. Vermutlich würde sich das Wachstum durch deren Einbeziehung nochmals verdoppeln. Es sei ausdrücklich darauf hingewiesen, dass die obigen Zahlen nicht inflationsbereinigt und generell mit Vorsicht zu genießen sind. Es geht uns hier nur um das Aufzeigen von Tendenzen und Größenordnungen. In diesem Sinne sprechen die Statistiken eine Sprache, wie sie eindeutiger nicht sein kann. Nehmen wir nur die Entwicklung von 2005 bis 2008, so hat sich das Volumen der Exporte um mehr als 5 Billionen US-Dollar erhöht. Länder und Unternehmen, die an diesem Spiel beteiligt sind, beziehen einen starken Schub aus diesem Wachstum. Ein weiterer aussagekräftiger Indikator ist der internationale Containerverkehr. Dessen Volumen ist in den Jahren von 2000 bis 2005 um 10,8 Prozent pro Jahr gewachsen. Bis 2010 wird ein weiterer jährlicher Zuwachs von 9,3 Prozent erwartet. Das bedeutet einen Anstieg des Containervolumens in zehn Jahren um das 2,6-Fache.[7]

Trotz der Unterbrechung des Trends aufgrund der Krise im Jahre 2009 dürfte das Wachstum weiter gehen. Das heißt wir können mit einem weiterhin starken und stetigen Anstieg des Welthandels rechnen.[8]

Deutschland ragt heraus

Sehr aufschlussreich ist in diesem Zusammenhang ein Vergleich der Exporte pro Kopf nach Ländern. Ein direkter Vergleich dieser Art macht allerdings nur für Länder ungefähr ähnlicher Größenordnung einen Sinn. Dies lässt sich leicht erklären. Nehmen wir an, ein Land habe nur einen Einwohner, der seine gesamte Erzeugung mit anderen tauscht. Dann wäre der Export pro Kopf dieses (sehr kleinen) Landes gleich dem Bruttoinlandsprodukt oder, anders ausgedrückt, die Export- und die Importquoten wären jeweils 100 Prozent. Würde umgekehrt die Erde nur aus einem einzigen Land bestehen, dann wäre der Export pro Kopf gleich null. Je kleiner also ein Land, desto höher ist tendenziell sein Export pro Kopf.

Wegen dieser eingeschränkten Vergleichbarkeit sind in die Abbildung 1.3 nur exportstarke Industrieländer mit mehr als 40 Millionen Einwohnern, also »große« Länder einbezogen. Um eine die unterschiedlichen Einwohnerzahlen neutralisierende Vergleichsbasis zu schaffen, habe ich eine lineare Regression vorgenommen, die zu folgendem Ergebnis führte:

Pro-Kopf-Export = 7391 – 5,16 × Einwohnerzahl

Da die Einwohnerzahl in Millionen ausgedrückt ist, besagt die Formel, dass der Pro-Kopf-Export eines Landes bei zehn Millionen Einwohnern mehr um 51,6 Dollar zurückgeht (et vice versa).

Abbildung 1.3: Pro-Kopf-Exporte für große Länder (2009, in US-Dollar)

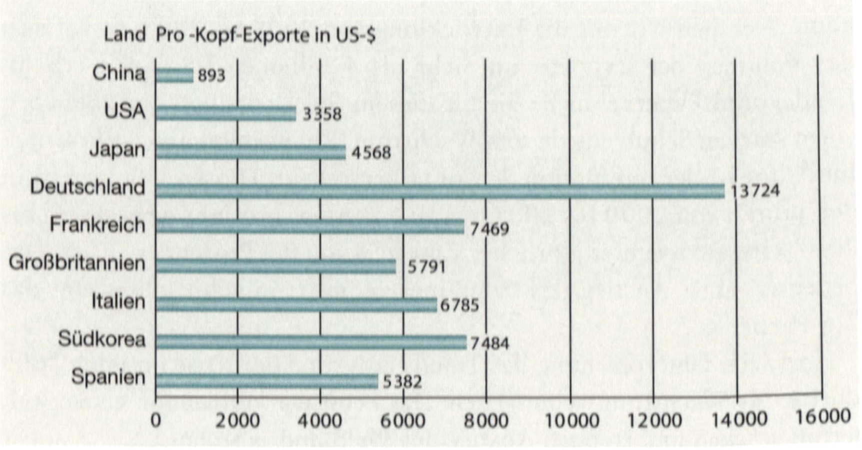

Abbildung 1.4: Abweichungen vom empirischen Normwert bei den Pro-Kopf-Exporten (2009, in US-Dollar)

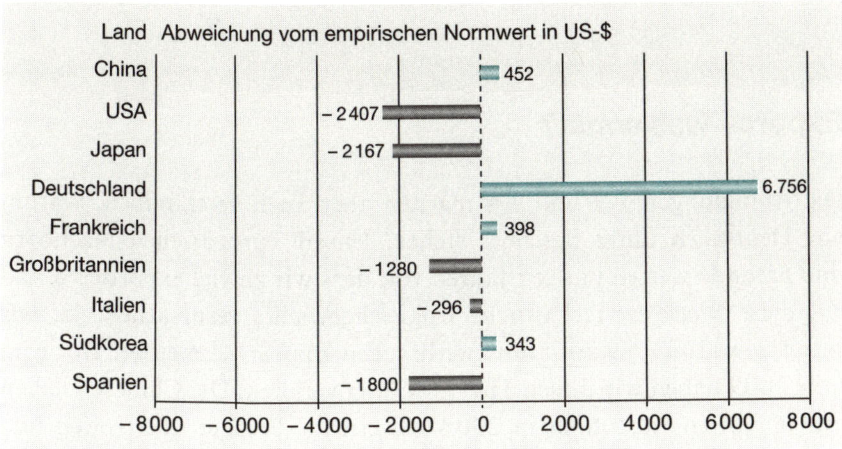

Quelle: Berechnungen anhand von Daten des UN Comtrade – 2009 International Trade Statistics Yearbook, New York June 2010.

Das Bestimmtheitsmaß dieser Schätzung ist mit 0,384 zufriedenstellend, das heißt gut 38 Prozent der Varianz der Pro-Kopf-Exporte werden durch die Einwohnerzahlen erklärt.[9] Die Regressionsgerade definiert sozusagen den »empirischen Normwert«. Die Abweichungen von dieser Normlinie liefern einen sehr interessanten Indikator für die Exportstärke eines Landes. Diese Abweichungen werden in Abbildung 1.4 dargestellt.

Das Resultat ist frappierend. Es hat selbst mich, der sich häufig mit diesen Themen befasst, überrascht, wie stark Deutschland herausragt, wie einzigartig unter den großen Ländern die Stellung Deutschlands in diesem Vergleich ist. Interessantweise liegt auch China, das seit 2009 Exportweltmeister ist, über der Normlinie. Hingegen unterschreiten die USA und Japan die Normlinie deutlich.

Der Vergleich unterstützt auch die Hypothese vom weiteren Wachstum des Welthandels. Würden beispielsweise die USA und Japan die Normwerte erreichen, so ergäbe sich allein daraus ein zusätzliches Exportvolumen von rund 1000 Milliarden Dollar pro Jahr. Das entspricht etwa den kombinierten Exporten von Frankreich und Japan aus dem Jahr 2009. In diesem Kontext ist aufschlussreich, dass Präsident Obama Amerika aufgerufen hat, seine Exporte zu verdoppeln. Dann würden die USA sogar die Normlinie überschreiten. Aber dieses Ziel ist wohl ein bisschen ehrgeizig, es weist jedoch in die erwünschte Richtung.

Export – was sonst?

Die Abbildungen 1.3 und 1.4 machen aber auch verständlich, warum wir Deutschen unter Beschuss stehen. Unsere europäischen Nachbarn und Freunde werfen uns seit Jahren vor, dass wir zu viel exportieren und auf diese Weise wirtschaftliche Ungleichgewichte verursachen. Ja, wir waren von 2003 bis 2008 ununterbrochen Exportweltmeister. Doch im Jahr 2009 haben wir diesen Titel an China verloren. Die Chinesen haben uns mit ihren Ausfuhren in 2009 um circa 7 Prozent übertroffen und auf den zweiten Platz verwiesen. Die Zeiten der deutschen Exportweltmeisterschaft dürften für immer vorbei sein. Zudem sanken die deutschen Exporte im Zuge der Krise um etwa 22 Prozent. Von einer überragenden Exportperformance konnte also zumindest im Krisenjahr 2009 keine Rede sein. Im Jahr 2010 ging es dann mit den Exporten wieder zügig aufwärts.

Doch alles ist relativ. Trotz des Einbruches der deutschen Exporte haben wir 2009 fast genauso viel exportiert wie Großbritannien, Frankreich und Italien zusammen (1121 vs. 1231 Milliarden US-Dollar). Dabei sind diese großen europäischen Länder bevölkerungsmäßig 2¼-mal so groß wie Deutschland (187 vs. 82 Millionen Menschen). Selbst im *schlechten* Jahr 2009 lagen unsere Exporte um 6 Prozent höher als die amerikanischen und übertrafen die japanischen Ausfuhren um fast das Doppelte.

Wenn man diese und die Fakten berichtet, die in Abbildung 1.3 dargestellt werden, schlägt einem überall in der Welt ungläubiges Erstaunen entgegen. Da braucht es nicht zu verwundern, dass zuhauf Neider und Ratgeber auftreten, die uns sagen, dass wir mit dieser Performance endlich aufhören und uns bitte dem Niveau unserer europäischen und amerikanischen Freunde anpassen sollten. Das erinnert einen an den Arbeiter, der mehr leistet als andere, auf diese Weise die Standards verdirbt und deshalb von seinen Kollegen gemobbt wird – ein in der Arbeitswelt wohlbekanntes Phänomen. So hält Adam Posen, amerikanischer Experte vom Institute for International Economics in Washington, Lohnerhöhungen in Deutschland für »die beste Option«. Der französische Ökonom Jean Paul Fitoussi vom Pariser Institut d'Etudes Politiques schließt sich ihm an und plädiert zudem für deutsche Zurückhaltung bei den Exporten. Zahlreiche Politiker aus unterschiedlichen Ländern haben sich ähnlich geäußert.

Das sind schon seltsame Ratschläge. Zum einen wird von diesen Experten offensichtlich verkannt, dass bei uns nicht der Staat der große Exporteur ist (anders als in manchen unserer Nachbarländer, wenn wir an Waffenexporte und Staatsunternehmen denken), sondern dass die Exportstärke und -performance Deutschlands ihre Wurzeln in privaten Unternehmen, vorwiegend sogar im Mittelstand hat. Diese Unternehmen tun nichts anderes, als sich weltweit dic Kunden zu suchen, die ihre Produkte wollen und bereit sind, dafür zu zahlen – selbst wenn die deutschen Preise meist als hoch empfunden werden. Soll sich etwa der Staat als Exportbe- und -verhinderer gerieren? Welch absurde Vorstellung.

Nein, Deutschland muss bei seiner Exportstärke und -orientierung bleiben.[10] Wir haben gar keine andere Wahl, wenn wir unser Wohlstandsniveau halten wollen. Natürlich wäre es wünschenswert, wenn auch der inländische Konsum und die Dienstleistungen stärker zum Wachstum beitrügen, aber das dürfte eine Illusion bleiben. Eine schnell alternde, schrumpfende Gesellschaft wie die unsrige hat zwangsläufig ein niedrigeres Konsumniveau als eine wachsende, junge Gesellschaft. Das können staatliche Maßnahmen nicht grundsätzlich ändern. Die Verschuldung führt solche Vorschläge ohnehin ad absurdum.

Ein zweites, schwergewichtiges Argument für die bleibende Notwendigkeit einer starken Exportorientierung besteht darin, dass unsere industriellen Strukturen sich nicht kurzfristig verändern lassen. Sie sind nun einmal so, wie sie sind. Das heißt unsere Unternehmen sind überwiegend auf spezielle Produkte und Märkte ausgerichtet. Diese Fokussierung ist die Basis für die Weltklasse deutscher Produkte. *Denn Weltklasse wird man nur durch Fokussierung und Konzentration.* Fokussierung macht aber die Märkte im einzelnen Land klein. Oft bedienen deutsche Unternehmen nur Nischenmärkte. Die einzige Chance, solche Märkte groß zu machen, besteht in konsequenter Globalisierung. Fokussierung und Globalisierung sind insofern die zwei Pfeiler der deutschen Strategie und untrennbar miteinander verbunden. Das reflektiert sich in den Exportraten einzelner Unternehmen, die oft bei mehr als 80 Prozent vom Umsatz liegen. Wenn wir unsere Menschen beschäftigen und unseren Wohlstand halten wollen, gibt es keine Alternative zur Devise »Export – was sonst?«

Statt uns zu raten, unsere Exportstärke zu verwässern, sollten unsere Freunde ihre eigene Exportperformance verbessern. Denn an dieser Front haben sie vielfach versagt. Seit der Euro das Allheilmittel regelmäßiger Abwertungen außer Kraft setzte, nahm die Wettbewerbsfähigkeit von Unternehmen aus europäischen Nachbarländern, vor allem aus Südeuropa, deutlich ab. Statt der Wechselkursabwertung gäbe es auch heute ein einfaches Mittel, nämlich Lohn- und Kostensenkungen. Aber dieses Mittel ist unangenehmer und politisch schwerer durchsetzbar. Jedoch wäre es für unsere Nachbarn der richtige Weg. Die Amerikaner haben offenbar verstanden, dass sie mehr exportieren müssen. Wie schon gesagt, hat Präsident Obama im Sommer 2010 dazu aufgerufen, die amerikanischen Exporte in den nächsten fünf Jahren zu verdoppeln.

Unerwartete Dynamik

Deutschland stand jahrelang für Stagnation, Nullwachstum, Arbeitslosigkeit sowie Unwillen zu durchgreifenden Reformen. Pessimismus und Fatalismus waren vorherrschende Stimmungen. Zeichen von Aufbruch, vorwärtsstrebendem Unternehmertum, Innovationsfreude, Entschlossenheit zum »Ruck« ließen sich kaum ausmachen. Das ist die eine Seite Deutschlands, so wie sie sich vornehmlich in der öffentlichen Diskussion, den Medien, den makroökonomischen Statistiken darstellte und ständig von vielerlei Wirtschaftsweisen vorgehalten wurde. Selbst die Tatsache, dass Deutschland Exportweltmeister war, erfuhr eine Deutung ins Negative. Begründung: Angesichts des verbreiteten Outsourcings und Offshorings entspreche diese Position nicht der tatsächlich in Deutschland erbrachten Wertschöpfung. Man sprach von der »Basarökonomie«, in der die Waren nur wie durch einen Basar durch Deutschland laufen, ohne dass dort eine wesentliche Wertschöpfung stattfände.

Natürlich steckt in diesen Aussagen ein Körnchen Wahrheit. Doch dieses pessimistische Bild war stets eine Verzerrung der Realität. Geht man auf die Ebene der Unternehmen, was Makroökonomen und Politiker eher selten tun, so fand und findet man in weiten Teilen ein ganz anderes

Gesicht Deutschlands. Dies ist ein Gesicht des Wachstums, der Nutzung von Vorteilen der Globalisierung, der Innovation, der Realisierung von unternehmerischen Visionen, ein Bild von sprühender Energie und Optimismus. Kaufen Sie mir das nicht ab? Darf ich Sie dann fragen, wie viele Umsatzmilliardäre in den zehn Jahren vor der großen Krise in Deutschland entstanden sind, also Unternehmen, die vor zehn Jahren weniger als 1 Milliarde Euro umsetzten und deren Umsatz in 2008 über 1 Milliarde Euro lag? Es sind mindestens 150, wahrscheinlich sogar 200 Firmen. Nach allen Kriterien ist eine Firma oberhalb der Milliarden-Euro-Umsatzgrenze ein großes Unternehmen. Das Wachstum der meisten dieser »Champions of Growth« ist beeindruckend. Manche sind heute 4-, 6- oder 10-mal so groß wie Mitte der 90er Jahre. Natürlich sind auch manche im Zuge der Krise wieder unter die Milliardengrenze gerutscht. Im Jahr 2010 ging es jedoch bei den meisten erneut aufwärts.

Im Durchschnitt sind die Champions of Growth in der betrachteten Dekade mit einer jährlichen Rate von 15 Prozent gewachsen. Nach der Faustformel »70/Wachstumsrate = Verdopplungszeit in Jahren« bedeutet das eine Verdopplung des Umsatzes in fünf Jahren und damit auch eine signifikante Erhöhung der Mitarbeiterzahl. Dahinter stehen phantastische unternehmerische Leistungen. Die Schizophrenie zwischen der Entwicklung dieser Unternehmen und der eingangs beschriebenen Stimmung in Deutschland könnte eklatanter nicht sein.

Es drängen sich gleich mehrere Fragen auf: Was sind die Treiber dieser Dynamik, dieser spektakulären Wachstumsstories? Zur Frage nach den Treibern des Wachstum gibt es eine klare Antwort: Innovation und Globalisierung! Als Beispiel für extreme Innovationsfreude betrachten wir die Firma Enercon, weltweit nach installierter Kapazität die Nummer 4 bei Windenergieanlagen. Erst 1984 gegründet, beschäftigt diese Firma heute mehr als 13 000 Menschen und nähert sich einem Umsatz von 4 Milliarden Euro. Getrieben von dem Gründer, Dr. Aloys Wobben, liegt die Konzentration voll auf Forschung, Entwicklung und Produktion. Die in Aurich, Ostfriesland, beheimatete Firma besitzt auf ihrem Gebiet rund 40 Prozent aller Patente weltweit. Keiner der großen Anbieter kommt an den Lizenzen von Enercon vorbei. Service, Zuverlässigkeit und Verfügbarkeit der Enercon-Anlagen sind legendär. Diese Wettbewerbsvorteile erlauben die Durchsetzung deutlich höherer Preise. Die Firma wächst nicht nur stark und kontinuierlich, sondern ist zudem hoch profitabel. Gefertigt wird vor allem in Deutschland. Ja, so etwas gibt es!

Viele der Wachstumschampions bewegen sich durchaus in klassischen Märkten und wachsen trotzdem, vor allem durch Internationalisierung. Oft sind sie dabei einem extrem harten, an Effizienz und Kosten orientierten Wettbewerb ausgesetzt. Die besten deutschen Unternehmen sind Wachstumsunternehmen! Was ist die Botschaft an Deutschland und deutsche Unternehmen? Die Wachstumschampions sind eine Facette einer dynamischen, sich schnell verändernden Wirtschaft. In Deutschland ist eine überraschend große Zahl von Milliardenunternehmen entstanden. Doch zu einer dynamischen Wirtschaft gehört zwangsläufig auch die andere Seite der Medaille, nämlich dass Unternehmen schrumpfen, Arbeitsplätze abbauen, vom Markt verschwinden oder geschluckt werden. Doch wir sehen im öffentlichen Lärm fast nur diese zweite, die düstere Seite der Dynamik. Demgegenüber gehen die Wachstumschampions im Nebel des Pessimismus unter. Sie bleiben trotz ihrer mittlerweile beachtlichen Größe in der öffentlichen Wahrnehmung unbeachtet. Dabei könnten wir auf diese Unternehmen enorm stolz sein.

Ich reise sehr viel in der Welt herum, vor allem in Asien und Amerika. Je mehr ich dabei Firmen aus anderen Ländern vertieft kennen lernte, desto stärker kam ich zu der Überzeugung, dass wir in Deutschland viele der besten Firmen der Welt haben. Ihr Wachstum beweist, dass diese meine Diagnose nicht auf Wunschdenken und Träumerei basiert. Natürlich sollten die Wachstumschampions auch Vorbilder, ja Leuchttürme, für diejenigen deutschen Unternehmen sein, die vielleicht die gleichen Potenziale besitzen, aber den Weg der Innovation und der Globalisierung nicht mit der gleichen Entschiedenheit eingeschlagen haben. Gerade deutsche Unternehmen mit der richtigen Strategie im globalen Wettbewerb haben phantastische Wachstumschancen.

Geostrategische Mittellage

Die langfristigen Folgen der Globalisierung beginnen sich abzuzeichnen. Produktions- und Absatzstandorte werden sich weiter verlagern. Mit ihnen werden Güter-, Kapital- und Menschenströme umgelenkt, Standorte und Regionen sind unter geostrategischen Aspekten neu zu bewerten. Ich denke hierbei weniger an die momentan geltenden politischen und steuerlichen Rahmenbedingungen, sondern an die unveränderlichen geographischen Gegebenheiten der Erde. Der deutschsprachige Raum besitzt eine einzigartige Position, denn er liegt in der geostrategischen Mitte sowohl Europas als auch der Erde. In globaler Dimension ist nicht China das Reich der Mitte, sondern es sind der deutschsprachige Raum und die angrenzenden Länder.

Die Globalisierung wird zunehmend alle Wertschöpfungsaspekte umfassen, wie etwa die Gewinnung der besten Talente aus den verschiedensten Ländern, die Entwicklung internationaler Teams in Management sowie in Forschung und Entwicklung, die Ansiedlung von und die Zusammenarbeit zwischen Kompetenzzentren. Das sind nur einige der neuen Herausforderungen. In jedem Falle werden Kommunikation, der Austausch von Wissen und Information, Reisen und Kooperationen über Zeitzonen hinweg zunehmen. Schon heute lassen Firmen, um schneller zu sein, Entwicklungsprojekte mit der Sonne um den Erdball wandern. Call-Center werden in weit entfernten Ländern angesiedelt. Irgendwo auf der Erde ist immer Tag. Das wird genutzt.

Die weltweite Kommunikationsinfrastruktur, die all das ermöglicht, ist in den letzten Jahren massiv ausgebaut worden. Telekommunikation, Internet und Flugverbindungen reichen heute bis in die entlegensten Winkel der Welt. Fax, E-Mail und Voicemail ermöglichen asynchrone Verständigung, so dass man nicht auf simultane Bürozeiten angewiesen ist. Die Telekommunikationskosten sind vernachlässigbar geworden. Damit lassen sich die Vorteile der internationalen Arbeitsteilung in bisher unbekanntem Maße ausschöpfen. Entfernungen, Zeitunterschiede, Grenzen haben ihre traditionellen Bedeutungen teilweise verloren. Manche sprechen schon euphorisch vom Verschwinden der Distanzen und der Zeitunterschiede.

Doch eine derartige Euphorie ist nicht nur verfrüht, sondern im Kern falsch. Es zeigen sich nämlich zunehmend physische und praktische Grenzen der Globalisierung. Sie beruhen auf unveränderlichen Gegebenheiten. Erstens ist die Erde eine Kugel. Tag und Nacht sowie Zeitzonen sind nicht verschwunden. Der Anpassung des Menschen an Entfernungen und Zeitunterschiede sind Grenzen gesetzt. In den meisten Geschäften bleibt ein gewisses Maß an persönlicher, direkter Kommunikation unverzichtbar. Regelmäßige Telefonate erweisen sich jedoch im Alltag als belastend, wenn die Zeitdifferenz zwischen zwei Orten elf oder zwölf Stunden beträgt. Auch die Reisegeschwindigkeit auf Fernstrecken hat seit den 60er Jahren (den Jumbo-Jet gibt es bereits seit 1969) kaum zugenommen. Das Zeitalter der Concorde, die ohnehin nur auf wenigen Strecken flog, ist längst zu Ende. Ökonomisch einsetzbare Überschallflugzeuge bleiben eine Illusion. Ende 2002 hat Boeing den Plan für den Sonic Cruiser, einen etwas schnelleren Jet, der aber noch unter der Schallgeschwindigkeit fliegen sollte, aufgegeben. Hochgeschwindigkeitszüge spielen für interkontinentale Reisen keine Rolle und werden auch in Zukunft auf der Langstrecke kaum eine ernsthafte Alternative zum Flugzeug sein. Viele Reisen sind aufgrund überfüllter Flughäfen, Staus in der Luft und am Boden, verschärfter Sicherheitskontrollen und unvorhersehbarer Streiks sogar beschwerlicher und langwieriger geworden. Diese Tendenz wird sich vermutlich fortsetzen.

Diese Gegebenheiten führen zu enormen Belastungen für die Betroffenen. Ein Automobilvorstand berichtete mir über seine zahlreichen Transatlantik- und Asien-Reisen und wie sehr diese an seiner Kondition nagen. Ein Geschäftsführer eines Elektronikzulieferers beklagte sich über seine ständigen Reisen zu Kunden in Japan und im Silicon Valley. Er war Anfang 40, sah aber eher wie Ende 50 aus. Selten werden solche Probleme zugegeben, jedoch sind sie bei vielreisenden Managern allgegenwärtig. Globalisierung bedeutet nun einmal, dass die Welt der Markt ist. In Verbindung mit der hohen Kundennähe, insbesondere auch der Spitzenleute, macht dies weltweite Kommunikation und Reisetätigkeit unverzichtbar.

Angesichts dieser Tatsachen gewinnt der Standort im geostrategischen Rahmen eine neue Bedeutung. Der deutschsprachige Raum hat diesbezüglich einzigartige Vorteile. Abbildung 1.5 veranschaulicht dies.

Der deutschsprachige Raum bzw. die angrenzenden Länder sind die einzige Region (der nördlichen Hemisphäre), in der man innerhalb etwas ausgeweiteter Bürozeiten (9 Stunden) mit ganz Eurasien (inklusive Japan) und Amerika (inklusive Westküste) kommunizieren kann. Die Ursache dafür liegt im »Dreieckscharakter« der Erde. Die eurasische Landmasse, Transatlantica (Westeuropa bis Westküste USA) und der Pazifik bilden die drei Seiten dieses Dreiecks. Westeuropa liegt genau in der Mitte der beiden »Landseiten« des Dreiecks. Demgegenüber ist es außerordentlich beschwerlich, von New York aus mit New Delhi, Hongkong, Peking, Seoul oder Tokio zu verkehren, da die Zeitdifferenz zwischen zehn und

Abbildung 1.5: Zeitunterschiede und Reisezeiten zwischen globalen Zentren (in Stunden)

von Frankfurt nach

	San Fancisco	Tokyo	Singapur	New York	Dubai
Zeitunterschied	9	7	7	6	3
Reisezeit	11	11	12	8	6

von New York nach

	Moskau	Tokyo	Singapur	Shanghai	Dubai
Zeitunterschied	8	14	13	13	9
Reisezeit	9	14	19	15	12

von Singapur nach

	Moskau	New York	San Fancisco	Dubai	London
Zeitunterschied	5	13	16	4	8
Reisezeit	15	19	17	8	14

14 Stunden beträgt. Das Gleiche gilt selbstverständlich in umgekehrter Richtung.

Kaum besser ist die amerikanische Westküste dran. Tokio und Hongkong erreicht man von Los Angeles zwar innerhalb des Acht-Stunden-Rahmens, aber New Delhi, Moskau oder Dubai sind zwischen zehn und zwölf Stunden entfernt. Die erwähnten asynchronen Kommunikationstechnologien (Brief, Fax, E-Mail, Voicemail) mildern die Zeitdiskrepanzen zwar ab, aber sie sind eben kein vollständiger Ersatz für synchrone, direkte zweiwegige Kommunikation wie Telefon, Videokonferenzen, Telepräsentationen mit Frage- und Antwortmöglichkeit.

Der geostrategische Standortvorteil gilt in ähnlicher Weise für Reisen. Tokio wie San Francisco erreicht man von Frankfurt, Zürich oder Wien in gut elf Stunden. Der längste Nonstopflug geht von Newark nach Singapur und dauert fast 19 Stunden, eine Tortur. Aus Westeuropa kommend muss man nie den weiten Pazifik oder den Nordpol überqueren, um in wirtschaftlich bedeutsame Länder zu kommen. Im Grunde gelten die Aussagen auch für die südliche Hemisphäre, in der ohnehin wenig Wirtschaftskraft konzentriert ist. Afrika liegt in der gleichen Zeitzone wie Europa. Johannesburg erreicht man von Frankfurt aus in weniger als zehn Stunden.

Diese geostrategisch einzigartige Mittellage ist ein weiterer Faktor dafür, dass es im deutschsprachigen Raum so auffallend viele Weltmarktführer gibt. Der Weltmarkt ist von hier aus leichter zugänglich als aus anderen Weltregionen. Man darf aufgrund dieser unveränderlichen Tatsachen erwarten, dass sich globale Unternehmen zunehmend für westeuropäische Standorte entscheiden. Bei einzelnen Personen habe ich solche Umzüge schon beobachtet. So hat ein guter Bekannter, der weltweit tätige Berater und Referent Verne Harnish, seinen Wohnsitz von der amerikanischen Ostküste nach Europa verlegt. Seine Begründung: von hier aus könne er seinen globalen Geschäften wesentlich leichter und effizienter nachgehen. Dieser Vorteil Westeuropas kann natürlich durch die wirtschaftsunfreundliche Politik einzelner Länder konterkariert werden.

Innerhalb Europas gelten ähnliche Überlegungen wie im globalen Maßstab. Wiederum liegt der deutschsprachige Raum im Zentrum. In höchstens zwei Flugstunden kann man in fast alle europäischen Großstädte reisen. Wer hingegen von Moskau nach Lissabon oder von Athen nach London will, muss mehr als vier Stunden einkalkulieren.

Viele deutsche Unternehmen haben die Chance der europa- und der geostrategischen Mitte offensichtlich zu ihrem Vorteil genutzt. Mit zunehmender Globalisierung wird sich der Vorteil dieser Lage noch stärker zeigen. Die Natur hat uns die geostrategische Mittellage geschenkt. Was wir daraus machen, liegt nur an uns.

Deutsche Bürokratie – besser als ihr Ruf

Allenthalben und immer wieder liest und hört man von den Mühsalen mit der deutschen Bürokratie. Das Lieblingsbeispiel ist dabei die Gründung einer Firma. Diese Gründung ist angeblich überall einfacher und läuft schneller ab als in Deutschland. Woher die Journalisten, die dies schreiben, die entsprechenden Erfahrungen haben, bleibt mir schleierhaft. Vermutlich handelt es sich hier um eine der Behauptungen, die Journalisten von Generation zu Generation ohne Überprüfung weitertragen.

Meine Erfahrungen stehen jedenfalls im Widerspruch zu dieser Behauptung. Wir haben Unternehmen in mehr als 20 Ländern gegründet.

Zwangsläufig kamen wir in all diesen Ländern mit Notaren, Finanzämtern und sonstigen Behörden in Kontakt. Aufgrund meiner Erfahrungen erscheinen mir einige Klarstellungen angebracht.

Gründung einer Firma mit beschränkter Haftung

Nirgendwo lässt sich eine GmbH oder eine Firma ähnlicher Rechtsform einfacher, schneller und rechtssicherer gründen als in Deutschland. Man geht zum Notar, nimmt im einfachsten Falle einen Standardvertrag, und schon ist die GmbH gegründet. Alles andere besorgt der Notar. Man hat absolute Rechtssicherheit. Simpler geht es nicht. Nehmen wir dagegen beispielsweise Kanada. Dort braucht man einen Kanadier im Board. Wenn dieser Kanadier ausscheidet, wie es uns passierte, steht man vor einem Problem. Man muss nämlich einen kanadischen Ersatz suchen. In der Schweiz ist es ebenfalls kompliziert, denn man braucht einen Schweizer Gesellschafter. In der Regel tritt ein Rechtsanwalt oder eine Wirtschaftsprüfungsgesellschaft in diese Rolle ein. Dennoch sind das Komplikationen, die es in Deutschland nicht gibt.

Am 14. Mai 2010 behauptete der Premierminister von Singapur, Lee Hsien Loong, in einer Podiumsdiskussion bei der deutschen Asien-Pazifik-Konferenz allerdings, in seinem Land ginge es noch schneller. Dort könne man die Gründung im Internet abwickeln und brauche nur 15 Minuten. Da wir zu dieser Zeit ein Büro in Singapur aufmachten, konnte ich ihn auf die Probe stellen. Es stellte sich heraus, dass es so schnell nur unter bestimmten Voraussetzungen geht. Als ausländischer Gründer ohne Aufenthaltsgenehmigung sind einige Behördengänge notwendig, auch muss Gründungskapital auf einem Konto einer singapurischen Bank nachgewiesen werden – an der physischen Anwesenheit in Singapur oder der Zuhilfenahme lokaler Anwaltskanzleien (wovon es zahlreiche, auch deutschsprachige gibt) führt also kein Weg vorbei.

Finanzbehörden

Vor einiger Zeit gingen Meldungen durch die Gazetten, dass in England in großem Umfange steuerrelevante Daten verloren gegangen sind. Das schwappte bis zum Premierminister hoch. In den USA habe ich häufig Ungereimtheiten beim Kontenabgleich mit den Steuerbehörden erlebt. Solche Komplikationen kennen wir aus Deutschland nicht.

Ja, in Deutschland sind die Steuern hoch. Die Steuergesetze erweisen sich als extrem kompliziert. Angeblich sollen zwei Drittel aller Steuerliteratur in der Welt aus Deutschland stammen. Aber der Finanzverwaltung muss man im internationalen Vergleich ein Kompliment machen. Nehmen wir zum Vergleich die USA. Dort müssen mehrere Steuererklärungen für Stadt, Staat und Bund abgegeben werden. Die Beantragung einer Steuernummer kann zum Albtraum werden. In einem Fall dauerte es zwei Jahre, bis die endgültige Nummer zur Verfügung stand. Gelegentlich geht auch schon mal ein Scheck verloren, und es kann Jahre dauern, bis die Konten endlich abgeglichen sind. Da lobe ich mir die zuverlässige und kompetente deutsche Finanzverwaltung.

Betriebsprüfungen

Ja, Betriebsprüfungen sind auch bei uns lästig und finden viel zu oft und in zu vielen Varianten statt. Dennoch laufen sie in Deutschland normalerweise korrekt und zügig ab. Nehmen wir hingegen zum Vergleich Frankreich. Dort gibt es die gefürchteten »inspecteurs de travail«, die unangemeldet auftauchen und allerlei Prüfungen vornehmen können. Während in Deutschland Prüfungen typischerweise in einem Stück stattfinden, kam der französische Steuerprüfer zwölf Wochen lang jeweils an einem Montag – und zwar in unser Büro. In Deutschland läuft das alles beim Steuerberater, während sich in Frankreich der Prüfer im Betrieb breitmacht – eine Belästigung ohnegleichen.

Sicherheitsvorschriften

Es gibt bei uns vermutlich mehr Vorschriften sicherheitsrelevanter Art als anderswo. Das gilt für Bereiche wie Bau, Industrie, Lebensmittel oder Umwelt. Zahlreiche Ämter, Berufsgenossenschaften, Feuerwehren, Schornsteinfeger, TÜVs etc. achten darauf, dass diese Vorschriften eingehalten werden. Dennoch sind auch in Deutschland Turnhallen unter extremen

Schneelasten zusammengebrochen. Dass jedoch eine große Straßenbrücke »mir nix dir nix« einstürzt, wie mehrfach in den USA geschehen, ist bei uns kaum zu befürchten. Die faktische Sicherheit von Gebäuden, technischen Anlagen, Lebensmitteln etc. ist in Deutschland im internationalen Vergleich sehr ausgeprägt. Das hat einen hohen Wert. Ob dabei immer Ausgewogenheit zwischen Kosten und Nutzen besteht, lässt sich nur schwer beurteilen.

Zusammengefasst ist meine Erfahrung, dass die deutsche Bürokratie im internationalen Vergleich effizient arbeitet, sich korrekt verhält und zuverlässige Ergebnisse liefert. Ein ähnliches Lob kann ich dem deutschen Gesetzgeber leider nicht erteilen. Viele der Gesetze, die verabschiedet werden, sind überflüssig, zu kompliziert, in der Durchführung aufwendig. Doch das ist nicht der Fehler der Verwaltung. Diese ist in der Regel bemüht, das Beste aus den Gegebenheiten zu machen. Ausgesprochene Schikanen kommen zwar vor, bleiben aber seltene Ausnahmen. Aus einem verkorksten Gesetz lässt sich eben kein Lorbeerkranz flechten.

Hidden Champions – Speerspitze der deutschen Wirtschaft

Haben Sie jemals Firmennamen wie Delo, Baader, 3B Scientific, Tetra, Gartner, Gerriets oder Wanzl gehört? Vermutlich nicht! 80 Prozent aller Smartcards und mehr als die Hälfte aller Handys in der Welt werden von den Spezialklebstoffen von Delo aus Landsberg am Lech zusammengehalten. In Island heißt ein qualifizierter Mechaniker »Baader-Man«. Im Zweifel wurde er an Systemen der Lübecker Firma Baader ausgebildet, die bei Fischverarbeitungsanlagen einen Weltmarktanteil von 80 Prozent hat. 3B Scientific aus Hamburg ist die globale Nummer 1 bei anatomischen Lehrmitteln. Die Fassaden der größten Hochhäuser stammen von Gartner aus Gundelfingen im Schwäbischen, selbstverständlich auch die der derzeit höchsten Gebäude Taipeh 101 und Burj Chalifa in Dubai. Gerriets ist der weltweit einzige Hersteller großer Bühnenvorhänge. Egal, ob Sie in der Metropolitan Opera in New York, in der Scala in Mailand oder in der Opera Bastille in Paris sitzen, die Vorhänge kommen von Gerriets aus Umkirch in Baden. Wenn Sie beim nächsten Mal am Flughafen in Tokio, Mumbai oder Mexico City ankommen, dann schauen Sie mal auf das Schild am Gepäckwagen. Dort steht Wanzl, der Name des deutschen Weltmarktführers für Einkaufs- und Gepäckwagen.

Ja, diese Firmen sind die wahre Speerspitze der deutschen Wirtschaft. Insgesamt haben wir in Deutschland 1250 dieser mittelständischen, kaum bekannten Weltmarktführer. In meiner weltweiten Liste mittelständischer Weltmarktführer, die ich seit 25 Jahren zusammenstelle, stehen gut 2500 Firmennamen. Die Hälfte davon ist aus Deutschland – einzigartig und unglaublich! Kein Land in der Welt hat auch nur annähernd so viele Weltmarktführer wie wir. Ihnen und nicht den bekannten Großunternehmen haben wir unsere herausragende Exportperformance zu verdanken. Man kann getrost sagen, dass die Deutschen ihre eigene Wirtschaft nicht kennen. Denn immer wieder stelle ich in Gesprächen mit Politikern, Journalisten und erst recht mit den Menschen auf der Straße fest, dass die Namen der Hidden Champions weitgehend unbekannt sind. Ein ungläubiges Staunen schlägt einem entgegen, wenn man die Fakten berichtet.

Hier sind ausgewählte Tatsachen:

- die Hidden Champions haben seit 1995 eine Million neue Arbeitsplätze geschaffen, davon etwa 350000 in Deutschland,
- sie sind mit »chinesischen« Raten gewachsen und heute zweieinhalbmal so groß wie in den 90er Jahren,
- aus einigen früheren Hidden Champions wurden wahre Riesen mit Umsätzen in der Größenordnung von zehn Milliarden oder mehr, z. B. Fresenius Medical Care, SAP oder Würth,
- die Hidden Champions haben ihre Weltmarktanteile stark gesteigert,
- und sie erleben eine Welle massiver Innovationen.

Diese Fakten weichen sehr stark von dem Bild ab, das bei den Menschen in Deutschland in diesen Jahren vom Zustand der deutschen Wirtschaft herrschte. Dieses Bild wurde vor allem durch Negativschlagzeilen über Großunternehmen geprägt. Die unglaublichen Erfolge der Hidden Champions blieben der Öffentlichkeit weitestgehend verborgen.

Warum sind diese Unternehmen nun so erfolgreich? Was machen sie anders als Großunternehmen? Antwort: fast alles! Was kann man von ihnen lernen? Hier sind die wichtigsten Lektionen, von denen sich große wie kleine Firmen ein Stück abschneiden können:

1. Extrem ambitiöse Ziele

Weltmarktführer wird man nicht durch Zufall, sondern nur, indem man sich extrem ambitiöse Ziele setzt und diese mit nie endender Ausdauer verfolgt. Die Ziele der Hidden Champions sind auf Wachstum und Marktführerschaft ausgerichtet. »Das Ziel von Chemetall ist die weltweite Technologie- und Marketingführerschaft«, heißt es beim Weltmarktführer für Cäsium und Lithium. 3B Scientific verkündet: »Wir wollen weltweit die Nummer 1 sein und bleiben.« Solche Ziele haben auf die Mitarbeiter eine stark motivierende Wirkung. Jeder identifiziert sich gerne damit, der Erste, der Beste, der Technologieführer oder der Marktführer zu sein. Die Hidden Champions haben ihre Marktanteile in den letzten zehn Jahren massiv gesteigert. Der durchschnittliche Weltmarktanteil ist von 30 auf 33 Prozent gestiegen. Noch stärker verbessert hat sich ihre relative Marktposition. Vor zehn Jahren waren sie im Schnitt 56 Prozent größer als ihr weltweit stärkster Konkurrent, per 2008 übertrafen sie diesen um sagenhafte 134 Prozent.

2. Fokus und Tiefe

Nur durch Fokus und Konzentration wird man Weltklasse. Die Hidden Champions sind auf enge Märkte fokussiert. Die Firma Uhlmann, Weltmarktführer für Pharma-Verpackungssysteme, sagt: »Wir hatten immer nur einen Kunden, und wir werden auch in Zukunft immer nur einen Kunden haben, die Pharmaindustrie – nur das, aber das richtig!« Die flexiblen Hundeleinen von Flexi Bogdahn kann man in der ganzen Welt kaufen, dahinter steht folgende Einstellung: »Wir werden nur eins machen – aber das machen wir spitze!« Die Fokussierung ist verbunden mit einer tiefen Aufstellung in der Wertschöpfung. Von der Modeerscheinung Outsourcing halten die Hidden Champions wenig. Wenn es um ihre Kernkompetenzen geht, machen sie fast alles selbst. Ihre Fertigungstiefe liegt bei 50 Prozent, der deutsche Schnitt bei 29 Prozent. Durch diese Tiefe erreichen sie Einzigartigkeit, denn diese kann man nur intern schaffen.

3. Globalisierung

Fokussierung macht die Märkte klein. Wie macht man sie groß? Durch Globalisierung! Die Hidden Champions haben in den letzten Jahren mit enormer Konsequenz und Energie internationalisiert und sind heute in allen wichtigen Märkten mit eigenen Gesellschaften vertreten. Sie delegieren die Beziehung zum Kunden nicht an Dritte, sondern zeigen vor Ort Präsenz. Das gilt insbesondere für die Märkte der Zukunft wie China und Indien. Oft werde ich gefragt, wie viele der Hidden Champions bereits in China sind. Meine Antwort lautet: »Alle«. Das ist zwar nicht ganz richtig, kommt dem Kern der Sache aber nahe.

4. Innovation

Die Forschungs- und Entwicklungsquote (F&E als Prozentsatz vom Umsatz) der Hidden Champions übertrifft mit 6 Prozent die Quote aller deutschen Unternehmen, die F&E betreiben, um das Doppelte. Pro 1000 Mitarbeiter melden sie fünfmal so viele Patente an wie patentintensive Großunternehmen (30 vs. 6 Patente pro 1000 Mitarbeiter). Ein Patent kostet dabei nur etwa ein Fünftel so viel wie in großen Firmen (0,5 vs. 2,7 Mio. Euro). Markt und Technik werden bei der Innovation von 65 Prozent der Hidden Champions, hingegen nur von 19 Prozent der Großunternehmen gleichgewichtig integriert.

5. Kundennähe und Wettbewerbsvorteile

Bei den Hidden Champions haben etwa 25 bis 50 Prozent aller Mitarbeiter regelmäßig Kundenkontakt, bei Großunternehmen sind es nur 5 bis 10 Prozent. Kundennähe ist die insgesamt größte Stärke der Mittelständler, noch vor der Technologie. Produktqualität und Service sind hervorstechende Wettbewerbsvorteile. Neu hinzugekommen als Wettbewerbsvorteile sind in den letzten Jahren Beratung und Systemintegration. Diese Wettbewerbsvorteile sind schwerer imitierbar als Produktvorteile, da sie nicht in den Produkten, sondern in den Köpfen der Mitarbeiter stecken. Die Wettbewerbsfähigkeit deutscher Unternehmen ist im globalen Wettbewerb in den letzten Jahren nicht schlechter, sondern besser geworden. Die Hidden Champions spielen dabei die Vorreiterrolle.

6. Treue und qualifizierte Mitarbeiter

Die Fluktuationsrate der Hidden Champions liegt mit 2,7 Prozent pro Jahr weit unter dem deutschen Durchschnitt von 7,3 Prozent. Dieser Indikator ist wichtiger als der Krankenstand, denn mit Fluktuation geht Know-how verloren. Qualifikationsmäßig haben die Hidden Champions massiv aufgerüstet. Der Anteil der Mitarbeiter mit Hochschulabschluss ist seit Mitte der 90er Jahre von 8,5 Prozent auf 19,1 Prozent gestiegen. Da sie gleichzeitig stark gewachsen sind, hat sich die absolute Zahl der Mitarbeiter mit Hochschulabschluss von 109 auf 389 pro Hidden Champion fast vervierfacht. Der globale Wettbewerb wird immer mehr zum Qualifikationswettbewerb. Bessere Qualifikation ist das einzig dauerhafte Fundament unserer Überlegenheit.

7. Starke Führung

An der Spitze der Hidden Champions stehen starke Persönlichkeiten, die sich durch eine totale Identifikation mit ihren Unternehmen und ihrer Aufgabe auszeichnen. Im Schnitt bleiben die Chefs 20 Jahre an der Spitze, bei DAX-Vorständen lag dieser Wert in der jüngeren Vergangenheit bei nur fünf Jahren. Allein dieser Unterschied sagt alles im Hinblick auf Kontinuität und langfristige Orientierung eines Unternehmens. Junge Chefs und Frauen spielen eine weit größere Rolle als in großen Firmen.

Und wie wurden die Hidden Champions mit der Krise fertig? Natürlich waren auch diese Firmen von der Wirtschaftskrise betroffen, sogar stark, wenn sie im Maschinenbau oder der Autozulieferindustrie tätig sind. Die Hidden Champions scheinen jedoch mehrheitlich von Krisen zu profitieren. Jedenfalls vertrat gut die Hälfte der Befragten die Meinung, dass sie in der Vergangenheit besser durch Krisen gekommen sind als ihre Branche insgesamt. Die meisten Befragten sagten zudem, dass sei bei früheren Abschwüngen ähnlich gewesen und daran habe sich wenig geändert. *Marktanteile werden nicht in guten Zeiten, sondern in schwierigen Marktpha-*

sen neu verteilt. Wenn es eng wird, gehen die schwächeren Wettbewerber in die Knie. Das ist dann die Chance für die Stärkeren, ihre Marktposition auszubauen. Dabei spielt die solide Finanzierung eine Schlüsselrolle. Die ohnehin im (gesamt-)deutschen Vergleich relativ hohen Eigenkapitalquoten der Hidden Champions haben die Krise vielfach unbeschädigt überstanden – eine Beobachtung, die mich im Lauf des Jahres 2010 immer wieder überraschte.

Was ist nun das große Erfolgsgeheimnis der Hidden Champions? Auf meine entsprechende Frage antworteten die meisten, dass ihr Erfolg nicht auf einer Zauberformel beruhe, sondern darauf, dass sie viele kleine Dinge ein wenig besser und mit höherer Konsequenz umsetzen als ihre Wettbewerber. Der berühmte Harvardprofessor Theodore Levitt hat das einmal wie folgt ausgedrückt: »Kontinuierlicher Erfolg ist hauptsächlich eine Angelegenheit, sich regelmäßig auf die richtigen Dinge zu konzentrieren und täglich zahlreiche unspektakuläre, kleine Verbesserungen durchzusetzen.«[11] Ich bin sicher, dass die meisten Hidden Champions-Chefs dieser Aussage zustimmen würden.

Zusammenfassend bleibt zu sagen, dass die Hidden Champions des 21. Jahrhunderts ihren eigenen Weg gehen – entschiedener und erfolgreicher als je zuvor. Sie machen fast alles anders, als es die Management-Gurus unserer Zeit dozieren, die Moden des Tages suggerieren und viele Großunternehmen praktizieren. Im Kern folgen sie dem gesunden Menschenverstand – so einfach und doch so schwer. Vielleicht ist das die wichtigste Lektion.

Die demografische Zeitbombe

Die herausragende Bedeutung des Themas *Bevölkerungsentwicklung* und in Verbindung damit *Zuwanderung* ist viel zu spät erkannt, geschweige denn von der Politik angegangen worden. Eine grundlegende, aber weniger bekannte Erkenntnis besteht darin, dass die Trennlinien der Demografie nicht entlang regionaler oder kontinentaler Linien verlaufen. Abbildung 1.6 zeigt die Bevölkerungsentwicklung für wichtige Regionen bzw. Länder zwischen 2010 und 2050. Es handelt sich hierbei um die Zahlen der offiziellen Prognose der UNO. Zum Zwecke einer optimalen

Abbildung 1.6: Bevölkerungsentwicklung von 2010 bis 2050 für ausgewählte Regionen

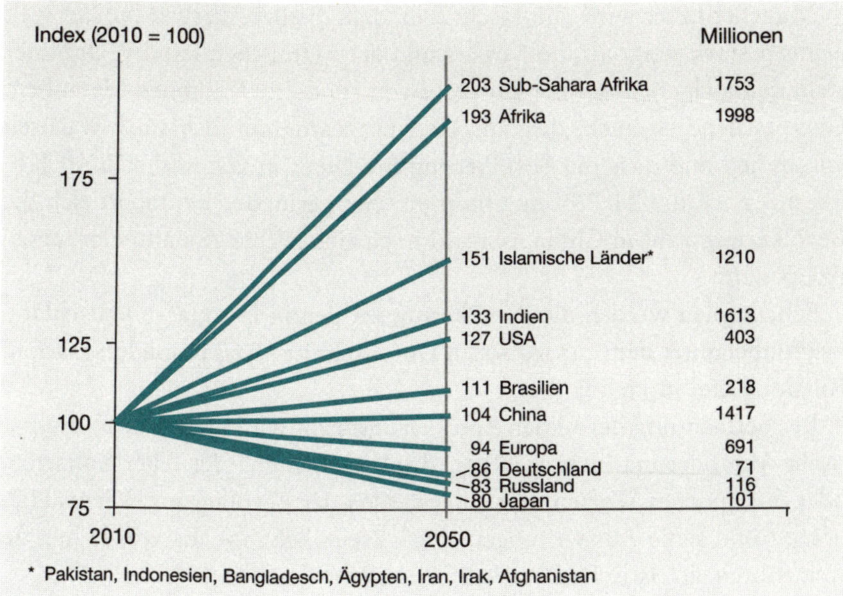

Quelle: UNO-Vorhersage, 2010

Vergleichbarkeit der Veränderungen wurde der Index für 2010 auf 100 gesetzt.

Das vielleicht überraschendste Ergebnis ist, dass der größte Bevölkerungszuwachs der nächsten Jahrzehnte nicht in Asien, sondern in Afrika, vor allem südlich der Sahara, stattfinden wird. Die Bevölkerung Afrikas wird laut UNO-Prognose von 1,03 Milliarden in 2010 auf 1,99 Milliarden in 2050 wachsen. Der absolute Zuwachs von 969 Millionen ist fast so groß wie der Zuwachs des viel größeren Asiens von 1,07 Milliarden. Der Anteil Asiens an der Weltbevölkerung wird in den nächsten 40 Jahren sogar leicht von 60 auf 57 Prozent zurückgehen. Der Anteil Afrikas wird von 14,9 auf 21,8 Prozent steigen. Manche Firmen, die heute schon auf Afrika setzen, werden gelegentlich nicht ganz Ernst genommen. Es könnte sein, dass sie strategisch genau richtig liegen – vorausgesetzt, Afrika entwickelt sich auch in wirtschaftlicher Hinsicht positiv. Ähnlich wie Afrika, wenn auch etwas weniger stark, werden die großen islamischen Länder wachsen. Hier wurden Pakistan, Indonesien, Bangladesch, Ägypten, Iran, Irak und Afghanistan einbezogen. Diese Länder haben in 2010 eine Bevölkerung von 799 Millionen. Sie wird bis 2050 um 51 Prozent auf 1,21 Milliarden steigen.

Mancher Leser wird überrascht sein, dass die Bevölkerung Indiens weit weniger stark steigt als die Afrikas und der islamischen Länder. Dahinter steht dennoch ein absoluter Zuwachs von rund 400 Millionen Menschen. Überraschend ist auch, dass die USA prozentual ähnlich stark wachsen wie Indien und dass die Bevölkerung Brasiliens in den nächsten 40 Jahren nur noch um 11 Prozent zunimmt. Am geringsten verändert sich die Bevölkerungszahl in China, obwohl noch eine leichte Zunahme prognostiziert wird.

Schrumpfen werden die Bevölkerungszahlen in Europa – Deutschland liegt dabei unter dem europäischen Durchschnitt – und besonders stark in Russland und in Japan.

Bei Betrachtung der reinen Bevölkerungszahl wird eine weitere dramatische Veränderung nicht sichtbar, die Verschiebung der Alterskohorten, oder mit anderen Worten, das Älterwerden der Bevölkerung. Dieses Phänomen und seine Auswirkungen sind allseits bekannt. Es würde hier zu weit führen, statistische Details darzustellen.

Zusammenzufassend zur globalen Bevölkerungsdynamik halten wir fest, dass die Weltbevölkerung nicht nur insgesamt bis zum Jahre 2050 um 2,24 Milliarden auf 9,15 Milliarden Menschen wächst, sondern dass die Bevölkerungsveränderungen regional extrem ungleich verteilt sind. Das legt es nahe bzw. lässt es nahezu unausweichlich erscheinen, dass in den kommenden Jahrzehnten »Umsiedlungen« großer Menschenmassen stattfinden werden – und notwendig sind. Ob diese Umsiedlungen gesteuert oder ungesteuert ablaufen, wird darüber entscheiden, ob sie zu positiven Ergebnissen führen oder zum Zündstoff für Chaos werden.

Etwas vergröbert kann man sagen, dass ein großer Teil der Gesellschaften hochentwickelter Länder aus »reichen Alten« besteht oder bestehen wird, während es in den aufstrebenden Ländern vor allem »arme Junge« gibt. Wenn es nicht gelingt, diese beiden Gruppen, die sich im Grunde gegenseitig brauchen, in einer friedlichen und produktiven Weise zusammenzuführen, dann kann daraus der Zündstoff für einen dritten Weltkrieg werden. Genauso kann aber eine gelingende Integration zur Basis für dauerhaften Wohlstand werden.

In der Tat bewegt sich in der internationalen Migration einiges. Abbildung 1.7 zeigt die Einwandererzahlen für 20 hochentwickelte Länder.

Abbildung 1.7: Einwanderer in Industrieländern 2008 (absolute und prozentuale Zahlen)

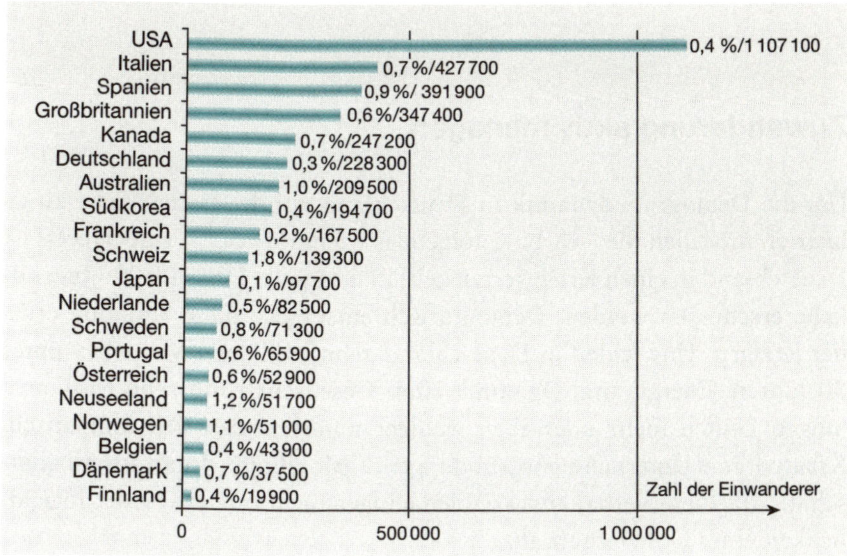

Quelle: Frankfurter Allgemeine Zeitung, 19. August 2010, S. 10

Die Länge der Balken symbolisiert die absoluten Zahlen der Einwanderer, es sind aber auch die Prozentsätze relativ zur jeweiligen Bevölkerung angegeben.

Die USA liegen mit mehr als einer Million Einwanderer mit Abstand vorne. Überraschenderweise – oder auch nicht – folgen Italien und Spanien an zweiter bzw. dritter Stelle. Hier schlägt sich der Bevölkerungsdruck Afrikas in manifesten Zahlen nieder. Denn traditionell sind diese beiden Länder keine Einwanderungsländer. Deutschland folgt mit 228 300 Einwanderern an sechster Stelle, prozentual sind das aber nur 0,3 Prozent der deutschen Wohnbevölkerung.

Insgesamt sind im Jahr 2008 in diese 20 führenden Industrieländer 4,03 Millionen Menschen zugewandert. Rechnet man das auf die 40 Jahre des oben betrachteten Prognosezeitraumes um, so ergäben sich 160 Millionen. Diese Zahl erscheint im Verhältnis zum Zuwachs der Bevölkerung in Afrika und den islamischen Ländern und selbst im Verhältnis zu den schrumpfenden Bevölkerungszahlen in Russland, Japan und Europa niedrig. Vermutlich werden die tatsächlichen Wanderungszahlen weit höher ausfallen. Entscheidend wird es sein, ob es den Einwanderungsländern gelingt, die Ströme zu steuern und die Zuwanderer gesellschaftlich und vor allem bildungsmäßig zu integrieren.

Zuwanderung aktiv managen

Um die Demografiedynamik in Deutschland auf drastische Weise zu illustrieren, stellen Sie sich bitte folgendes Szenario vor. Seit 30 Jahren ist Deutschland in einen Krieg verwickelt, in dem jedes Jahr 300 000 Jugendliche erschossen werden. Demografisch entspräche diese Situation etwa der jetzigen. Uns fehlen in Deutschland zehn Millionen Menschen unter 30 Jahren. Energie und Dynamik einer Gesellschaft mit zehn Millionen jungen Leuten mehr oder eben weniger unterscheiden sich dramatisch. Kreativität, Unternehmensgründungen, Mobilität, Innovationsbereitschaft, alle diese Verhaltensvariablen hängen nicht zuletzt von der Jugendlichkeit einer Gesellschaft ab.

Dazu einige einfache Berechnungen: Bei rund 80 Jahren Lebenserwartung und circa 80 Millionen Einwohnern bräuchten wir eine Million Geburten pro Jahr. Die tatsächliche Zahl lag 2009 bei 651 000 – rund 30 000 weniger als im Vorjahr.[12] Multiplizieren wir diese mit 80 Jahren, so kommen wir auf 52 Millionen Einwohner – ein dramatischer Rückgang. Eine andere Betrachtung: Die Geburtenrate pro Frau liegt bei knapp 1,4. Eine Million Frauen bekommen also 1,4 Millionen Kinder. Die Hälfte davon, 700 000, sind Mädchen. Aus einem Geburtenpool von einer Million Frauen werden demnach in der nächsten Generation 700 000 – ohne Zuwanderung wohlgemerkt. Doch es kommt noch schlimmer. Der Bremer Professor Gunnar Heinsohn bringt die Lage drastisch auf den Punkt: »Von 100 Nachwuchskräften, die das Land benötigt, werden 35 nie geboren, wandern zehn aus und schaffen 15 keine Berufsausbildung.«[13]

Mein Thema hier ist die Zehn-Millionen-Lücke. Egal, wie die Geburtenrate in Zukunft ansteigt, diese Lücke wird dadurch nicht mehr geschlossen. Die fehlenden Geburten der letzten 30 Jahre lassen sich nicht nachholen. Die Lücke lässt sich auch nicht durch einen massiven Anstieg der Geburten pro Frau schließen. Denn es gibt einfach zu wenige Frauen im gebärfähigen Alter. Zur Schließung der Lücke gibt es nur eine Methode: Massive und aktiv gemanagte Zuwanderung! Konkret kann man an eine Million junger, handverlesener Zuwanderer pro Jahr denken. Das klingt revolutionär, ja völlig unrealistisch. Aber man müsste diese hohe Einwandererzahl zehn Jahre durchhalten, um die entstandene Lücke zu schließen.

Als ich vor einiger Zeit diesen Vorschlag bei einer Tagung in Berlin machte, bezichtigte mich ein bekannter Bevölkerungswissenschaftler des Neokolonialismus. Im August 2010 erklärte dann Professor Klaus Zimmermann, Chef des Deutschen Instituts für Wirtschaftsforschung (DIW) in Berlin, dass wir 500 000 Zuwanderer pro Jahr brauchen. Die 1 Million wie die 500 000 sind Hausnummern, die notwendige Größenordnungen zum Ausdruck bringen sollen, die weit über den bisherigen Zahlen liegen.

Die Zuwanderer sollten aus Gesellschaften rekrutiert werden, die erstens der Bildung Wert zumessen und zweitens eine hohe Integrationsfähigkeit aufweisen. Sie sollten ab dem ersten Tag eine volle Arbeitsgenehmigung, eine relativ bescheidene kurzfristige Einstiegshilfe und ein zeitlich beschränktes Visum, das sie nur in ihrem Heimatland verlängern können, erhalten (die Amerikaner praktizieren dieses System mit ausländischen Studenten rigoros). Wer sich nach einem Jahr nicht selbst ernähren kann oder nicht Deutsch spricht, erhält keine Visumsverlängerung. Er ist dann schon automatisch in seinem Heimatland, da er ja dort sein neues Visum beantragen muss. Und man kann ein noch stärkeres Incentive draufsetzen: Wer nach einem Jahr die Bedingungen erfüllt, erhält sofort die deutsche Staatsbürgerschaft. Solche revolutionären Forderungen werden zunehmend auch von Volkswirten gestellt.[14]

Wenn ich diesen Vorschlag irgendwo vortrage, prasseln immer wieder dieselben Fragen und Einwände auf mich ein:

- Wo kommen die Zuwanderer her? Indien allein hat 360 Millionen Menschen unter 15 Jahren, China 260 Millionen. Egal wie diese Länder wachsen, viele dieser jungen, oft gut ausgebildeten Leute kämen unter den genannten Bedingungen gerne nach Deutschland. »Indien muss Talente abgeben, weil daheim nicht alle unterkommen«, heißt es dazu in einem *FAZ*-Artikel.[15]
- Was ist mit der deutschen Identität? Da wir uns nicht selbst entsprechend vermehren, wird es ohnehin keine deutsche Identität im herkömmlichen Sinne mehr geben. Diese Zeiten sind vorbei. Die Frage ist allerdings, wohin sich unsere Identität entwickelt.

- Warum sollen wir bei vergleichsweise hoher Arbeitslosigkeit noch weitere Arbeitskräfte importieren? Ich bin überzeugt, dass diese jungen Zuwanderer durch ihre höhere Nachfrage sich selbst die Arbeitsplätze schaffen.
- Übernehmen diese Zuwanderer unsere Werte, lernen sie Deutsch? Wir haben in unserem Unternehmen eine Reihe junger Leute dieses Kalibers, aus Indien, China, Israel oder Polen. Nach einem Jahr sprechen sie Deutsch. Sie stehen unseren deutschen Beratern in nichts nach.

Inder sind uns ethnisch und kulturell relativ nahe. Die Menschen dort sind bildungshungrig, scheinen integrationsfähig, sprechen Englisch, und in manchen Staaten wie Kerala oder Goa kommen sie sogar aus einem christlichen Umfeld. Unsere zukünftig unvermeidbare Zuwanderungspolitik sollte ihr Augenmerk auf Indien richten.

Ich weiß nicht, wie gut der frühere nordrhein-westfälische Ministerpräsident Jürgen Rüttgers über Indien informiert war, als er den unseligen Spruch »Kinder statt Inder« tat. Vielleicht war dieser Spruch symptomatisch für die Verdrängung der Notwendigkeit, Zuwanderung zu steuern, und die Erkenntnis, dass Deutschland beim Kampf um attraktive Zuwanderer erheblichen Nachholbedarf hat. Und sicher hat dieser Spruch nicht zu mehr Kindern geführt. Die deutsche Gesellschaft hat nur die Wahl, immer tiefer in das Bevölkerungsdesaster hineinzuschlittern oder endlich die Einwanderung aktiv zu steuern.

Einiges an der Einstellung zur Zuwanderung ist in Deutschland schon seltsam und widersprüchlich. So scheint sich niemand daran zu stören, dass 11 der 23 Spieler im Kader der Nationalmannschaft für die Fußballweltmeisterschaft in Südafrika einen Migrationshintergrund hatten. Im Gegenteil, diese Mischung traf auf positive Resonanz, und der Stolz auf die deutsche Mannschaft wurde in keiner Weise beeinträchtigt. Warum wir im Fußball, aber nicht genauso in allen anderen Gesellschaftsbereichen die Besten der Welt für uns gewinnen wollen, bleibt ein Rätsel.

Der globale Krieg um Talente

Deutschland droht, den Kampf um die weltweiten Talente zu verlieren – außer im Fußball natürlich. Australien verlangt, dass seine Einwanderer bestens ausgebildet sind, unter ihnen gelten 85 Prozent als hochqualifiziert. Kanadische Zuwanderer sind sogar zu 99 Prozent hochqualifiziert, und die Kinder der Zuwanderer haben im Durchschnitt einen höheren Intelligenzquotienten als die einheimische Bevölkerung. Anders ist das in Deutschland. In keinem anderen Land liegen die Kinder der Migranten tiefer unter dem Leistungsniveau der einheimischen Bevölkerung als bei uns.[16] Bei uns macht also jeder Zuwanderer das Volk dümmer, in Kanada hingegen schlauer.

Wie steht es um die Gewinnung von Top-Talenten? Dieses Thema wird in einer weltweiten Studie aus dem Jahr 2010 als eine der großen Herausforderungen im Rahmen der Globalisierung angesehen.[17] Und wie Deutschland in dieser Hinsicht dasteht, kommt in einem Interview mit dem Indonesier Dr. Harianto Wijaya in einer Weise zum Ausdruck, die man nicht besser formulieren kann. Wijaya erhielt 2000 als erster Ausländer die deutsche Greencard. Er arbeitete zunächst bei einem Computerunternehmen und promovierte dann an der RWTH Aachen. Heute arbeitet er wieder in Indonesien. Das Interview mit ihm finde ich sehr interessant.[18]

Auf die Frage, warum er gegangen sei, antwortete er: »Ich wollte nicht ständig auf Behörden gehen müssen und Visa verlängern. Hätte ich die Erlaubnis bekommen, eine Frau aus Indonesien nach Deutschland mitzubringen? Nein, das war mir alles zu kompliziert.«

Auf die Frage, ob ein Willkommensgeld zieht, meinte er: »Das wird nichts bringen. Ich wollte nach Deutschland, weil es das Land mit den besten Ingenieuren auf der Welt ist. Ausländer kommen wegen der Ingenieurskunst. Und dann gehen sie wegen des Papierkrams. Die vielen Ämter, überall ist man ein lästiger Bittsteller.«

Auf die Frage zur Anwerbung von Studenten führte er aus: »Hier in Asien hört man überhaupt nichts davon, was deutsche Universitäten bieten. Wirklich nichts. Die Harvard University kommt jedes Jahr allein viermal nach Jakarta, um Studenten anzuwerben.«

Zur Anwerbung von Fachkräften mit Berufserfahrung sagte er: »Ich meine, dass es nichts bringt, Fachkräfte mit Berufserfahrung zu einem Umzug bewegen zu wollen. Die Entscheidung fällt viel früher.«

Das sind klare, eindeutige Worte. Normalerweise haben in unserem Unternehmen Mitarbeiter die Beschaffung einer Arbeitserlaubnis oder Verlängerung der Aufenthaltserlaubnis für ausländische Mitarbeiter erledigt.

Manchmal musste ich als Chef aber auch selbst eingreifen und bei den zuständigen Behörden anrufen. Ich habe jedes Mal einen Wutanfall bekommen. Was denken sich die deutsche Bürokratie und die deutschen Politiker, links wie rechts, bezüglich unseres Umganges mit High Potentials aus dem Ausland? Der kleine Beamte wendet nur Gesetze an, er kann dies allerdings in freundlicher oder in beamtenmäßig bösartiger Weise tun. Es fällt nicht schwer, sich die demütigende Situation der ausländischen Bittsteller vor Augen zu führen. Was sich die Politiker denken, entzieht sich meinem Vorstellungsvermögen.

Das Problem beginnt mit der Gewinnung von Studenten. Vor einigen Jahren sprach ich bei einer privaten Silvesterfeier mit einer Engländerin, die beim »British Council« für die Gewinnung von Studenten in der Region zuständig war. Auf meine Frage, wie der Markt aufgeteilt sei, antwortete sie wie aus der Pistole geschossen: »Amerika ist der Marktführer mit etwa zwei Drittel Marktanteil. Wir haben knapp 30 Prozent. Nach uns kommt noch Australien. Dann nichts mehr.« »Und was ist mit Deutschland?«, fragte ich. »Kommt in meiner Wahrnehmung nicht als Konkurrenz um Top-Studenten vor«, lautete ihre Antwort.

Die Problematik setzt sich bei der Gewinnung von Absolventen fort. Die sieben Indian Institutes of Technology (IIT) entlassen pro Jahr etwa 4000 »Bachelors of Technology«, die aus 200000 Bewerbern ausgesucht wurden, also zur »Creme de la Creme« gehören. Wo sind diese Absolventen am Tag nach ihrem Examen? Die meisten sitzen in einem Flugzeug Richtung USA. Als ich das beim runden Tisch der Akademie der Technikwissenschaften in Berlin berichtete, wandte ein Präsident einer der großen Forschungsgesellschaften ein, man bekomme auch Bewerbungen von IIT-Absolventen. Auf meine Frage »wie viele?« erhielt ich die Antwort »circa 50«. Ich war von dieser Zahl positiv überrascht. Als ich dann nachhakte, »wie viele fangen tatsächlich bei Ihnen an?«, fiel die Antwort mit »rund fünf« leider sehr viel bescheidener aus. Unser Ziel müsste es sein, 500 IIT-Absolventen pro Jahr nach Deutschland zu locken. Und wenn sie einmal hier sind, diese Top-Talente dann auch zu halten. So kam die Tochter eines indischen Bekannten, eine Neurobiologin, im Frühjahr 2010 für einen viermonatigen Forschungsaufenthalt an ein Max-Planck-Institut in Bonn. Zum Ende dieses Aufenthaltes erhielt sie ein Angebot, dort zu promovieren, sowie ein angemessenes Stipendium. Das ist der richtige Weg. Die junge Dame wird jetzt für vier Jahre in Deutschland promovieren und egal, ob sie dann bleibt oder nach Indien zurückgeht, sie dürften unserem Land großen Nutzen bringen.

Beim Managementnachwuchs sieht es ähnlich desolat wie bei Studenten und jungen Absolventen aus. Zu diesem Thema leitete ich eine Podiumsdiskussion im ehemaligen Bundestag in Bonn. Auf dem Podium sitzen die Chefs von vier Weltmarktführern, drei sind aus Deutschland, einer hat seinen Sitz in der Schweiz. Alle vier Unternehmen wachsen stark. Sie sind Weltmarktführer auf Gebieten wie Türschließtechnik, Ladegeräte, Sanitärarmaturen und Hörhilfen. Einmütig sehen die vier Vorstandsvorsitzenden in der Globalisierung vor allem Chancen und nutzen diese für ihre Unternehmen mit Entschlossenheit. Ihre Strategien ähneln sich im Hinblick auf Verkauf, Marketing, F&E, Produktion, Organisation etc. So weit bringt die Diskussion keine Überraschungen. Dann stelle ich, als Moderator, die Frage nach der größten zukünftigen Herausforderung im Globalisierungsprozess.

Auch hier herrscht erstaunliche Einmütigkeit: Die schwierigste Herausforderung sehen die Weltmarktführer-Chefs im Aufbau globaler Managementteams. Die deutschen Manager berichten nun, dass sie größte Schwierigkeiten haben, ausländische Top-Talente an ihre deutschen Standorte zu transferieren. Deutschland werde von High Potentials aus anderen Ländern nicht als attraktiv angesehen. Die ländliche Lage vieler Firmenzentralen verschärfe dieses Problem. Eines der Unternehmen hat aus diesem Grund sogar seinen Holdingsitz aus dem Sauerland nach Düsseldorf verlegt. Ob das die Situation verbessert, bleibt fraglich. Denn man kennt die gleichen Klagen von Frankfurter Banken. Schließlich ist Frankfurt eine Weltstadt – auf jeden Fall aus Sicht der Frankfurter, aber wohl auch objektiv. Dennoch hört man selbst dort immer wieder, dass ausländische Banker nicht nach Frankfurt wollen. Sie präferieren London, New York, Zürich oder Luxemburg. Ganz anders die Position des Schweizer CEOs. Obwohl auch sein Unternehmen an einem ländlichen Standort sitzt, berichtet er, dass es überhaupt kein Problem sei, ausländische Spitzenkräfte für die Zentrale in Stäfa, so heißt der Ort, zu gewinnen. Im Gegenteil, die Top-Leute aus anderen Ländern drängten sich geradezu nach einem Job in der Schweiz. Sonova, so heißt die Firma, habe in der Zentrale Mitarbeiter aus 49 Ländern. In der elfköpfigen Geschäftsleitung sitzen vier Schweizer, drei Deutsche, zwei Kanadier und zwei Spanier. Dieses Muster ist typisch für die Schweiz. Bei Logitech, Weltmarktführer für Computermäuse, kommen die acht Boardmitglieder aus sechs Ländern. Givaudan, einer der führenden Aromahersteller, hat Vorstandsmitglieder aus Frankreich, der Schweiz, Mexiko, Indien und Amerika. Richemont, zweitgrößter Luxusgüterkonzern der Welt mit Sitz in Genf, weist im zwölfköpfigen Management Board sieben Nationalitäten auf. Derart internationale Führungsteams sind in Deutschland noch Mangelware. Wir liegen in dieser Hinsicht weit zurück. Bei einer Mannschaft im Spitzenfußball würde dies jeder sofort als großen Nachteil akzeptieren. Aber im Management?

In einer Bankzeitschrift heißt es: »Die Geschichte belegt, dass die Blütezeit einer Region oft mit Einwanderungswellen einhergeht, in denen gut ausgebildete und ehrgeizige Menschen zuziehen.« Nicht nur daran fehlt es bei uns, nein, viele Fähige wandern sogar ab. Laut einer Analyse des *Handelsblattes* arbeitet inzwischen jeder zweite der forschungsstärksten deutschen Ökonomen unter 45 Jahren außerhalb unserer Landesgrenzen. Die Schere geht bei uns auf beiden Seiten in die falsche Richtung auf. Zu viele Gute gehen, zu wenige Gute kommen.

Nach der Diskussion fiel es mir wie Schuppen von den Augen, obwohl die Erkenntnis banal ist: Internationale Top-Performer meiden Länder mit sozialistischem Einschlag. Sie präferieren Länder, in denen die öffentlichen Lasten gering und die Freiheiten entsprechend groß sind. Und noch einmal sei hier Gunnar Heinsohn zitiert: »Solange potenzielle Einwanderungstalente sehen, dass mehr als die Hälfte ihres Einkommens weggesteuert und -sozialversichert wird, werden sie nicht in Dortmund siedeln, sondern nach Melbourne, Seattle oder Toronto streben, wo man sie ebenfalls dringend benötigt, ihnen aber nur 20 bis 25 Prozent abnimmt.«[19] Man kann diese Gesetzmäßigkeit auch umdrehen: Potenzielle Sozialhilfeempfänger kommen gerne in Länder mit generösen Sozialpaketen. Das heißt im Klartext, dass Deutschland, Frankreich, Schweden & Co. für Top-Talente nicht die erste Wahl sind. Diese gehen lieber in die Schweiz, nach Luxemburg, nach England etc. Wir bekommen dafür die weniger qualifizierten und weniger leistungswilligen Zuwanderer. Der Vergleich mit der Schweiz belegt auch, dass die immer wieder angeführte Sprachbarriere nicht das entscheidende oder zumindest nicht das einzige Hindernis für die Zuwanderung von Top-Talenten ist.

Guter Rat ist in dieser Situation teuer, und es wird durchaus mit fragwürdigen Mitteln gespielt. So brauchen Expatriates in England nur ihr dort erzieltes Einkommen zu versteuern, der Rest wird vom englischen

Fiskus nicht erfasst – ein für Hochleister extrem attraktives Angebot. Zumindest könnte der Staat bei uns auf kontraproduktive Signale verzichten: Reichensteuer, die dem Fiskus nichts bringt, sondern nur Ideologen befriedigt, Aktivitäten wie der Kampf gegen die private Krankenversicherung senden weitere Negativsignale. Viele Länder haben die Erbschaftsteuer abgeschafft, Deutschland nicht.

Was kann die einzelne Firma tun? Am effektivsten erscheint mir die Nutzung der zahlreichen Auslandstochtergesellschaften. Sie sollten aktiv High Potentials – auch über den Bedarf des jeweiligen Landes hinaus – anheuern und entwickeln. Wenn diese Leistungsträger die Kultur des Unternehmens internalisiert haben, sind sie eher bereit, in die deutsche Zentrale zu wechseln. Erst ab einem bestimmten internen Status werden die Karrierechancen, die sich dort bieten, so konkret, dass sich die Zurückhaltung gegenüber dem Standort Deutschland überwinden lässt.

Denken wir zurück an die vier Vorstandsvorsitzenden, die ihre größte zukünftige Herausforderung in der Entwicklung globaler Managementteams sehen. Der »Talente-Krieg« ist in vollem Gange. Eine Studie des Personalberaters Heidrick & Struggles diagnostiziert, dass »Deutschland im Kampf um die Köpfe hinterherhinkt«. Wie lange kann sich Deutschland das noch leisten? Deutschland muss zu einem attraktiven Land für ehrgeizige Aufsteiger werden. Sonst fallen wir unweigerlich zurück.

Die Zukunft in Asien

Ja, die Zukunft liegt in Asien. In Abbildung 1.6 wurde deutlich, dass Asien heute und in Zukunft knapp 60 Prozent der Weltbevölkerung stellen wird. Alleine China und Indien machen 37 Prozent und im Jahr 2050 immer noch 33 Prozent der Weltbevölkerung aus. Die übrigen asiatischen Länder haben heute 1,6 Milliarden und in 2050 2,2 Milliarden Menschen. Allein die ASEAN-Länder haben heute 600 Millionen Menschen, sind also größer als die Europäische Union mit ihren rund 500 Millionen Einwohnern. Doch die Zahlen der Menschen sagen noch nichts über die Wirtschaftskraft einer Region. Unter ökonomischen Aspekten noch wichtiger ist das enorme Wachstum Asiens in den letzten drei Jahrzehnten. Dennoch ist auch hier eine Einordnung in den globalen Maßstab lehrreich. In Abbildung 1.8 ist die Entwicklung der Bruttoinlandsprodukte für ausgewählte Länder dargestellt. Hier handelt es sich bewusst nicht um eine Prognose, sondern eher um eine Szenariorechnung oder man könnte sagen eine Demonstration. Für China und Indien habe ich eine jährliche Wachstumsrate von 8 Prozent angenommen. Das ist für einen Zeitraum von zehn Jahren eine sehr hohe Rate. Für die USA, Japan und Deutschland habe ich bewusst niedrige Raten von 2 bzw. 1 Prozent angesetzt. Zum Vergleich ist auch noch Brasilien eingetragen, mit einer angenommenen Wachstumsrate von 6 Prozent pro Jahr.

Um was geht es mir hier? Es geht mir darum, die Entwicklung im Kontext der globalen Ökonomie zu zeigen. In 2010 hat China Japan vom zweiten Platz der wirtschaftsstärksten Länder verdrängt. Noch 2006 lag China hinter Deutschland an vierter Stelle. Die Abbildung 1.8 zeigt nun, dass China trotz des angenommenen großen Unterschieds in den Wachstumsraten auch im Jahr 2020 noch deutlich hinter den USA zurückliegen wird – und zwar um 55 Prozent. Nimmt man für Amerika eine Wachstumsrate von 3 Prozent an, dann wird der Abstand in 2020 sogar 72 Prozent betragen. Eine weitere Überraschung ist der große Abstand zwischen China und Indien, der sogar bis 2020 absolut betrachtet deutlich größer wird. Auch Brasilien wird auch noch in zehn Jahren ein vergleichweise bescheidenes Bruttosozialprodukt aufweisen. Die Kurven für Deutschland und Japan verlaufen flach, aber die beiden Länder dürften in 2020 nach wie vor No. 3 bzw. No. 4 in der Welt sein. In den vorderen Rängen verschiebt sich im nächsten Jahrzehnt nicht mehr viel. Es ist hilfreich, die Positionen der einzelnen Länder in dieser Perspektive zu sehen. Genauso sollte man aber erkennen, dass das Wachstum vor allem in Asien stattfinden wird.

Asien ändert sich schnell

Asien hat sich in den letzten 30 Jahren radikal verändert. In diesem Zeitraum dürfte ich etwa 50 Mal in asiatischen Ländern gewesen sein. Wenn ich in wenigen Stichworten ein Fazit meiner Eindrücke und Erfahrungen ziehe, dann sieht dies wie folgt aus:

- Asien ist in sich extrem heterogen, so dass jede Art von Verallgemeinerung fehlgeht. Man muss die Länder und Regionen Asiens jeweils ein-

Abbildung 1.8: Bruttoinlandsprodukte für ausgewählte Länder in 2009 und 2020

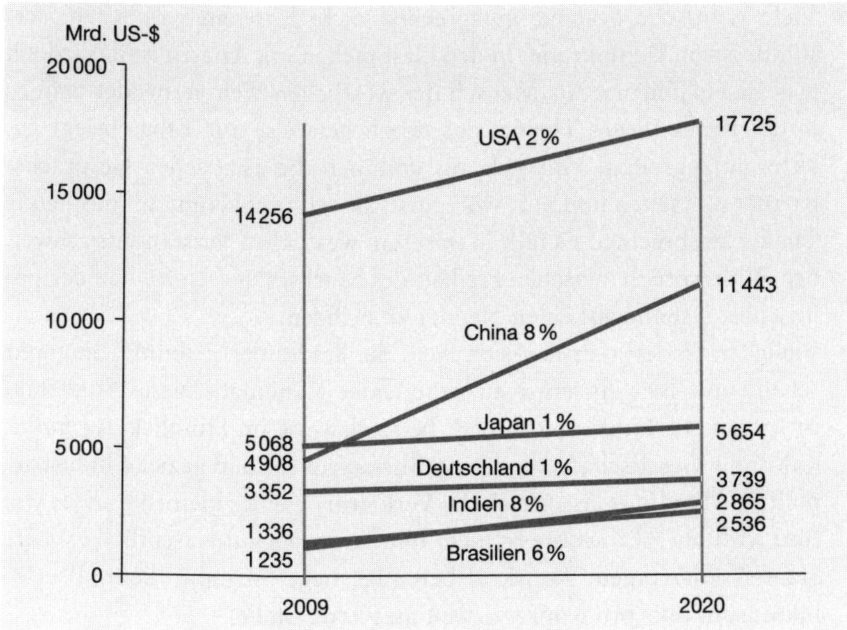

zeln betrachten, selbst das ist schon problematisch. So sagte mir einmal ein vielgereister Inder, dass Indien in sich eine größere Vielfalt aufweist als Europa.

- Was mir in vielen asiatischen Ländern am stärksten auffällt, ist die enorme Veränderung von Besuch zu Besuch. Keine Region der Welt hat sich in so kurzer Zeit so stark geändert wie Asien. Das gilt keineswegs nur für China.
- Ein weiterer starker Eindruck bezieht sich auf schiere Dimensionen und Größenordnungen, das gilt insbesondere für China. Man ist gewohnt, dass in Amerika alles größer ist als in Europa. Das gilt für Autos, für Straßen, für Flughäfen, für Hotels und vieles andere. Es ist keine große Übertreibung, wenn man sagt, dass in China alles noch einmal eine oder einige Nummer(n) größer ausfällt als in Amerika. Der weiter unten erwähnte Industriepark Wujin hat eine Fläche von 100 Quadratkilometern. Berlin ist 800 Quadratkilometer groß, Peking 16000 Quadratkilometer. Der neue Flughafen von Peking ist viermal so groß wie London-Heathrow. Bei meinen Vorträgen in aller Welt habe ich in

der Regel zwischen 300 und 800 Zuhörer, in China sind es selten unter 1000 und gelegentlich sogar über 2000.

- Viele politische Systeme entsprechen nicht unserem westlichen Verständnis von Demokratie. In den Gesprächen mit Asiaten ist das jedoch fast nie ein Thema. Als Mensch der westlichen Welt vermeidet man es in der Regel, dieses Thema, das möglicherweise mit Tabus belegt ist, aktiv aufzugreifen. Von sich aus kommen die asiatischen Gesprächspartner nur selten und nur, wenn man sie sehr gut kennt, auf das heikle Thema zu sprechen. Es fällt in unserem westlichen Verständnis schwer, den Widerspruch zwischen Freiheit des Marktes und Unfreiheit der politischen Systeme auf einen Nenner zu bringen.
- Vielleicht findet man in Asien auch die Städte der Zukunft. Singapur scheint mir hier ein ernst zu nehmender Kandidat. Dieser Stadtstaat ist in vielerlei Hinsicht führend, beispielsweise im Hinblick auf multikulturelle Gesellschaft, modernste Infrastruktur und gezielte Industriepolitik. Allerdings lassen sich die Verhältnisse eines kleinen Landes von fünf Millionen Einwohnern nicht ohne weiteres auf wesentlich größere Staaten übertragen. Kaufkraftbereinigt liegt Singapur beim Bruttoinlandsprodukt pro Kopf weltweit an vierter Stelle.
- Wenn man von Stadtstaaten wie Singapur und Hongkong absieht, dann ist Japan im wirtschaftlichen Sinne am weitesten entwickelt. Japan liegt im Jahr 2009 beim Bruttoinlandsprodukt pro Kopf mit 39731 Dollar einen Platz hinter Deutschland mit 40875 Dollar. Gleichzeitig befindet sich aber Japan seit zwei Jahrzehnten in einer Schockstarre. Mit 1,27 Kindern pro Frau ist die Geburtenrate noch niedriger als in Deutschland, gleichzeitig ist die japanische Gesellschaft faktisch unfähig, Einwanderer aufzunehmen oder zu integrieren. Japan hat unter allen Industrieländern nicht nur prozentual, sondern sogar absolut die niedrigste Zuwanderung.[20] Im Hinblick auf zukünftige Wachstumsimpulse ist von Japan also nicht viel zu erwarten.
- Korea, das mit einem Bruttoinlandsprodukt von 17074 Dollar ebenfalls auf einem relativ hohen ökonomischen Entwicklungsstand ist (zum Vergleich: in China beträgt das BIP pro Kopf 3678 Dollar), hat mit 1,19 Kindern pro Frau die weltweit niedrigste Geburtenrate. Hinsichtlich der Einwanderung sind die gesellschaftlichen Verhältnisse ähnlich wie in Japan. Folglich fällt auch die Einschätzung im Hinblick auf die Zukunft ähnlich aus.

- Fundamental anders im Hinblick auf die Wachstumsdynamik stellen sich die meisten anderen Länder dar. Der Fokus liegt hierbei auf den Giganten China und Indien, die in einen regelrechten Wachstumswettlauf verfallen sind. Sie sind in der Tat die großen Märkte der Zukunft, aber dennoch sehr verschieden. Diese Verschiedenheit wollen wir nachfolgend näher beleuchten.

China ist nicht Indien

Wenn die Diskussion sich den Märkten der Zukunft zuwendet, werden China und Indien gerne in einem Zug genannt und als ähnlich angesehen. Doch wie schon in Abbildung 1.8 deutlich wurde, ist das eine grobe Fehlwahrnehmung. Im Hinblick auf ihre Rolle in der Weltwirtschaft, ihr Entwicklungsstadium und ihre Gesellschaften sind diese beiden Länder äußerst verschieden. Das Über-einen-Kamm-Scheren rührt offenbar aus der Ähnlichkeit von Bevölkerungszahl und Wachstumsraten her. Doch das sind auch schon die wichtigsten Parallelen. Man könnte sogar sagen, dass China und Indien vor 35 Jahren wirtschaftlich ähnlicher waren als heute. Damals in den 70er Jahren des letzten Jahrhunderts lag das Pro-Kopf-Einkommen in beiden Ländern auf vergleichbarem Niveau. Seitdem hat es sich in China etwa verachtfacht, in Indien hingegen nur vervierfacht. Im ersten Halbjahr 2010 hat China sogar Japan beim Bruttoinlandsprodukt überholt und ist damit nach den USA an die zweite Stelle in der Welt gerückt. Per 2009 übertrifft das chinesische Bruttoinlandsprodukt pro Kopf mit 3 678 Dollar das indische, das nur 1 031 Dollar erreicht, um mehr als das Dreifache. Aber holt Indien nicht auf? Nicht wirklich! Oder: Zumindest bisher nicht! In den Jahren zwischen dem Jahr 2000 und 2009 hat sich der Abstand sogar vergrößert, und zwar sowohl prozentual als auch absolut. In jedem einzelnen dieser Jahre war die reale Wachstumsrate des Bruttoinlandprodukts in China höher als in Indien. In den letzten Jahren hat sich nicht nur der absolute, sondern auch der prozentuale Abstand im Bruttoinlandsprodukt pro Kopf erhöht. Und wie Abbildung 1.8 zeigte, wird sich diese Tendenz im nächsten Jahrzehnt fortsetzen, es sei denn China fällt im Wachstum stark zurück und Indien hält seine hohen Wachstumsraten.

Neben der absoluten Höhe des Pro-Kopf-Einkommens ist die Verteilung insbesondere in Indien ein großes Problem. Nach einem von der »Oxford Poverty and Development Initiative« in Zusammenarbeit mit der UNO im Jahr 2010 neu entwickelten Indikator für Armut gibt es in acht indischen Staaten (von insgesamt 28 Bundesstaaten) mehr Arme als in allen 26 afrikanischen Ländern zusammen.[21]

Aber ist Indien nicht das Software- und IT-Kompetenzzentrum der Zukunft? Auch diesen Aspekt muss man, zumindest heute noch, realistisch beurteilen. Von den 524 Millionen Indern, die überhaupt eine bezahlte Arbeit haben, sind lediglich 2,2 Millionen, also 0,4 Prozent, in der Informationstechnologie beschäftigt.

Eklatant sind auch die Unterschiede im Außenhandel. China exportierte 2009 Waren im Wert von 1202 Milliarden Dollar und belegte damit erstmals Rang 1 der Exportnationen. Indiens Exporte betrugen in 2009 lediglich 162 Milliarden Dollar, also nur ein gutes Siebtel des chinesischen Wertes. Diese riesigen Unterschiede wurden auch in den Pro-Kopf-Exporten, dargestellt in den Abbildungen 1.3 und 1.4, deutlich. Während China einen positiven Handelsbilanzsaldo von 196 Milliarden US-Dollar aufweist, liegt Indien mit 89 Milliarden im Minus. Diese Zahlen zeigen, dass beide Länder völlig unterschiedlich in die Weltwirtschaft integriert sind. Selbst wenn man Dienstleistungsexporte einbezieht, ändert sich dieses Bild nicht wesentlich.

Ganz anders sieht es bei der Bevölkerung aus. China hat knapp 1,4 und Indien knapp 1,2 Milliarden Menschen. Doch in Indien sind circa 30 Prozent, also 360 Millionen Menschen, unter 15 Jahren alt, in China »nur« etwa 260 Millionen, also knapp 20 Prozent der Gesamtbevölkerung. China altert rapide. Indien ist jung, und die Bevölkerung wird weiter stark wachsen. In wenigen Jahrzehnten wird Indien mehr Menschen haben als China. Im Hinblick auf die Bevölkerung ist also Indien der Markt der Zukunft, nicht China. Doch die Differenzen bei den Humanressourcen gehen tiefer. Nur 17 Prozent der Chinesen sind Analphabeten, hingegen 40 Prozent aller Inder. Umgekehrt dürfte Indien in der Top-Universitätsausbildung die Nase vorne haben. Die sieben Indian Institutes of Technology entlassen pro Jahr etwa 4000 »Bachelors of Technology«, die aus 200000 Bewerbern ausgesucht wurden. Diese Absolventen gehen fast ohne Ausnahme nach Amerika und füllen dort die Pipeline für den akademischen Nachwuchs. In Feldern wie Operations Research, Statistik, selbst Marketing dürften heute etwa ein Drittel aller amerikanischen Professoren indischer Abstammung sein. Indien ist ein Großlieferant von intellektuellem Kapital mit Weltklasseniveau, für China gilt das bisher nicht. Für die zukünftige Ansiedlung von Forschungs- und Entwicklungszentren wird diese Kompetenz Indiens große Bedeutung gewinnen. Das zeichnet sich bereits in vielen aktuellen Fällen ab, wie Beispiele aus der Automobilindustrie, dem Maschinenbau oder der Windenergie zeigen. Doch auch in China siedeln zahlreiche deutsche Unternehmen F&E-Zentren an.

Umgekehrt hat China beim Ausbau einer modernen Infrastruktur einen riesigen Vorsprung. Die in der Architektur futuristischsten Städte der Welt können heute in China bestaunt werden – Peking nach den Olympischen Spielen 2008, Shanghai nach der Expo 2010. Diese Städte sind zu Leuchttürmen moderner Infrastruktur geworden. Das ist weit bekannt. Ins Staunen kommt man aber auch immer wieder, wenn man in China eine der über 50 Städte mit mehr als einer Million Einwohnern besucht. Diese Städte sind – zumindest im Zentrum – gleichermaßen modern wie die Megacities. Außerdem verfügt China über exzellente Highways/Autobahnen und ein erstaunlich weit ausgebautes Netz an Hochgeschwindigkeitsstrecken, das ständig wächst. Der weltweit bisher einzige Transrapid im Regelbetrieb – der Shanghai Maglev Train (SMT) – verkehrt zwischen Shanghai und dem Flughafen Pudong mit einer Maximalgeschwindigkeit von 432 km/h. China hält auch den Weltrekord für den schnellsten Hochgeschwindigkeitszug im Alltagseinsatz. Der Zug von Wuhan nach Guangzhou erreicht über eine Strecke von 1000 Kilometern eine Durchschnittsgeschwindigkeit von 313 km/h.[22]

Führende indische Ballungszentren wie z. B. Mumbai (Bombay), Chennai (Madras) oder Bengaluru (Bangalore) stehen kurz vor dem Verkehrskollaps. Der Mangel an modernen Autobahnen/Highways und Zugverbindungen erschwert das Leben in diesen Städten auf eine fast unerträgliche Weise. Indien ist möglicherweise schon zu demokratisiert und dezentralisiert, um notwendige und große Infrastrukturprojekte durchsetzen zu können. Die Eisenbahnschneisen, die zu Kaisers Zeiten in deutsche Städte hineingeschlagen wurden, kämen heute auch bei uns nicht mehr zustande (siehe Stuttgart 21). Nicht nur große Infrastrukturprojekte, sondern auch private Großinvestitionen sind von dieser Lähmung betroffen. So verhinderten im Herbst 2008 lokale Proteste die Inbetriebnahme der Produktionsstätte für das weltweit publik gemachte Billigauto Tata Nano. Tata, einer der führenden indischen Konzerne, musste die vor der Fertigstellung stehende Fabrik wieder abreißen und in einem anderen Staat neu bauen. Diese Vorfälle führten zu einer erheblichen Verzögerung in der Markteinführung des Nano. Im jährlich erscheinenden »Ease of Doing Business«-Ranking der Weltbank erreichte Indien 2010 einen schwachen 133. Platz von 183 gewerteten Ländern. China landete wesentlich weiter vorne auf dem 89. Platz, was allerdings auch nicht für wirkliche »Ease« spricht.

Schaut man sich die Unternehmensszene an, so fällt auf, dass mehr indische Großunternehmen international bekannt sind als chinesische. Zum einen gibt es in Indien sehr große Konglomerate wie Tata oder Reliance. Tata beispielsweise erzielte 2009 einen Umsatz von über 70 Milliarden US-Dollar und hat 363 000 Beschäftigte. In einer weltweiten Studie zur Reputation von Unternehmen landete Tata auf einem hervorragenden elften Platz, der Chairman Ratan Tata ist einer der international bekanntesten Top-Manager. Noch bekannter dürfte der indischstämmige Lakshmi Mittal sein, der Arcelor Mittal, den größten Stahlhersteller der Welt, führt. Weltunternehmen sind auch die indischen IT-Dienstleister Infosys, Wipro oder Tata Consultancy Services, die jeweils über 100 000 Mitarbeiter beschäftigen. Im Verhältnis dazu gibt es relativ wenige chinesische Firmen, die sich im Bekanntheitsgrad und in der Reputation einen hohen Rang im Weltmaßstab erkämpft haben. Dazu zählen Haier bei elektrischen Haushaltsgeräten, Lenovo bei Computern sowie Huawei und ZTE bei Telekommunikationsausrüstungen. Wenn man von den riesigen Staatsunternehmen und vor allem intern aktiven Firmen wie China Mobile, Post, Banken etc. absieht, dann ist die internationale Aktivität Chinas stark durch Mittelständler geprägt. So sollen 68 Prozent aller chinesischen Exporte von Firmen mit weniger als 2 000 Mitarbeitern stammen.[23]

Große Differenzen sind auch bei der Präsenz ausländischer Investoren in China und Indien erkennbar. Die Big Players sind heutzutage überall anzutreffen. Bei international aktiven Mittelständlern sehe ich derzeit noch eine deutlich stärkere Präsenz in China. Manche Unternehmen sind sogar entschlossen, China zu ihrem zweiten Heimatmarkt zu machen, und handeln entsprechend. Ein besonders prominentes Beispiel ist Danfoss, der dänische Weltmarktführer für Kälteregelungstechnik mit einem Umsatz von circa 3,4 Milliarden Euro. CEO Jørgen M. Clausen erklärt und wiederholt beständig: »China wird unser zweiter Heimatmarkt. Clausen tut alles, um diese Vision Realität werden zu lassen. Dabei treibt ihn sein

Ehrgeiz weiter voran: »We're growing by around 35 percent in China and we're making good money, but are we doing enough?«

So hat er sogar das dänische Königspaar in China zum Einsatz gebracht, und die Chinesen damit mächtig beeindruckt. Auch der Premium-Auto-Hersteller Audi erklärte China zu seinem zweiten Heimatmarkt. Volkswagen verkauft heute in China mehr Autos als in Deutschland. Karl Mayer, Weltmarktführer für Kettenwirk- und Trikotmaschinen, generiert 50 Prozent seiner Umsätze in China. Für die SMS Gruppe, Weltmarktführer bei schlüsselfertiger Anlagen der Hütten- und Walzwerkstechnik, ist China bereits seit vielen Jahren der wichtigste Markt. Bei Vollmer, einem der Marktführer für Schleifmaschinen, heißt es sogar, dass man China nicht nur als Zielmarkt sehe, sondern auch als Standort mit hochqualifizierten Mitarbeitern. Je stärker sich Produktion und zunehmend auch Entwicklung in Schwellenländer verlagern, desto wichtiger wird dieser Aspekt. Ferdinando Beccalli-Falco, Chef von General Electric International, sagte im Sommer 2010: »Wir müssen chinesischer werden als die Chinesen«[24] – vielleicht ein bisschen übertrieben, aber die Tendenz stimmt.

Bis vor wenigen Jahren war die deutsche Photovoltaikindustrie führend. Im Jahr 2006 lag der Weltmarktanteil bei 53 Prozent. Seither wurden kontinuierlich Markanteile an die Chinesen verloren, so dass diese per 2010 32 Prozent des Weltmarktes beliefern, während der deutsche Marktanteil nur noch bei 31 Prozent liegt. Eine Ursache für diesen Verlust der Marktführerschaft liegt sicherlich auch darin, dass die deutschen Produzenten nicht rechtzeitig nach China gegangen sind. In 2009 standen den deutschen Photovoltaikexporten nach China in Höhe von 146 Millionen Euro Importe aus China in den deutschen Markt in Höhe von 2,54 Milliarden Euro gegenüber. Wenn man unter diesen Gegebenheiten nicht in China präsent ist, dann hat man schlechte Karten.

China bietet Hunderte von Industrieparks mit exzellenter Infrastruktur. Eine dieser Anlagen, welche ich aus eigener Erfahrung gut kenne, ist die Wujin High-Tech Industriezone in der Jiangsu-Provinz. Wujin hat starke deutsche Firmen wie z.B. Bosch Rexroth (Weltmarktführer für Hydraulik), Karl Mayer (Trikotmaschinen), Stabilus (Weltmarktführer für Gasfedern und hydraulische Schwingungsdämpfer), Mettler Toledo (Weltmarktführer für Präzisionswaagen), MAN Turbo (führendes Unternehmen für Turbomaschinen) oder Leoni (Weltmarktführer für Bordnetz-Systeme/ Automobilkabel) als Investoren gewonnen. Auch die in der Nähe liegenden älteren Industriezonen Wuxi und Suzhou sind bei Firmen aus dem deutschsprachigen Raum beliebt. Die Präsenz deutscher Firmen und insbesondere Mittelständler in China ist beeindruckend.

Wir hören oft, dass China die »Fabrik der Welt« werden soll – eine Behauptung, die sich mit hoher Wahrscheinlichkeit als richtig erweisen dürfte. China ist *der* Markt der Zukunft für Zulieferindustrie, Maschinenbau und Anlagenbauer

Auch Indien hat viele exzellente Unternehmen anziehen können. In der Regel haben diese jedoch in Indien kleinere Niederlassungen als in China. Groz-Beckert, Weltmarktführer für Industrienadeln, eröffnete seine Fabrik in Indien bereits in den 60er Jahren. Volkmann, ein Unternehmen der Oerlikon Saurer Gruppe und mit einem Weltmarktanteil von circa 35 Prozent Marktführer für Zwirnmaschinen, ging bereits 1981 ein Joint Venture in Indien ein. Marquardt, Weltmarktführer für Werkzeug- und Automobilschalter, betrat 1996 beide Märkte gleichzeitig. Die Gewichtung verschiebt sich allmählich von China nach Indien.

Ein Hidden Champion, der Indien besondere Aufmerksamkeit widmet, ist Claas. Die Firma aus Harsewinkel in Westfalen fertigt dort bereits seit vielen Jahren Reismähdrescher für den gesamten asiatischen Raum. 2007 wurde im Norden des Landes eine zweite Mähdrescher-Fabrik eröffnet. Zudem befindet sich eine der beiden globalen Beschaffungsplattformen in Indien (die andere ist in Ungarn angesiedelt). Claas India soll den gesamten Einkauf aus Asien koordinieren.

Semikron, Marktführer bei Dioden- und Thyristorhalbleitermodulen, schätzt Indien hinsichtlich der hervorragenden rechtlichen und wirtschaftlichen Bedingungen. Daher plant man, die seit über zwei Jahrzehnten bestehende indische Fabrik zu einem der wichtigsten Produktionsstandorte in Asien auszubauen. Betrachtet man Indiens umfangreiches Gleisnetz, so stellt man einen engen Bezug zum österreichischen Unternehmen Plasser & Theurer fest. Die indische Bahnverwaltung vertraut seit Gründung der dortigen (Produktions-)Niederlassung im Jahr 1966 auf Maschinen von Plasser & Theurer.

Bereits seit geraumer Zeit erkannten neben dem produzierenden Gewerbe auch Service-Unternehmen die Chancen, welche ihnen China bietet. Die Dussmann Gruppe, eines der weltweit größten Dienstleistungsunternehmen, beschäftigt in China circa 2700 Mitarbeiter. Bereits 1999 gründete die Deutsche Messe AG die Hannover Fairs Shanghai Ltd., um

Aussteller zu akquirieren sowie Handelsmessen vor Ort zu organisieren. Würth, der weltweit führende Großhändler für Montageprodukte, verfügt über 17 Unternehmen in China, Demag Cranes über 26 Servicezentren.

Im Dienstleistungssektor ist Indien China jedoch voraus, und es ist unwahrscheinlich, dass sich daran in naher Zukunft viel ändern wird. In vielen Bereichen hat es Indien geschafft, sich als globales Kompetenzzentrum für Dienstleistungen zu positionieren. So gliederten viele international agierende Unternehmen ihre administrativen Funktionen nach Indien (insbesondere nach Bengaluru, Mumbai, Chennai) aus. Alleine in Bengaluru haben die Deutsche Bank, SAP und Bosch jeweils Tausende von Mitarbeitern. Die Tatsache, dass die meisten Inder die englische Sprache beherrschen sowie die weitverbreitete Technologie-Affinität haben zu dieser bemerkenswerten Entwicklung beigetragen.

Mittelfristig ist klar, wohin die Reise für ein Unternehmen, das im globalen Wettbewerb der Zukunft mithalten will, geht. Er muss sowohl in China als auch in Indien eine starke Marktposition aufbauen. Diese beiden Länder sind dabei, sich innerhalb der nächsten Dekaden zu den größten Volkswirtschaften der Welt zu entwickeln.

China ist derzeit Indien in dieser Hinsicht ungefähr zehn Jahre voraus. Aber Indien wird aufholen. Obwohl die zwei Länder sich in vielerlei Hinsicht stark voneinander unterscheiden, wird ihr zukünftiges Wachstum doch in vielen Bereichen sehr ähnlich sein. Viele Wege führen nach Rom. Da beide Märkte weiterhin hohe Investitionen und Anstrengungen erfordern, ist eine richtige Prioritätensetzung wichtig.

Asien und die Krise: Verschiebung der Gewichte

Europa und Amerika einerseits sowie Asien andererseits waren von der Krise seit 2008 sehr unterschiedlich betroffen.

Die Krise hat eine massive Verschiebung der Umsatzanteile zu Lasten von Europa und Amerika und zu Gunsten von Asien bewirkt. Diese Verschiebung wird über die Krise hinaus andauern.[25] Der Vorstandsvorsitzende eines großen Maschinenbauzulieferers sagte mir, dass sein Unternehmen vor der Krise eine Angleichung der Umsatzanteile von Europa und Asien für 2018 erwarte habe. Mit dem extrem starken Einbruch der

Nachfrage in Europa und dem gleichzeitig nachhaltigen Wachstum in Asien gehe man nun davon aus, dass diese Angleichung bereits im Jahr 2012 erreicht werde. Durch diese Entwicklung sei eine große Diskrepanz zwischen der Wertschöpfung, die noch zu etwa zwei Dritteln in Deutschland angesiedelt sei, und den Absatzmärkten entstanden. Im Vergleich zu den früheren Planungen sei eine massive und wesentlich schnellere Verlagerung der Kapazitäten von Europa nach Asien unausweichlich. Angesichts der durch die Krise geschwächten Finanzkraft stehe das Unternehmen vor großen Herausforderungen.

Albert Hieronimus kommentierte, damals als Vorstandsvorsitzender des Maschinenbaukonzerns Bosch Rexroth, zum Wachstum in Asien: »Wir werden daran nur partizipieren können, wenn wir dort Kompetenz aufbauen und Entwickler vor Ort haben, die die Marktanforderungen kennen.«[26] Und er fügte hinzu, dass 90 Prozent des für diese Aufgaben benötigten Personals aus der jeweiligen Region stamme müssten, da nur diese Personen die lokalen Gegebenheiten und Kundenanforderungen kennen.

Verstärkt wird diese Tendenz durch die zunehmende Verlagerung von Entwicklungsaufgaben in Schwellenländer. Man spricht hier auch von der dritten Welle. Nach Verkauf als erster Welle folgte mit der Verlagerung der Produktion die zweite Welle, und nun folgt die Entwicklung als dritte Wertschöpfungsaktivität.[27] Asien spielt für den Aufbau von Entwicklungszentren, die auf die Bedürfnisse der Schwellenländer zugeschnitten sind, die zentrale Rolle. Dieser Aspekt wird in Kapitel 4, das sich mit den Verschiebungen in der Produktwelt befasst, behandelt.

China heißt nicht mehr billig

Ich neige zunehmend dazu, chinesische Unternehmen als die schärfsten und gefährlichsten Konkurrenten für deutsche Hersteller anzusehen. Diese Tendenz dürfte sich in den nächsten Jahren noch deutlich verstärken. Ich will diesen Eindruck an einer Fallstudie belegen. Im Frühjahr 2010 besuchte ich in der Sechs-Millionen-Stadt Changsha, Hauptstadt der Provinz Hunan, einige chinesische Firmen. Eine davon war die Sany Corporation, ein Hersteller von Baumaschinen, insbesondere Betonpumpen. Die Betonpumpenfabrik beeindruckte mich durch ihr äußerst modernes Layout und erinnerte mich an die LKW-Fabrik von Scania, die ich einige Zeit vorher besichtigt hatte und die als eine der effizientesten der Welt gilt. Ich staunte, als ich aufgereiht Chassis von Mercedes- und Volvo-LKWs sah, auf die die Betonpumpen montiert wurden. Im weiteren Rundgang erfuhr ich, dass Dieselmotoren von Deutz zum Antrieb der Pumpen, Hydraulik von Rexroth und Elektronik von Siemens zum Einsatz kamen. Als ich mein Erstaunen über diese Zulieferer, die als Weltklasse gelten, zum Ausdruck brachte, erhielt ich zur Antwort: »Wir sind über das Stadium der Billigprodukte hinweg. Wir wollen in den internationalen Märkten Weltklasseprodukte zu angemessenen Preisen anbieten.« Anschließend besuchte ich einen großen Raum, der an ein Kontrollzentrum der NASA erinnerte. Dort saßen etwa 20 Sany-Ingenieure vor Bildschirmen. Sie waren online mit Kunden in der ganzen Welt verbunden (man sah das auf einer elektronischen Weltkarte), um Probleme an Sany-Produkten zu beheben. Moderner kann man sich ein Online-Servicezentrum kaum vorstellen. Die Präsentation der Strategie durch das Sany-Management zeigte sodann, dass diese Firma extrem ambitiöse Ziele im Hinblick auf Qualität, Innovation und natürlich Marktführerschaft verfolgt. Einige Monate später traf ich in Deutschland den Europa-Chef von Sany. Er war gerade mit dem Bau einer neuen Betonpumpenfabrik in Bedburg bei Köln beschäftigt. Diese Fabrik hat Ende 2010 die Produktion aufgenommen und soll im Endausbau 700 Mitarbeiter beschäftigen. Auf meine Frage, warum Sany gerade einen Produktionsstandort im als teuer bekannten Deutschland gewählt habe, lautete die Antwort, dass Sany dort sein wolle, wo weltweit die besten Kompetenzen zur Produktion seiner Produkte vorhanden seien. Nebenbei erfuhr ich, dass Sany im Jahr 2009 den bisherigen deutschen Weltmarktführer bei Betonpumpen, die Firma Putzmeister, überholt habe. Während Sany mit fast 50 Prozent trotz Krise weiter wuchs, erlebte Putzmeister einen massiven Umsatzeinbruch. Die Firma Sany ist derzeit sicherlich noch nicht repräsentativ für chinesische Unternehmen. Aber ich habe mehrere Firmen dieses Kalibers kennen gelernt, und das Fallbeispiel zeigt, wohin die Reise geht. Zudem kaufen die Chinesen vermehrt Firmen in Deutschland, obwohl dies aufgrund der Einflussnahme ihrer eigenen Behörden schwierig ist. So sind heute Maschinenbauer wie Waldrich Coburg, Schiess und Dürrkopp Adler in chinesischer Hand. Im

Sommer 2010 wurde auch die schwedische Volvo Cars vom chinesischen Autohersteller Geely übernommen.[28]

Die Chinesen sind in dieser Hinsicht selbst zu Getriebenen geworden und haben keine Wahl, als sich preislich höher zu positionieren. Trotz der politischen Brisanz haben Streiks stark zugenommen, und die Firmen mussten teilweise massive Lohnerhöhungen akzeptieren. Die Zeit der billigen Löhne ist zumindest in den höher entwickelten Gebieten in China vorbei. Die Chinesen sind sich sehr bewusst, dass es in Asien und anderswo Milliarden von Menschen gibt, die bereit sind, zu deutlich niedrigeren Löhnen als Chinesen zu arbeiten. Die Pro-Kopf-Einkommen sprechen eine deutliche Sprache. Sie liegen in Indien bei weniger als einem Drittel des chinesischen Niveaus und in Bangladesh bei weniger als einem Viertel. Die Kosten chinesischer Produkte werden steigen. Das zwingt die Hersteller, sich preislich höher zu positionieren. Dies wiederum gelingt nur, wenn die Produkte qualitativ besser und innovativer werden.

Megacities

Ein neues Phänomen, das nicht auf Asien beschränkt ist, dort aber seine stärkste Ausprägung erfährt, sind die *Megacities*, die Riesenstädte der Zukunft. Eine Megacity hat nach der üblichen Definition mehr als 10 Millionen Einwohner. In den Industrieländern gibt es heute 240 Städte mit mehr als 500000 Einwohnern, in den Schwellenländern bereits 717, und bis 2030 werden weitere 240 solcher Städte dazukommen.[29] Zu den Zahlen der Millionenstädte findet man widersprüchliche Angaben. Laut einer Quelle liegt sie bei 305, davon 36 in China und 30 in Indien. Andere Quellen nennen für China mehr als 50 und für Indien 42 Millionenstädte, 2030 sollen es in Indien 68 sein. Man kann wohlbegründet von der größten Urbanisierungswelle der Welt in der Geschichte sprechen. Diese Urbanisierung bringt ungeahnte Wachstumschancen, aber auch enorme Herausforderungen. Schon heute werden 37 Prozent aller weltweit verkauften PKWs in Städte der Schwellenländer ausgeliefert. Bis 2030 ergibt sich in diesen Megacities ein Investitionsbedarf von 30000 bis 40000 Milliarden US-Dollar. Im Jahr 2005 musste ein Unternehmen in 60 Städten vertriebsmäßig präsent sein, um 80 Prozent des chinesischen

Mittelstandes zu erreichen. Im Jahr 2020 ist hierzu eine Vertriebspräsenz in 212 Städten erforderlich.

Die Megacities selbst sind auch hochinteressante Kunden für alle Arten von Infrastruktur-, Verkehrs- und Versorgungsprojekten. Siemens ist eines der ersten Unternehmen, die auf diesen Trend reagiert und ein globales Key-Account-Management für Megacities eingerichtet haben. Das ist eine völlig neue Organisationseinheit, die sich konsequent auf die zukünftigen Großkunden, deren Probleme überall in der Welt sehr ähnlich sind, ausrichtet.

Gleichzeitig werden die Megacities aber verstärkt zu sozialen Brennpunkten, an denen Arm und Reich direkt aufeinandertreffen. Heute leben 26,3 Prozent der städtischen Bevölkerung Indiens in Slums. Als Slum gelten Behausungen, die kein festes Dach haben und weder über fließendes Wasser noch eine Toilette verfügen. Die städtische Bevölkerung Indiens wächst von rund 350 Millionen heute auf 590 Millionen im Jahr 2030. Nicht nur in Indien wachsen die Slums im allgemeinen schneller, als die Armut abgebaut werden kann.[30]

Risiko Deglobalisierung

Man kann wohl behaupten, dass die Globalisierung in den letzten drei Jahrzehnten noch vor dem technischen Fortschritt der größte Wohlstandstreiber war. Beweisen lässt sich eine solche Hypothese aber nur schwer. Der Begriff Globalisierung wurde 1944 geprägt, aber erst 1983 durch den vielbeachteten Artikel in der *Harvard Business Review* »The Globalization of Markets« des Harvardprofessors Theodore Levitt in der breiteren Öffentlichkeit bekannt.[31] Bereits vor dem Ersten Weltkrieg hatte die weltwirtschaftliche Verzahnung einen gewissen Stand erreicht. Siemens erzielte schon damals mehr als die Hälfte des Umsatzes im Ausland, Bosch sogar 90 Prozent. Dennoch war damals das internationale Handelsvolumen, wie Abbildung 1.2 deutlich machte, im Vergleich zur Entwicklung des internationalen Warenaustausches seit 1980 sehr bescheiden. Alle Indikatoren belegen den starken Fortschritt der internationalen Arbeitsteilung, von der (fast) alle Länder und Regionen, insbesondere aber ein Exportland wie Deutschland, profitieren.

Voraussetzung für das weitere Wachstum des internationalen Handels und der Globalisierung generell ist natürlich, dass die Handelsströme möglichst frei fließen können. Die größten Fortschritte bilden in dieser Hinsicht die großen Freihandelszonen wie EU, NAFTA, ASEAN oder Mercosur, die sich allerdings in sehr unterschiedlichen Entwicklungsstadien befinden. Global betrachtet kommt der Freihandel, der das Hauptanliegen der World Trade Organization (WTO) ist, jedoch nur langsam voran. Die DOHA-Runde tagt seit 2001 und sollte ursprünglich bis 2005 zu einem Abschluss kommen. Per 2010 ist jedoch kein Ende in Sicht. Größere Fortschritte gibt es allenfalls bei bilateralen Freihandelsabkommen, deren Zahl sich von unter 50 Ende der 90er Jahre auf heute auf fast 300 erhöht hat. Diese Abkommen laufen allerdings dem Grundgedanken der WTO zuwider. Denn die Vertragspartner gewähren sich wechselseitig Vorteile, diskriminieren aber damit automatisch andere Länder.

Trotz der insgesamt optimistisch stimmenden Entwicklung ist die Globalisierung insbesondere im Nachlauf der Krise Gefahren ausgesetzt. Eine Widerstandslinie geht von sogenannten Non-Government-Organisations (NGOs) wie beispielsweise Attac aus, die regelmäßig bei Gipfeltreffen ihre Antipositionen zur Internationalisierung, oft auch gewalttätig, zum Ausdruck bringen. »Deglobalisierung«, also ein Zurückdrehen des Prozesses der Globalisierung, ist aber auch eine große Gefahr in Folge der Krise. Professor Niall Ferguson, Wirtschaftshistoriker an der Harvard-Universität, spricht von einem »Albtraumszenario«. Das wäre »eine komplette Wiederholung der Geschichte und ein Zusammenbruch der Globalisierung«. Wir haben das alles schon einmal erlebt. In den 30er Jahren des letzten Jahrhunderts war Protektionismus, damals ausgelöst von den USA, die Hauptursache für die tiefe und lang anhaltende Depression. Am 17. Juni 1930 wurde in den USA der sogenannte Smoot-Hawley-Tariff beschlossen. Mehr als 20000 Produkte wurden mit Zöllen von bis zu 60 Prozent belastet. Obwohl 1028 Wirtschaftswissenschaftler eine Petition gegen dieses Gesetz unterzeichnet hatten, wurde es im Parlament durchgepeitscht. Aufgebrachte Regierungen in aller Welt antworteten mit ähnlich hohen Zollsätzen für amerikanische Waren. Der Welthandel brach innerhalb weniger Monate um mehr als die Hälfte ein. Die enormen Vorteile der internationalen Arbeitsteilung wurden auf einen Schlag zunichte gemacht.

Die Gefahr des Protektionismus beruht in erster Linie auf dessen populistischem Potenzial. Politiker sind stets versucht, die Zustimmung ihrer Wähler mit protektionistischen Maßnahmen zu erlangen. Das 2009 verabschiedete Konjunkturpaket des US-Abgeordnetenhauses, in dem für Infrastrukturinvestitionen die Verwendung von Eisen oder Stahl ausschließlich aus dem Inland vorgeschrieben wurde, deutet auf die Gefahren hin. Russland, China und viele andere Länder operieren mit weniger offenen protektionistischen Praktiken. Präsident Obama rückte im Zuge der weiteren Diskussion offiziell vom »Buy American« ab. Der spanische Industrieminister Miguel Sebastián verlieh der Neigung zum Protektionismus Ausdruck: »Es gibt etwas, das die Bürger für ihr Land tun können: auf Spanien und seine Produkte setzen.« Der französische Präsident Nicolas Sarkozy knüpfte Darlehen für die französischen Automobilhersteller an die Bedingung, dass keine Arbeitsplätze ins Ausland verlagert würden. Gott sei Dank bildet die EU ein halbwegs wirksames Bollwerk gegen derartige nationale Egoismen. Glücklicherweise gibt es auch besonnene Stimmen. So sagte Bundeskanzlerin Angela Merkel: »Wir brauchen eine offene Weltwirtschaft. Protektionismus wäre der todsichere Weg von der Rezession in die Depression«. Sogar der russische Ministerpräsident Wladimir Putin gab sich antiprotektionistisch: »Wir dürfen nicht in Isolationismus und unbeschränkten ökonomischen Egoismus zurückfallen.« Diese Lippenbekenntnisse bedeuten jedoch keineswegs, dass hinter den jeweiligen Kulissen nicht kräftig »gemauert« wird. Auch mancher Lobbyist einer nationalen Branche wittert eine Chance. So überrascht es nicht, dass die World Trade Organization (WTO) protektionistische Tendenzen fürchtet: »Auf dem Gipfeltreffen in London hatten die G20-Staaten versprochen, keine neuen Handelsschranken zu errichten. Jetzt zieht die WTO eine ernüchternde Bilanz. Neue Zölle, Bürokratie und Verbote haben den Welthandel um 10 Prozent gedrückt.«[32] Und Bundeskanzlerin Angela Merkel sagte laut *Financial Times* (9.11.2010, S. 9) im Vorfeld der G20-Konferenz in Seoul/Korea: »The greatest danger that threatens us is protectionism.«

Was bedeutet Deglobalisierung bzw. ein stärker werdender Protektionismus für die Unternehmen? Die meisten deutschen Unternehmen sind heute global hervorragend aufgestellt. Viele von ihnen haben nicht nur Vertriebsstützpunkte, sondern auch Produktionsstätten in den Zielmarktländern. Diese sind in hohem Maße in die internationale Arbeitsteilung eingebunden. Falls die Zollschranken oder nichttarifäre Handelsbarrieren in der Folge der Krise steigen sollten, wird diese Arbeitsteilung massiv behindert. Andererseits ist man aber in den Ländern, in denen man einen Produktionsstandort unterhält, bereits »Inländer«. Ein verschärfter Protektionismus hätte zur Folge, dass man die Wertschöpfung in den jeweiligen Ländern vertiefen und Lieferungen zwischen Werken aus unterschiedlichen Ländern reduzieren müsste. Generell wäre auch die Standortpolitik zu überdenken. In wichtigen Ländern muss man Produktionsstandorte einrichten, so wie es viele deutsche Unternehmen seit den 60er Jahren in Brasilien taten und wie es Volkswagen 2010 in den USA tat.[33] Die grundsätzliche Strategie der Globalisierung darf man selbst bei einem sich verschärfenden Protektionismus nicht in Frage stellen. Im Gegenteil, deutsche Unternehmen würden aufgrund ihrer hohen Präsenz in vielen Märkten im Gegensatz zu Firmen aus Ländern wie Frankreich oder Italien relativ besser dastehen. Insgesamt jedoch wäre eine Deglobalisierung eine Katastrophe für die Weltwirtschaft und den Wohlstand von Milliarden Menschen. Zur Globalisierung gibt es keine Alternative. Sie ist die Zukunft.

Trend 2

Stärkere Einflussnahme der Politik

Eine Folge der Krise besteht im zunehmenden Einfluss der Politik. Die Nachkrisenjahre werden durch vermehrte Intervention, Regulierung, gleichzeitig aber auch durch eine gewisse Ohnmacht der Politik charakterisiert sein. Unter diesen Rahmenbedingungen wird die Geschäftsfreundlichkeit einer Regierung zu einem noch wichtigeren Faktor im internationalen Standortwettbewerb. Die hohe Verschuldung schränkt die zukünftigen Spielräume der Regierungen stark ein. Unternehmen müssen sich in vielfacher Weise auf diese neuen Rahmenbedingungen einstellen.

Schlag ins Weltbild

Für mich, als überzeugten Marktwirtschaftler, waren die 2007 einsetzende Finanzkrise, die sich spätestens mit dem Zusammenbruch von Lehman Brothers am 15. September 2008 zu einer weltweiten Wirtschaftskrise ausweitete, und ihre dramatischen Folgen für die Weltwirtschaft ein Schlag ins Weltbild. Vor dieser Krise hatte ich dezidiert und mit Überzeugung den Standpunkt vertreten, dass man die Dinge dem Markt, ja sogar den Bankern überlassen solle. Heute bin ich mir da nicht mehr so sicher. Während des Zusammenbruchs von Lehman Brothers war ich zufällig in New York und habe seither viele Länder in der ganzen Welt bereist. Ich habe mit den verschiedensten Leuten gesprochen sowie manches erlebt. Das meiste davon ist mehr als erstaunlich, meine eigene Naivität als Anleger eingeschlossen. Ich bin zwar studierter Volkswirt, jedoch beruflich nicht primär mit volkswirtschaftlichen, finanz- oder geldpolitischen Fragen befasst, so dass ich mich auf diesen Gebieten nicht als Fachmann bezeichnen kann. Insofern sind mein Unwissen und meine

Naivität vielleicht unvermeidlich, allerdings, wie ich festgestellt habe, sehr weitverbreitet. Die Wirtschaft, so habe ich fast den Eindruck, versteht sich selbst nicht.

Fangen wir mit einigen Erlebnissen an. Viele Anleger kennen sogenannte Exchange Traded Funds (ETFs) oder Exchange Traded Commodities (ETCs). Diese Produkte werden von den Banken täglich in großen Zahlen verkauft. Beim ETC für Gold kauft die das Zertifikat herausgebende Bank die entsprechende physische Menge Gold und lagert es ein. Das ist, was dem Anleger gesagt wird. Als Lehman Brothers pleiteging, fragte ich sowohl bei meiner Bank in Deutschland als auch bei meiner Bank in New York nach, was denn mit dem Gold im Falle des Bankrotts des Zertifikate-Emittenten passiere. Die entscheidende Frage war, ob es zur Konkursmasse gehöre oder ein getrenntes Sondervermögen sei, auf das ich als Anleger weiterhin vollen Zugriff habe. Eine, wie ich finde, naheliegende, einfache Frage. In New York war ich in der Bank, und der ETF/ETC-Spezialist des Hauses wurde hinzugerufen. Er konnte die Frage nicht beantworten. In Deutschland dauerte es zwei Tage, bis ich eine verbindliche Antwort erhielt (mein Zertifikat war getrennt bilanziert, wäre also nicht in die Insolvenzmasse eingegangen). Offensichtlich wissen die Banker selbst bei einem einfachen Produkt, das sie ihren Kunden täglich tausendfach andienen, nicht genau, was sie verkaufen. Ich, als Anleger, war so naiv, diese entscheidende Frage nicht von Anfang an zu stellen und mir die Antwort schriftlich geben zu lassen. Zu jeder Transaktion gehören zwei. Der Kunde ist Teil des Problems.

In Paris erklärte mir ein Vorstand einer großen französischen Bank, dass die Käufer von Subprime-Zertifikaten sich vertraglich verpflichten mussten, nicht die Einzelobjekte zu prüfen, die hinter den gebündelten Hypotheken steckten. Kann man das glauben? Diese Käufer, lauter schlaue Leute, ausgefuchste Profis, kauften also Katzen im Sack bzw. verließen sich blind auf die Ratingagenturen. Wie ist solche Naivität in derartigen Größenordnungen zu erklären? Wiederum haben wir es hier mit einem Verhalten zu tun, das sich dem normalem Vorstellungsvermögen entzieht.

Doch meines Erachtens gehen die Fragen viel tiefer. Ich bezweifle, dass es irgendeinen Finanzminister, Zentralbankpräsidenten, Banker oder Wirtschaftswissenschaftler gibt, der die Risiken komplexer Finanztransaktionen und -produkte vollständig überschaut. Das hält die diversen Experten aber keineswegs davon ab, Ursachen genau zu erklären, Prognosen bis auf eine Stelle hinter dem Komma für das nächste Jahr abzugeben oder die weiteren Folgen vorherzusagen. Verstehen moderne Wirtschaftswissenschaftler überhaupt noch, was Wirtschaft in der Substanz ist? Oder verwechseln sie Wirtschaft mit einem System mathematischer Formeln und Gleichgewichtsbedingungen? Ich habe in der Zeit des Übergangs zwischen »klassischer« und »mathematischer« Volkswirtschaftslehre an einer sehr quantitativ-theoretisch orientierten Fakultät studiert. Ich bin nicht überzeugt davon, dass moderne Volkswirte Wirtschaft verstehen. Ich zweifle auch, ob sie wissen, was Geld ist. Der amerikanische Dollar möge als mein Zeuge dienen. Über fast zwei Jahrhunderte und mit nur kurzen Unterbrechungen im Krieg von 1812 bis 1814 und nach dem Bürgerkrieg Mitte der 1860er Jahre war der Dollar vor allem durch Gold gedeckt und behielt seinen Wert. Seit Abschaffung der Golddeckung beziehungsweise des Bretton-Woods-Systems im Jahr 1971 hat der Dollar mehr als 85 Prozent seines Wertes verloren. Muss einem das nicht zu denken geben?

Das Subprime-Desaster war meines Erachtens zwar Auslöser, aber keineswegs wirkliche Ursache der Krise, die in den Jahren 2007/8 begann. Die letztendliche Ursache dürfte vielmehr in der ungebremsten Geldvermehrung der letzten Jahrzehnte, vor allem in den USA, liegen. Greenspan & Co. bekämpften jede Krise, indem sie die Notenpresse schneller laufen ließen. Und für die gigantischen Anti-Krisen-Programme des Jahres 2009 und auch wieder im Jahr 2010 rotierte diese Presse schneller denn je. Die Inflation lässt grüßen, selbst wenn es kurzfristig deflationäre Tendenzen geben mag. Mehr als nachdenklich stimmt mich ein Buch mit dem Titel »Gold – The Once and Future Money«.[34] Ich weiß nicht, ob der Autor mit diesem Titel Recht behält. Eines aber weiß ich: Die Krise hat mein Bild von Wirtschaftswissenschaftlern, Bankern, Finanz- und Geldpolitikern massiv in Mitleidenschaft gezogen.

Schulden sind Schulden

»Gebt nicht mehr aus, als ihr einnehmt!« Das sagte der Preußenkönig Friedrich Wilhelm I. (1688–1740). Fast jeder vernünftige Mensch, den ich treffe, schließt sich dieser Aussage an. Keine Organisation, kein Staat, kein Unternehmen, keine Familie, keine Einzelperson kann auf Dauer mehr ausgeben, als sie einnimmt. Doch diese Binsenweisheit scheint seit langem und bei vielen, voran bei Politikern, aber auch bei Wissenschaftlern und Managern, in Vergessenheit geraten.[35] So argumentierte kürzlich ein bekannter Volkswirt, die Verschuldung des Staates sei eigentlich kein Problem. Denn rechne man die Staatsschulden gegen die Ansprüche der Inhaber staatlicher Anleihen auf, dann sei das Volksvermögen intakt.[36] Ähnlich läge es bei den staatlichen Pensionsverpflichtungen, denen ja die Ansprüche der Rentner gegenüberstünden, beide glichen sich im Wesentlichen aus. Wo also sei das Problem? Eine andere Argumentation zur Verharmlosung von Schulden wird auf Staat wie Unternehmen gleichermaßen angewandt und läuft wie folgt: Solange einem Investoren neues Geld leihen und man die Verpflichtungen, also Zinsen und Tilgung, bedienen könne, seien Schulden überhaupt kein Problem. Ob man die Zinsen mit neuen Schulden oder mit tatsächlich eingenommenem Geld bezahle, sei letztlich egal. Auf der betriebswirtschaftlichen Ebene wird des Weiteren der Leverage-Effekt zur Rechtfertigung von ungebremster Schuldenmacherei instrumentalisiert. Er besagt in letzter Konsequenz, dass eine maximale Verschuldung optimal sei, wenn nur die Rendite größer ist als der Zins. Am Beispiel einer Immobilie: Wenn diese 6 Prozent Rendite bringt und man nur 4 Prozent Zinsen zahlen muss, dann verdient man an jedem mehr aufgenommenen Euro 2 Prozent. Je höher also die Verschuldung, desto höher fällt der dem Eigenkapital zuzurechnende Überschuss aus. Kostet die Immobilie 1 Million Euro und der Investor finanziert die Hälfte, dann beträgt seine Eigenkapitalrendite 8 Prozent, finanziert er 80 Prozent, so steigt die Eigenkapitalrendite auf 14 Prozent. Bei 90 Prozent Schuldenfinanzierung springt diese Rendite sogar auf 24 Prozent. Die Schlussfolgerung würde also lauten: Ran an das Fremdkapital!

Solche und ähnliche Argumente sind die Mutter unkontrollierter Schuldenmacherei, die in Staat und Wirtschaft grassierte und nach wie vor grassiert. Und wenn die Schulden zu hoch sind, dann kommt mit Sicherheit irgendwann die Stunde, in der man kein frisches Geld mehr erhält (siehe Griechenland), der Zins ansteigt oder die eigenen Einnahmen sinken, so dass die Verpflichtungen nicht mehr bedient werden können. Schulden sind Schulden; Mühlsteine, die irgendwann ihren Tribut verlangen.

Und die Gefahr ist hoch. Seit 1960 ist die Verschuldung der Bundesrepublik Deutschland von 29 auf 1796 Milliarden Euro gestiegen, das entspricht einer jährlichen Wachstumsrate von 8,6 Prozent. Falls es mit dieser Rate weitergeht, wird die deutsche Verschuldung im Jahr 2020 bei 4098 Milliarden Euro und in 2030 bei 9351 Milliarden Euro liegen. Laut der jüngsten Prognos-Prognose dürfte das deutsche Bruttoinlandsprodukt (BIP) in diesem Zeitraum nur um 1,2 Prozent pro Jahr wachsen. Das ergibt bei einem Ausgangswert für 2010 von rund 2500 Milliarden Euro ein BIP von 2815 Milliarden Euro im Jahr 2020 und von 3173 Milliarden im Jahr 2030. Bei gleichem Schuldenwachstum wie bisher läge die Verschuldung in 2030 also beim 2,95-fachen des BIP. Ob die avisierte Schuldenbremse funktionieren wird, ist angesichts der EU-Erfahrungen mehr als zweifelhaft. Wenn es eng wird, fangen die Budgettricksereien an oder strenge Regeln werden ausgesetzt.

Die Stunde der Wahrheit wird unweigerlich kommen, wenn es der Politik nicht gelingt, die Schulden massiv und weit über das derzeit vorgesehene Maß zurückzuführen. Man braucht sich nur ein Szenario mit Zinsniveaus der 80er oder 90er Jahre vor Augen zu führen, um die Gefahr zu erkennen.

Was sind die Lehren für die Politik?

- Der Staat muss sich unbedingt vor zu hoher Verschuldung hüten. Schulden sind Schulden!
- Den makro- und mikroökonomischen Schuldenbeschwichtigern sollte man keinen Glauben schenken, selbst wenn diese Nobelpreisträger sind. Stattdessen halte man sich an den klugen Rat des Preußenkönigs.
- Der Staat muss gute Zeiten nutzen, um Schulden zu tilgen. Das ist die zweite Seite von Keynes, die fast immer vernachlässigt wird.
- Bedenklich stimmt allerdings, dass man unseren Politikern solche Binsenweisheiten vorhalten muss.

Strangulation durch die Bürokratie

Neben der Schuldenexplosion ist die zunehmende Regulierung eine zweite, gravierende Folge der Wirtschaftskrise. Die Bürokratie wird alle Arten von Geschäften erschweren – ja, wenn man in einer der besonders betroffenen Branchen tätig ist, geradezu strangulieren. Die scharf anziehende Regulierung könnte sich als die langfristig nachteiligste Folge der

Wirtschaftskrise erweisen. Die im Fokus der Bürokratie stehenden Banker können ein Lied davon singen:

- Jedes Beratungsgespräch mit dem Kunden muss protokolliert werden. Im Sommer 2010 hat die Stiftung Warentest die Umsetzung dieser weltfremden Vorschrift untersucht. Nicht einmal die Hälfte der 146 Test-Beratungen wurde protokolliert. »Damit ist der Versuch des Gesetzgebers, mit der schriftlichen Zusammenfassung der Gespräche mehr Sorgfalt in die Beratung zu bringen und für den Kunden mehr Rechtssicherheit, gescheitert«, heißt es in einer Analyse.[37] Als Ausweg schlagen die Banken vor, alle Gespräche elektronisch aufzuzeichnen. Dies wäre eine Zumutung. Jeder Bankkunde sollte das rundweg ablehnen, ich habe das jedenfalls getan, und es geht auch ohne Mitschnitt.
- Meine Bank schreibt mir: »Ihr Depot enthält einen Optionsschein auf Aktien. Gesetzlich sind wir aus diesem Grund nun zu einem monatlichen Versand Ihres Reporting verpflichtet.« Weil ich also eine Position Optionsschein im Wert von circa 10000 Euro im Depot habe, bekomme ich jetzt gesetzlich vorgeschrieben einen Monatsreport von 31 (in Worten: einunddreißig) Seiten, den ich weder brauche noch lese.
- Die Geschäftsführerin einer kleinen GmbH will ihre überschüssige Liquidität, einen Betrag von etwa 50000 Euro, in Aktien anlegen. Der Bankberater erklärt ihr, so einfach ginge das nicht, sie müsse zunächst einmal zahlreiche Fragen beantworten und belehrt werden. Die Geschäftsführerin erhält einen circa zehnseitigen Packen mit Formularen, die sie ausfüllen soll. Da gibt sie auf und verzichtet auf den Aktienkauf. Sie führt ihr Geschäft mit fünf Angestellten ohne Probleme seit 20 Jahren.

Wie schon eingangs dieses Kapitels angeführt, bestreite selbst ich nicht bzw. nicht mehr, dass im Banken- und Finanzbereich eine stärkere Regulierung notwendig ist. Aber wir erleben hier offensichtlich den gleichen Effekt wie nach jedem Attentat oder Attentatsversuch in der Luftfahrt. Die Kontrollen werden verschärft und nehmen teils absurde Ausmaße an. Als Vielreisender weiß ich, wovon ich rede. Nach einem Anschlagsversuch auf einem Flug nach Detroit im Dezember 2009 wurde in Frankfurt mehrfach nicht nur jede Abteilung meiner Aktentasche, sondern sogar jedes Fach meiner Brieftasche durchsucht. Und wenn solche Regeln einmal eingeführt sind, lassen sie sich kaum noch aus der Welt schaffen.

Die Strangulation durch die Bürokratie trifft heute nahezu alle Lebensbereiche: Umweltschutz, Verbraucherschutz, Datenschutz, Steuern und Verkehr. Die Möglichkeiten zu schützen und zu regulieren sind unbegrenzt. Bei einer Reise in Australien mussten wir uns vom Busfahrer jedes Mal, wenn ein neuer Fahrgast einstieg, eine Sicherheitsbelehrung ähnlich wie im Flugzeug anhören. Er erklärte, dass und wie wir uns anzuschnallen hätten, wo die Notausstiege seien, wie sich im Notfall zu verhalten sei etc. – und entschuldigte sich dann jedes Mal, dass er gesetzlich zur Wiederholung dieser Litanei gezwungen sei, sobald ein neuer Fahrgast einsteige. Dieses banale Beispiel zeigt eine wichtige Facette der Bürokratisierung: Isoliert betrachtet mögen einzelne Maßnahmen sinnvoll erscheinen, aber in der Anwendung, der Wiederholung und dem Umfang werden sie unerträglich.

Doch das ficht die Menschen in den großen Bürokratien nicht an. Sie sehen ihre Aufgabe darin zu regeln, vorzuschreiben, zu schützen und zu überwachen. Sie sind ungeheuer kreativ in der Erledigung dieser Aufgaben. Sie erfinden nicht nur neue Vorschriften, sondern ständig auch neue Hierarchien, Behörden und Agenturen. *Die Euro-Bürokratie hat sich zu einem Regulierungsmonster entwickelt.* Auf Bundesebene wuchern neue Agenturen für Datenschutz, Netzregulierung, Überwachung des Bank- und Finanzwesens, im Gesundheitsbereich – um nur einige Beispiele zu nennen. Sie bringen neue Jobs, Karrieren und Profilierungschancen für Beamte und Politiker, das alles unter dem hehren Motto »zu schützen«. Der Erfindungsgeist der Schützer kennt keine Grenzen, hier einige Beispiele:

- Beipackzettel für Finanzprodukte (dieser muss natürlich wieder überwacht werden),
- erweiterte Anforderungen an Rechnungen (so ist seit 2010 bei Rechnungen an ausländische Kunden zu belegen, dass dieser seine Steuern in seinem Heimatland zahlt. Franzosen und Italiener haben das schon lange. Dort können sich unsere Beamten noch manche Behinderung abgucken.),
- eine Vielzahl von Vorschriften bei der Datenspeicherung, oft verbunden mit völlig unklarer Rechtslage, vor allem wenn es um Intellectual Property Rights geht.

Auf der Gegenseite, etwa bei Steuerberatern und Rechtsanwälten, führt die Bürokratisierung zu einer analogen Aufrüstung. Oder kann mir jemand erklären, warum wir heute 3,3-mal so viele Steuerberater brauchen wie im Jahr 1970 (1970 gab es in Deutschland 26 000 Steuerberater, per 1.1.2010 sind es 86 300)? Selbst wenn man die Wiedervereinigung einrechnet (Bevölkerungsanstieg um rund ein Viertel), ist dieser Anstieg nur mit der ausufernden Verkomplizierung des Steuerrechts zu erklären.

Dann gibt es das verlorene Häuflein der Bürokratiebekämpfer, Edmund Stoiber auf der europäischen Ebene und diverse Initiativen im nationalen Rahmen. Ein Beamter des Bundeswirtschaftsministeriums, der mit dieser Aufgabe befasst ist, berichtete mir, seine Arbeitsgruppe habe schon 1 300 unnötige Gesetze und Vorschriften beseitigt. Auf meine Frage, wie viele neue Regulierungen im gleichen Zeitraum hinzugekommen seien, blieb er die Antwort schuldig. Ich bin überzeugt, dass es ein Vielfaches von 1 300 ist.

Was kann und soll man angesichts des scheinbar unaufhaltsamen Regulierungs-Tsunamis tun? Verbände, Unternehmen und selbst Einzelne können mehr erreichen, als man glaubt:

- Klagen vor dem Verfassungsgericht gegen unsinnige Vorschriften erweisen sich sehr häufig als erfolgreich (Datenschutz, Nichtraucherschutz sind jüngste Beispiele).
- Verbände sollten eine vorrangige Aufgabe darin sehen, geschäftshinderliche Regulierung im Frühstadium zu verhindern.
- Jeder Einzelne kann auf Politiker einwirken und ihnen verdeutlichen, dass ihre primäre Aufgabe nicht darin besteht, Vorschriften zu erlassen, sondern ausreichende Freiheit zu garantieren.

Wir sollten die von dem englischen Staatsphilosophen Thomas Hobbes stammende Analogie zwischen dem biblisch-mythologischen Ungeheuer Leviathan und dem Staat, gegen dessen Allmacht jeglicher menschliche Widerstand wirkungslos ist, nicht akzeptieren. Stattdessen sollten wir mit vollem Einsatz und an allen Fronten gegen die drohende Strangulation durch die Bürokratie kämpfen.

Staat, bedenke…

Der Staat zeigt zunehmend Flagge. Der Mann auf der Straße staunt, was da so passiert, und praktiziert seinen eigenen »inneren Widerstand«. Im

Rahmen seiner Möglichkeiten und ohne schlechtes Gewissen geht er der Schwarzarbeit nach, vermeidet die Umsatzsteuer, nutzt falsche Belege – alles ohne moralisches Schuldgefühl, allenfalls vor dem »Erwischtwerden« hat er Angst. Auch beim »kleinen Mann« greift der Staat schärfer durch, wie die folgende Szene illustriert. Sie spielte sich an einem Samstagmorgen auf dem Godesberger Wochenmarkt ab. In schwarzen Lederjacken, die Pistole gut sichtbar im Halfter, treten circa 15 Mann zwischen die Marktstände. Wer sind diese bewaffneten Leute auf einem friedlichen Wochenmarkt? Die Antwort steht auf den Rücken der schwarzen Lederjacken in großer weißer Schrift: »Zoll«. Der Zoll kontrolliert, ob die Mitarbeiter der Marktbeschicker angemeldet sind. Viele Marktbesucher zeigen sich von dem Auftritt des Staates in Form bewaffneter Männer in schwarzen Lederjacken an einem Samstagmorgen unangenehm berührt. Solche Auftritte des Staates wecken tiefsitzende Angstgefühle.

Quer durch die Gesellschaft, von ganz unten bis ganz oben regt sich Widerstand gegen den Zugriff des Staates. Der Staat greife zu stark ein, moralisch sei der Staat für das Fehlverhalten seiner Bürger mitverantwortlich, da er durch übermäßige Belastung den Steuer- und Abgabenbetrug provoziere, sagt Professor Wolfgang Ockenfels, Theologe an der Universität Trier. Und er hinterfragt die moralische Legitimität des positiven (das heißt des vorhandenen) Rechts. Kann es sein, dass der Staat in seinen Ansprüchen gegenüber dem Einzelnen zu weit geht? Ja, das kann sein! Dass andere Länder drastischer vorgehen, ist ein geringer Trost. So hat Italien vor einiger Zeit die Einkommensteuererklärungen aller Italiener ins Internet gestellt. Ziel: Die Nachbarn sollen überprüfen, ob die Zahlen stimmig sind. Orwell lässt grüßen!

Einher geht die Kontrollwut mit einer zunehmenden Prinzipienlosigkeit, vor allem wenn höhere Steuereinnahmen locken. Diese Tendenz ist geradezu erschreckend. Die Abschaffung der Kilometerpauschale, die Nichtanerkennung von Arbeitszimmern (beide Fälle betreffen klar und eindeutig Werbungskosten), die rückwirkende Geltung von Steuergesetzen sind Beispiele für die eklatante Verletzung von Prinzipien. Bezeichnend ist, dass das Bundesverfassungsgericht alle diese Gesetze kippte. Doch das trieb keinem Politiker die Schamröte ins Gesicht. In dieses Muster passt auch der Ankauf gestohlener Daten von Kriminellen. Die Ursachen der Ausweitung staatlicher Eingriffe liegen gleichermaßen im umfassenden Macht- und Fürsorgeanspruch des Staates wie in der Prinzipienlosigkeit und im Populismus der Politiker. Die Krise hat dabei die Gelegenheiten und leider auch die Notwendigkeiten zu Eingriffen massiv gesteigert. Doch geht der Staat nicht in vielem zu weit?

Nobelpreisträger Friedrich August von Hayek sagte einmal, dass jedes Gesetz neue Verbrecher mache. Man kann das erweitern: Jedes überflüssige Gesetz schafft überflüssige Verbrecher. Mit Gesetzen, die von weiten Teilen der Bevölkerung nicht akzeptiert werden und deren Übertretung keine moralischen Bedenken verursacht, stimmt etwas nicht. Das gilt für willkürliche Geschwindigkeitsbegrenzungen genauso wie für überzogene Steuergesetze. Bei uns wimmelt es von Vorschriften, die derartige Wirkungen verursachen. Und es kommen ständig neue hinzu. Die häufigen Ordnungsrufe des Verfassungsgerichts an die Politik sprechen eine drastische Sprache.

Ein weiteres Problem liegt in der Überkomplexität. Professor Ockenfels fordert: »Wir brauchen dringend eine Reduktion von Komplexität.« Doch wir erleben das Gegenteil. Beispiel: Das Erbschaftsteuergesetz schaffte weitere Komplexität statt Vereinfachung. Natürlich kann der Staat die Daumenschrauben stets weiter anziehen, ständig neue Vorschriften schaffen, zusätzliche Ermittler, Prüfer und Zollpolizisten in schwarzen Lederjacken bereitstellen und neue Kontrollorganisationen schaffen. Doch bedenkt er, was er damit anrichtet? Schon heute ist der Schaden immens. Nicht nur Kapital flüchtet in freiere Länder, sondern in zunehmender Zahl auch Leistungsträger, von denen pro Jahr 160000 unser Land verlassen. Die »Exit-Option« wird von immer mehr Bundesbürgern, vor allem auch jüngeren, wahrgenommen.[38] In den letzten Jahren gab es neue Rekorde – mit der Schweiz als beliebtester Destination. Unternehmen und Unternehmer brauchen Freiheit. Doch lernen die Politiker aus diesen Fakten? Natürlich nicht! Im Jahr 2010 kündigten die Oppositionsparteien für den Fall der Regierungsübernahme im Bund an, die Einkommensteuern zu erhöhen und die Vermögensteuer wieder einzuführen. Kurze Zeit danach erschienen die ersten Artikel, die Begüterte aufforderten, prophylaktisch ihren Umzug ins Ausland für den Fall des Regierungswechsels vorzubereiten. Es kann als sicher gelten, dass die Betroffenen diese Botschaften verstehen und umsetzen.

Oft fragt man sich auch, wie weit der Horizont von Politikern reicht, selbst wenn man sie im Allgemeinen nicht zu den Dummen rechnet. So ist es mehr als offensichtlich, dass für alle Banken international einheitliche Regeln gelten sollten. Dennoch hat die Bundesregierung im Alleingang ein Verbot von Leerverkäufen eingeführt, und Bundesfinanzminister Wolfgang Schäuble begründete es damit, dass damit der Missbrauch bekämpft werde. Deutsche-Bank-Chef Josef Ackermann gab darauf die unaufgeregte Antwort, Leerverkäufe würden über den Standort London abgewickelt. Ja, so ist es. Der internationale Kapitalmarkt endet nicht an der deutschen Grenze, und Kapital ist wie ein flüchtiges Reh.

Bürokratiemonster Erbschaftsteuer

Ein bezeichnendes Beispiel für unsinnige Eingriffe des Staates ist die deutsche Erbschaftsteuer. Machen wir uns die Sichtweise eines aufgeklärt-eingefleischten Sozialisten zu eigen. Es sei absolut unakzeptabel, dass große Vermögen »ungerupft« vererbt würden. Die Verteilung der Vermögen sei ohnehin äußerst ungerecht. Wenigstens beim Erbübergang müsse eine spürbare Korrektur stattfinden, um mehr Chancengleichheit herzustellen. Die Erbschaftsteuer habe zudem, im Vergleich zur Einkommensteuer, weniger negative Incentivewirkungen. Erben würden es verschmerzen, da eine Erbschaft den Charakter eines *Windfall Profits* habe und man deshalb – eher als bei selbst erarbeitetem Einkommen – akzeptiere, einen Teil davon an den Staat abzugeben. Die Vermögensteuer sei schließlich schon außer Kraft gesetzt. Es dürfe nicht sein, dass auch noch die Erbschaftsteuer dem Neoliberalismus zum Opfer falle. Das wäre die endgültige Bankrotterklärung des Strebens nach sozialer Gerechtigkeit. Außerdem brauche der Staat die Einnahmen aus der Erbschaftsteuer.

Diese Argumentation unseres sozialistischen Freundes ist in weiten Teilen verständlich und trifft bei vielen Wählern auf Sympathie. Doch einer halbwegs rationalen Prüfung halten die Argumente nicht stand. Der beschriebene aufgeklärt-eingefleischte Sozialist muss eingestehen, dass die Erbschaftsteuer in ihrer heutigen Form ein Bürokratiemonster ist, das allerlei unerwünschte Wirkungen, nur nicht die oben gewollten Ziele erreicht. Betrachten wir zunächst die einfacheren Aspekte: Die Erbschaftsteuer brachte im Jahr 2008 in Deutschland gerade einmal 4,8 Milliarden Euro ein. Das Aufkommen für die nähere Zukunft wird auf 4 bis 5 Milliarden Euro pro Jahr geschätzt, Firmenerben tragen dazu nur etwa 450 bis 500 Millionen Euro bei. Damit macht die Erbschaftsteuer weniger als 1 Prozent des gesamten Steueraufkommens aus. Ein Bundestagsabgeordneter sagte mir, dass die Erhebung dieser Steuer etwa 1,8 Milliarden Euro kostet. Netto bringt sie also gerade mal 3 Milliarden Euro. Sie ist damit fiskalisch insgesamt unbedeutend. Die Tatsache, dass sie den Ländern zufällt und für diese ein größeres Gewicht hat, kann nicht als Argument für diese Steuer dienen. Dieses Problem müsste per Umverteilung zwischen Bund und Ländern gelöst werden.

Genauso wenig, wie sie zur Finanzierung unseres Gemeinwesens beisteuert, trägt sie zur erwünschten Umverteilung bei. Das Bruttoinlandsprodukt Deutschlands betrug 2010 knapp 2500 Milliarden Euro. Wenn hiervon pro Jahr 4 bis 5 Milliarden umverteilt werden, ist das weniger als 2 Promille oder 0,2 Prozent – lächerlich. Das Vermögen der Deutschen wird auf rund 10000 Milliarden Euro geschätzt. Die jährliche Erbschaftsteuer macht davon 0,4 Promille oder 0,04 Prozent aus. Sowohl im Verhältnis zum Volkseinkommen als auch zum Volksvermögen ist die Erbschaftsteuer also eine »quantité negligeable«, eine Augenwischerei. Sowohl die fiskalische als auch die umverteilende Wirkung dieser Steuer fällt also mehr als bescheiden aus. Die positiven Intentionen sind leider eine reine Chimäre. Wenn es einen wirksamen Umverteilungsmechanismus gibt, dann ist dies der Wettbewerb. Chancengleichheit und Wettbewerb sollte man fördern, sie verteilen am effektivsten um.

Die Nachteile der Erbschaftsteuer sind hingegen beachtlich und keineswegs vernachlässigbar. Sowohl die Regelung der Steuer als auch ihre Erhebung erweisen sich als äußerst kompliziert. Es wurden clowneske Verrenkungen unternommen, um einerseits »uns Oma ihr klein Häuschen« und andererseits den mittelständischen Betrieb zu schützen. Die widerstrebenden Ziele lassen sich einfach nicht sinnvoll unter einen Hut bringen. Bewertung und Erfassung werfen große Probleme auf. So erhielt kürzlich der Testamentsvollstrecker eines kinderlosen Ehepaares ein dickes Formularpaket. Für alle 24 durch das Testament bedachten Vermächtnisnehmer mussten Steuererklärungen abgegeben werden. Die anschließend resultierenden Zahlungen waren vernachlässigbar – ein kafkaesker Prozess.

Schließlich bewirken die Erbschaftsteuer und ihre Stiefschwester, die Schenkungsteuer, bei den Betroffenen Anstrengungen, die oft in keinem Verhältnis zu den tatsächlichen Steuern stehen. Aber Wahrnehmung zählt, und so sind die Leute. Somit flieht Kapital aus Deutschland. Ich kenne nicht wenige, die wegen der Erbschaftsteuer ihren Wohnsitz ins Ausland verlegt haben. Bereits kurz nach der Geburt gibt es Notartermine, um Fristen und Freibeträge auszunutzen – Absurdistan lässt grüßen. Schließlich sollte unseren sozialistischen Freunden und den Fiskalpolitikern aller Richtungen zu denken geben, dass immer mehr Länder die Erbschaftsteuer aufgeben. Österreich, Portugal, Tschechien, um nur einige zu nennen. Selbst »das Volksheim« Schweden hat diese unsinnige Steuer abgeschafft.

Eines hätte ich fast vergessen. Es gibt natürlich einen Stand, dessen Geschäfte massiv unter der Abschaffung der Erbschaftsteuer leiden würden: Rechtsanwälte, Notare und Steuerberater.

Wenn man nun aus politischen Gründen unbedingt eine Erbschaftsteuer haben will, dann könnte man sich ein sehr einfaches und wirksames Modell ausdenken. Dieses besteht darin, die Bemessungsgrundlage zu maximieren und den Steuersatz zu minimieren. In Deutschland werden pro Jahr Vermögen im Wert von rund 250 Milliarden Euro vererbt. Wenn man jedes Erbe mit 2 Prozent besteuern würde, dann täte das niemandem weh und die Einnahmen wären genauso hoch wie heute. In einem solch einfachen System ließen sich auch höhere Steuersätze realisieren. Bei 3 Prozent Steuersatz wären die Einnahmen 50 Prozent höher als heute. Auch das täte keinem weh. Wer von der Oma ein Häuschen im Wert von 300 000 Euro erbt, der kann ruhig 15 000 Euro an Erbschaftsteuer zahlen. Das Gleiche gilt für die Erben einer Firma im Wert von 1 Milliarde, der heute bei Einhaltung der Zehnjahresfrist nichts zahlt. Auch sie würden 30 Millionen locker verschmerzen und könnten anschließend frei wirtschaften.

Da bleibt mir nur die Frage, warum sich ein solches System angesichts der dargelegten unstrittigen Sachverhalte nicht durchsetzen lässt. Ich kenne die Antwort nicht. Vielleicht lautet sie »Neid« oder »Tabuisierung des Häuschens«. Wer weiß?

Wachstumsbranche Lobbyismus

Eine direkte Konsequenz der zunehmenden staatlichen Regulierung und Intervention ist, dass die Fähigkeit des Managements, mit öffentlichen

Behörden, Gesetzgebern und Gerichten umzugehen, wichtiger wird. Staatliche Rahmenbedingungen entstehen in aller Regel aus einem sehr komplexen Geschäft unterschiedlicher Beteiligter und Interessengruppen. Oft sehen sich Unternehmen dabei mächtigen Gegenspielern gegenüber. Wenn sie in diesem Spiel nicht die schlechtere Karte ziehen wollen, müssen sie entsprechend gerüstete eigene Truppen ins Gefecht schicken. Lobbyismus wird folglich zur Wachstumsbranche. Es wird in Zukunft mehr und besser qualifizierte Lobbyisten geben. Die Überschrift eines Artikels zum Lobbyismus der Pharma-Industrie trifft den Nagel auf den Kopf: »Es naht die hohe Zeit der Interessenvertreter.«[39] Die »Dienstleistungen« der Lobbyisten und Interessensverbände gehen dabei teilweise so weit, dass sie den Politikern oder den Ministerialbeamten als Gesetzestext formulierte Vorschläge vorlegen.

Für den einzelnen Top-Manager wird es wichtiger, in sein persönliches Netzwerk Politiker und Entscheidungsträger aus dem öffentlichen Bereich einzubeziehen, um Gehör zu finden und Einfluss nehmen zu können. Die Netzwerke zwischen der Wirtschafts- und der Politikwelt sind in Deutschland im Vergleich zu anderen Ländern unterentwickelt. Die Distanz zwischen beiden Bereichen ist groß. Dies liegt vor allem an zwei Gründen. Die Ausbildungswege für Manager und Politiker verlaufen weitgehend getrennt. Die meisten Top-Manager sind Ingenieure oder Betriebswirte, während die Führungskräfte aus dem öffentlichen Bereich eher aus der juristischen und teilweise der volkswirtschaftlichen Richtung kommen. Zudem gibt es auf den Führungsebenen, anders als in Frankreich oder den USA, so gut wie keine Durchmischung. Personen, die die Seiten wechseln, sind in Deutschland große Ausnahmen. Dafür ist unter anderem das Incentivesystem verantwortlich, dem wir uns jetzt zuwenden.

Politiker anders incentivieren!

Warum sitzen im Bundestag überwiegend Lehrer, Gewerkschaftssekretäre, Beamte oder Rechtsanwälte mit schlecht laufenden Praxen? Die Antwort ist einfach – und ökonomisch zwangsläufig. Ökonomie, dies sei vorausgeschickt, beschäftigt sich im Kern mit Anreizen: Der Mensch wählt diejenige Tätigkeit, die ihm den größten Nutzen bringt. Hier messen wir Nutzen mal etwas vereinfacht in Geld. Das ist nicht die volle Wahrheit, von dieser aber auch nicht zu weit entfernt.

Und nun die Antwort auf die obige Frage: Im Bundestag sitzen so viele Lehrer, weil ein Bundestagsabgeordneter das Dreifache verdient wie ein Lehrer. Ein Lehrer A 13, ledig, kassiert rund 43 000 Euro pro Jahr, ein MdB circa 123 000 Euro pro Jahr. Genau aus dem gleichen Grunde haben wir so gut wie keine Besserverdienenden, sprich Manager oder Unternehmer, im Parlament. Denn sie würden, wenn wir einmal 250 000 Euro als Vergleichsbasis nehmen, nur die Hälfte ihres Zivileinkommens verdienen.

Wir haben also ein Bezahlungssystem für unsere Volksvertreter konstruiert, das zu einer zwangsläufig unrepräsentativen Zusammensetzung unseres Parlamentes führt. Wenn das nicht verfassungswidrig, das heißt mit dem Geist des Grundgesetzes unvereinbar ist, dann verstehe ich nichts von Ökonomie. Dass führende Politiker und Parteijuristen, denen ich diese Analyse zukommen ließ, anderer Meinung sind, könnte durchaus mit deren mangelndem Verständnis von Ökonomie zu tun haben. Die völlig unrepräsentative Zusammensetzung des Bundestages und der Landtage ist durch die Bezahlung induziert – und zwar ökonomisch zwangsläufig. Eine Prüfung unter dem Verfassungsaspekt wäre sehr spannend.

Wenn das die Diagnose ist, wie könnte eine Problemlösung aussehen? Ganz einfach! Es gibt per Definition keine eigenständige Bezahlung für politische Tätigkeit. Vielmehr erhält jeder Abgeordnete seinen privaten Einkommensausfall erstattet. Wer vorher 5 000 Euro im Monat verdient hat, bekommt 5 000 Euro. Wer 20 000 Euro im Zivilberuf verdient, erhält 20 000 Euro.

Ist ein solches System gerecht? Dieses System ist weitaus gerechter als das heutige. Wieso erhält heute der eine, wenn er 100 Prozent seiner Zeit opfert, das Dreifache des entgangenen Verdienstausfalls und der andere nur die Hälfte? Das ist absurd. In dem von mir vorgeschlagenen System entfällt jeder ökonomische Anreiz für eine verzerrte Zusammensetzung des Parlaments. Das System ist gerechter, demokratischer und verfassungskonformer als das heutige.

Wie steht es jedoch mit der Praktikabilität? Soll einer, der vorher 1 Million Euro pro Jahr verdient hat, als Abgeordneter 1 Million Euro erhalten? Wenn er seine volle Zeit einsetzt, wäre das logisch und gerecht. Ich würde aber eine Obergrenze setzen, zum Beispiel bei 250 000 Euro oder 500 000 Euro. Nichts wäre für unser Land besser, wenn mehr Top-

Verdiener ihre Kompetenz als Abgeordnete zur Verfügung stellen würden. Die höhere Entlohnung zahle ich als Wähler gerne. Im Übrigen sollte man natürlich, wie schon heute, jedem Abgeordneten eine Aufwandsentschädigung für sein Büro zahlen. Er oder sie muss wirksam agieren können. Man muss auch überlegen, wie man das Vergleichseinkommen festsetzt. Man kann etwa den Durchschnitt der letzten drei Jahre nehmen und die Zahlen der Einkommensteuererklärung verwenden. Das lässt sich relativ einfach bewerkstelligen.

Wäre das nicht das Ende der Berufspolitiker, die gleich nach dem Studium in die Politik einsteigen? Vermutlich schon! Wer ohne vorher einen Beruf ausgeübt zu haben in die Politik einsteigt, kriegt das Minimum, zum Beispiel 5 000 Euro pro Monat. Sind Abgeordnete, die nur Politik können, wirklich unabhängig und ausschließlich ihrem Gewissen verantwortlich? Sind nicht die Berufspolitiker und die zahlreichen wohlwollenden, aber ökonomisch naiven Gutmenschen in unseren Parlamenten eine der Wurzeln weltfremder Gesetze? Es drängt sich geradezu auf, die einmalige Wiederwahl einzuführen, um Politik als Beruf aus der Welt zu schaffen. Man kann auch überlegen, Beamte oder Richter vom passiven Wahlrecht auszuschließen.[40] Die Gewaltenteilung legt das nahe. In der Schweiz gibt es derartige Unvereinbarkeitsregelungen.

Werden die heutigen Politiker diesen Vorschlägen folgen? Natürlich nicht. Doch diese Ideen regen zum Nachdenken an und bringen Unruhe in unser erstarrtes, fehlgeleitetes System. Mit einer anderen Zusammensetzung der Parlamente, die aus einer Änderung der Incentivierung erwachsen würde, hätten wir spätestens nach zwei Legislaturperioden ein anderes, besseres Parlament.

Champions von Staates Gnaden

Politiker sind ständig versucht, in die Wirtschaft einzugreifen. Besonders beliebt sind dabei Initiativen, die auf die Schaffung von neuen Industrien, Clustern oder sogenannten nationalen Champions abzielen. Die Idee der nationalen Champions stammt ursprünglich aus Frankreich und feiert dort wie in anderen Ländern fröhliche Urständ. Dieses Konzept hat auch in Deutschland zahlreiche Anhänger. Bei jedem größerem Fusionsvorhaben wird der Begriff in den Ring geworfen. Ich selbst bin ein großer Fan der Champions-Idee, wie meine jahrzehntelange Beschäftigung mit den »Hidden Champions« zeigt. Ich halte sehr viel von Unternehmen, die sich im freien Wettbewerb durchsetzen und die Marktführerschaft erringen. Diese Firmen haben bewiesen, dass sie herausragende Leistungen bringen und die Konkurrenz in die Schranken weisen. Doch was soll man von nationalen Champions halten, die in diese Position durch »Staates Gnaden«, das heißt durch staatliche Einflussnahme bzw. Eingriffe in den freien Wettbewerb, gelangen? Oder deren Überleben – gegen den Wettbewerb – durch staatliche Einflussnahme gesichert wird? Sollte Frankreich uns in dieser Hinsicht Vorbild sein? Sollen wir die französische Politik in ihrem Bestreben, nationale Champions zu schaffen bzw. solche zu schützen, nachahmen?

Selbstverständlich sollten wir darauf achten, dass nicht zu viele Unternehmenszentralen aus Deutschland abwandern. Hochwertige Jobs müssen im Lande gehalten werden. Marktführende, starke Unternehmen sichern Arbeitsplätze, haben Kraft zu weiteren Investitionen und zum Wachstum. Sie sind zudem auch nach außen Leuchttürme und insofern attraktiv für High Potentials aus aller Welt. Es ist nicht erfreulich, wenn ein Unternehmen wie Hoechst über den Zwischenschritt Aventis letztendlich verschwindet und die Zentrale nach Paris wandert. Auch würde ich es vorziehen, wenn Düsseldorf der Hauptsitz eines großen, erfolgreichen, globalen Telekommunikationsunternehmens geblieben wäre. Deutschland hat durch solche Abwanderungen verloren, der Ruf nach dem Staat als dem großen Schöpfer, Förderer und Beschützer nationaler Champions drängt sich da manchem auf.

Dennoch halte ich diese Rolle des Staates für einen großen Irrweg. Es gibt keinen Beleg dafür, dass der Staat auf Dauer erfolgreiche Unternehmen schaffen oder gar managen kann. Die jahrzehntelang bewunderte Politik des japanischen MITI (Ministry of Trade and Industry, heute METI) erwies sich im Nachhinein als bürokratisches Monster. Die französische Planification führte reihenweise zu Fehlschlägen, siehe Concorde oder Bull. Frankreich hinkt in der Privatisierung wichtiger Bereiche weit hinterher. La Poste, EDF, Gaz de France oder SNCF werden dem französischen Staat noch manche Sorge bereiten. Präsident Sarkozy, vehementester Förderer nationaler Champions in Frankreich, liebt Eingriffe in das Marktgeschehen und wird damit langfristig Schaden anrichten. Aber da wird mir

Airbus entgegengehalten. Ist Airbus nicht etwa ein Erfolg, ein Paradebeispiel für einen Champion nicht nur auf nationaler, sondern sogar auf europäischer Ebene? Ja, Airbus halte selbst ich für einen Erfolg. Nur Airbus operiert in einem Geschäft, das zumindest in seinen Ursprüngen nicht von marktwirtschaftlichen, sondern von politischen, vor allem militärischen Aspekten bestimmt wird. Das Geschäft mit Flugzeugen ist bis heute kein rein wettbewerbliches Spiel, erst recht war es das nicht in früheren Zeiten. Düsentriebwerke wurden zunächst für Militärjets entwickelt. Die Boeing 707, der erste Massenjet in der Zivilluftfahrt, ist eine Ableitung aus dem Tanker KC 135. Der Jumbo war die Parallelentwicklung zum Militärtransporter Lockheed Galaxy. In einem solchen Spiel funktioniert es nur mit massiver staatlicher Unterstützung. Airbus ist kein Beweis dafür, dass der Staat eine generellere Rolle bei der Schaffung nationaler Champions spielen sollte.

Nein, es kann nur eine klare, konsequente Position geben: Der Staat soll sich heraushalten und die Bildung marktführender Firmen deren eigenen Kräften und dem Wettbewerb überlassen. Das führt langfristig zum besten Ergebnis für alle. Was ich mir allerdings wünsche, ist eine »politischere« Dimension in den Kompetenzen und Aktionen deutscher Top-Manager. Ich kann mich des Eindrucks nicht erwehren, dass Vorstandsvorsitzende wie Dormann oder Esser ihren Pendants auf der anderen Seite in politischer Hinsicht einfach nicht gewachsen waren. Frankreich selektiert seine Führungseliten systematischer (mit allen Vor- und Nachteilen), schult sie besser auch in politischer Hinsicht und setzt sie sowohl in politischen als auch in wirtschaftlichen Führungspositionen ein. In England sind die Werdegänge zwar etwas anders, vor der politischen Denkdimension englischer Top-Manager aber habe ich großen Respekt. Im Wettkampf mit solchen Kalibern, auch was Beziehungsnetzwerke angeht, haben wir Nachteile. Diesen Rückstand können wir uns nicht mehr lange erlauben und müssen ihn aufholen. Auf nationale Champions von Staates Gnaden jedoch sollten wir verzichten.

Trend 3

Engere Verzahnung von Management und Kapital

Großunternehmen werden in der Regel von angestellten Managern geführt. Auch in größeren Familienunternehmen gewinnen Führungskräfte, die nicht zur Familie gehören, an Bedeutung. Traditionell sind solche leitenden Angestellten nicht kapitalmäßig an dem von ihnen geführten Unternehmen beteiligt. Sie sind also in diesem Sinne keine Unternehmer. Diese Situation ändert sich zunehmend in Richtung einer engeren Verschränkung von Kapital und Management. Es handelt sich hierbei um ein zentrales Problem der Führung und Organisation moderner Unternehmen. Es ergibt sich eine Fülle von Fragestellungen und Konsequenzen. In engem Zusammenhang damit sind Themen wie *Gewinnorientierung*, *Shareholder Value* oder *Incentivierung* zu sehen.

Ein Lob dem Shareholder Value

In den 90er Jahren war das Shareholder-Value-Konzept unter Top-Managern und Kapitalmarktexperten sehr populär. Im Zuge der Wirtschaftskrise hat sich der Shareholder Value zum Prügelknaben gemausert. Das ist eine bemerkenswerte Metamorphose dieses im Jahr 1986 von Alfred Rappaport vorgeschlagenen Konzepts zur Unternehmenssteuerung. Besonderer Beliebtheit erfreut sich der Prügelknabe natürlich in linksorientierten Kreisen sowie bei den zahlreichen, die von Wirtschaft wenig verstehen. Doch erstaunlicherweise gesellen sich auch Wirtschaftskundige in den Kreis der Kritiker des Shareholder-Value-Konzepts. So gab Jack Welch, von 1981 bis 2001 Chef von General Electric und nach wie vor berühmtester Manager der Welt, im Jahr 2009 folgendes Statement ab: »Genau betrachtet ist Shareholder Value die blödeste Idee der Welt.« Prof.

Fredmund Malik aus St. Gallen schlägt in dieselbe Kerbe: »Jedoch ist die auf dem Shareholder-Value-Prinzip beruhende Corporate Governance die systematische Irreführung der Unternehmensleitung.«[41]

Schon seltsam! Da hat einer wie Welch den Shareholder Value über Jahrzehnte gepriesen. Praktiziert hat er ihn allerdings nicht im Sinne des Erfinders, sondern durchaus trickreich im Hinblick auf die Erzeugung des vom Kapitalmarkt erwarteten vierteljährlichen Wachstums. Nun will er plötzlich nichts mehr davon wissen. Und wenn man die Aussage von Malik betrachtet, dann fragt man sich, wovon er spricht. Jedenfalls kann er nicht den Shareholder Value meinen, wie ihn Rappaport definiert hat.

Es scheint Zeit und Anlass für einige Klarstellungen und das Einlegen eines guten Wortes für den Shareholder Value. Das ist im Sinne sowohl der Sache als auch des Gegenhaltens gegen den sich ausbreitenden Populismus. Meines Wissens wurde das Shareholder-Value-Konzept in Deutschland von dem seinerzeitigen Vorstandsvorsitzenden der VEBA AG, Klaus Piltz, der 1993 bei einem Skiunfall verstarb, in die Diskussion gebracht. Piltz bat mich selbst 1991, meine Kolumne im *manager magazin* dem Thema Shareholder Value zu widmen, um das Konzept populär zu machen. Ich lehnte das damals mit der Begründung ab, zu wenig mit dem Konzept vertraut zu sein. Verbunden ist Shareholder Value in Deutschland insbesondere mit Jürgen Schrempp. Was Schrempp, als Vorstandsvorsitzender der DaimlerChrysler AG, in Wirklichkeit praktizierte, war jedoch das genaue Gegenteil von Shareholder Value. Am Tag der Fusion von Daimler und Chrysler, dem 18. November 1998, lag der kombinierte Börsenwert bei 66,47 Milliarden Euro. Am Tag der Ankündigung des Rücktritts von Schrempp, dem 27. Juli 2005, war das fusionierte Unternehmen noch 36,79 Milliarden Euro oder 45 Prozent weniger wert. Das zum Shareholder Value à la Schrempp! Wenn die Leute wirklich glaubten, dass Schrempp die Schaffung von Shareholder Value praktizierte, dann kann man die heutigen Reaktionen verstehen.

Was ist Shareholder Value? Ganz einfach: langfristige Gewinnmaximierung und Steigerung des Unternehmenswertes. In der Betriebswirtschaftslehre gibt es keine ernsthaften Zweifel daran, dass dies die einzig sinnvolle Zielfunktion für die Führung eines Unternehmens ist. »Gewinne sind die Kosten des Überlebens«, bringt es Peter Drucker auf den Punkt. Gewinne sind nicht »nice to have«, sondern »conditio sine qua non« für das zukünftige Überleben eines Unternehmens. Die Aufgabe des Managements besteht darin, sich zwischen Umsatz und Kosten zu stellen und dafür zu sorgen, dass die beiden Abstand voneinander halten. Eines sollte genauso klar sein: Shareholder Value kann niemals heißen, den Gewinn oder den Börsenkurs kurzfristig mit Maßnahmen hochzutreiben, die dem Unternehmen langfristig schaden. Genau das ist aber reihenweise von vielen Managern praktiziert worden, die unter der Fahne des Shareholder Value segelten: F&E-Ausgaben kürzen, Mitarbeiter rauswerfen, zumachen statt sanieren.

Eine weitere Klarstellung: Die in den letzten Jahren praktizierten Aktienoptionen waren und sind vielfach inkonsistent mit dem Shareholder-Value-Konzept. Optionen sind ein Spiel, das für die Berechtigten nur eine Upside, aber keine Downside hat. Optionen verleiten zu überriskanten Manövern. Ganz anders ist die Interessenlage des Aktionärs, er hat auch eine Downside. Als Alternative zum Shareholder Value wird oft das Stakeholder-Value-Konzept, bei dem auch die Interessen der Mitarbeiter, der Banken, der Kunden, der Lieferanten und des Staates angemessen berücksichtigt werden, empfohlen. Dagegen ist nichts einzuwenden. Aber Stakeholder-Value lässt sich nicht in sinnvoll messbare Größen für die Unternehmensleitung übersetzen. Ich behaupte an dieser Stelle, dass Shareholder-Value auch für die Stakeholder langfristig zum Optimum oder zumindest zu befriedigenden Ergebnissen führt. Ich kenne kein Unternehmen, das dauerhaft profitabel wirtschaftet und in dem es den Mitarbeitern gleichzeitig schlecht geht. Das Gleiche gilt für die Banken, die Kunden, sogar die Lieferanten und nicht zuletzt den Staat. Umgekehrt sind mir viele Unternehmen bekannt, die keine Gewinne machen und in denen es den Mitarbeitern und allen anderen Stakeholdern miserabel geht. Langfristig-nachhaltiger Wert wird nur geschaffen, wenn die Unternehmensführung es schafft, die Interessen der Stakeholder einigermaßen auszugleichen und alle bei der Stange zu halten.

Angesichts der politischen Aufladung sollte man derzeit in der öffentlichen Diskussion den Begriff Shareholder Value vielleicht nicht zu stark in den Vordergrund stellen. An der Sache hingegen gibt es nichts zu rütteln. Jedes Unternehmen ist gut beraten, dem Ziel langfristige Gewinnmaximierung und Wertsteigerung, oder mit anderen Worten dem Shareholder Value, treu zu bleiben.

Aktien statt Optionen

Der kombinierte Börsenwert von DaimlerChrysler sank während der Amtszeit von Jürgen Schrempp um 45 Prozent. So wurden rund 30 Milliarden Euro vernichtet. Um diese Zahl in eine anschauliche Perspektive zu rücken: Bei einem Jahreslohn von 30 000 Euro müssten eine Million Menschen ein Jahr lang arbeiten, um diese Summe zurückzuverdienen. Und um gleich eine mögliche Erklärung aus der Welt zu schaffen: An den Börsen lag es nicht. Im gleichen Zeitraum stiegen der Dow Jones um 13,1 und der DAX um 3,3 Prozent.

Wie hätte man diese enorme Kapitalvernichtung verhindern oder zumindest abmildern können? Offensichtlich waren die diversen Aktienoptionsprogramme, die den Top-Managern von DaimlerChrysler angeboten wurden, in dieser Hinsicht nicht wirksam. Es hätte ein weit effektiveres und einfacheres Verfahren gegeben, gegen ein solches Desaster Vorkehrungen zu treffen. Statt trickreiche, komplizierte, ineffektive, mit Zielkonflikten beladene Optionsprogramme aufzulegen, hätte man von Jürgen Schrempp verlangen sollen, dass er 10 oder 20 Millionen Euro seines eigenen Geldes in DaimlerChrysler-Aktien investiert und diese bis zu seinem Ausscheiden aus dem Amt des Vorstandsvorsitzenden hält. Und natürlich wäre es naheliegend gewesen, auch die übrigen Vorstandsmitglieder in ein solches Aktienkaufprogramm einzubeziehen. Ich bin überzeugt, dass der Börsenwert von DaimlerChrysler dann nicht um fast 30 Milliarden Euro gefallen wäre.

Der Unterschied zwischen Aktienkauf und Aktienoptionen der üblichen Art ist fundamental. Die Aktienoption ähnelt einem Lotterielos oder einem Lottoschein. Der Aktienkauf macht die Manager zu (Mit) Eigentümerunternehmern. Um was geht es? Die Aktionäre, als Eigentümer des Unternehmens, wollen Zielgleichheit zwischen sich und dem Management herstellen. Woran sind die Aktionäre interessiert? Natürlich an der Wertsteigerung ihrer Aktien, aber auch – und oft sogar primär – an der Vermeidung von Wertverlusten! Aktienoptionen sind aber nahezu immer und ausschließlich auf Wertsteigerung ausgerichtet. Das gilt beispielsweise auch für das vor einigen Jahren aufgelegte, extrem anreizstarke Optionsprogramm von SAP, das den Führungskräften bei Verdoppelung des Börsenwertes und Schlagen eines Vergleichsindexes Incentives von bis zu 300 Millionen Euro offerierte.

Was ist mit der Wertvernichtung? Daran sind die Manager nicht beteiligt. Ihr Risiko beschränkt sich darauf, dass die Option unter Wasser bleibt. Sie haben nur eine Upside-Chance, das Downside-Risiko endet bei null. Der Aktionär hingegen hat eine Upside-Chance und ein Downside-Risiko. Illustrieren wir den Interessenkonflikt an einem einfachen Zahlenbeispiel. Das Optionsprogramm gewähre dem Management 10 Prozent der Wertsteigerung. An Wertverlusten sei das Management nicht beteiligt. Es bestehe nun die Wahl zwischen zwei Aktionen A und B. Aktion A bringe mit jeweils 50 Prozent Wahrscheinlichkeit eine Wertsteigerung von 5 Milliarden bzw. einen Wertverlust von 10 Milliarden. Bei Aktion B sei mit jeweils 50 Prozent Wahrscheinlichkeit eine Wertsteigerung von 1,5 Milliarden bzw. ein Wertverlust von 0,5 Milliarden zu erwarten. Bei Aktion A beträgt das erwartete Einkommen für das Management 250 Millionen (10 Prozent von 0,5 × 5 Milliarden). Den Aktionär hingegen erwartet bei Aktion A ein Wertverlust von 2,625 Milliarden (0,5 × 5 Milliarden – 0,5 × 10 Milliarden – 0,5 × 250 Millionen für das Management). Bei Aktion B ist es umgekehrt. Das Management kann beim positiven Ausgang 75 Millionen erwarten (10 Prozent von 0,5 × 1,5 Milliarden), der Aktionär hat hingegen eine erwartete Wertsteigerung von 462,5 Millionen (0,5 × 1,5 Milliarden – 0,5 × 0,5 Milliarden – 0,5 × 75 Millionen für das Management). Es dürfte klar sein, welche Alternative das Management bevorzugt – zumindest wenn es sich bei seinen Entscheidungen an den Erwartungswerten ausrichtet: Alternative A! Wenn die Aktionäre solche Incentives setzen, brauchen sie sich über das Ergebnis nicht zu wundern. Das Management hat sich ökonomisch konsequent und konsistent verhalten. Der Fehler lag im Optionsmodell.

Bei dem Aktienmodell ist die Spürbarkeit der Investition des Managers der kritische Punkt: Der Betrag, den ein Manager investiert, muss ihm »wehtun«. Je nach Vermögenslage können das einige Hunderttausend oder mehrere Millionen Euro sein. Durch diese für ihn spürbare Investition wird der Manager Risiko tragender Miteigentümer und sitzt mit den Aktionären in einem Boot. Genau darum geht es. Siemens ist das erste deutsche Großunternehmen, das von seinen Vorständen verlangt, dass sie Aktien halten. Und zwar muss jeder Vorstand Siemens-Aktien in Höhe des Zweifachen seines Fixgehaltes erwerben. Das war im Jahr 2009 ein Betrag von 1,6 Millionen Euro (bei einem Fixgehalt von 800 000 Euro), der für das einzelne Vorstandsmitglied schon spürbar sein dürfte. Beim

Vorstandsvorsitzenden liegt der Betrag mehr als doppelt so hoch. Wenn die Aktienkurse zurückgehen, muss die Differenz aufgefüllt werden, so dass das finanzielle Commitment nicht abnimmt. Die Haltedauer beträgt drei Jahre. Hier bin ich der Meinung, dass eine längere Haltedauer sinnvoll wäre, idealerweise eine, die einen gewissen Zeitraum über die aktive Vorstandstätigkeit hinausragt. Das würde die langfristige Orientierung noch effektiver unterstützen.

Manager zu Unternehmern machen!

»Und warum konnten Sie diese notwendigen Veränderungen nicht als Vorstandsvorsitzender durchsetzen?«, fragte ich den Ex-CEO eines großen M-Dax-Unternehmens, den wir hier um der Vertraulichkeit willen Hans Abel nennen. »Herr Simon, Sie können sich nicht vorstellen, wie wenig man als Chef einer großen Firma bewegen kann. Vorstandskollegen, der Aufsichtsrat, der Betriebsrat, die Gewerkschaft, der Oberbürgermeister, der Ministerpräsident und viele andere, sie alle halten einen in Schach und zementieren den Status quo. Da ist es sehr schwer, die Dinge grundlegend neu auszurichten, insbesondere, wenn es dem Unternehmen einigermaßen gut geht«, war Herrn Abels Antwort.

»Was ist heute anders?«, schob ich nach. »Alles!«, antwortete Herr Abel. Nach seinem Rücktritt vom Vorstandsvorsitz war Hans Abel in ein Private-Equity-Unternehmen eingetreten. Er musste aus eigenem Geld mehrere Millionen investieren, was ihm zunächst erhebliche Bauchschmerzen bereitete: »Die Beträge, um die es da ging, taten auch mir weh. Plötzlich trug ich volles unternehmerisches Risiko. Die Relation zu meinem Job war jetzt eine völlig andere als zu meiner Zeit als angestellter Vorstandsvorsitzender, der kein vergleichbares Risiko trug.«

Seither hat die Investitionsfirma von Herrn Abel eine Reihe von Firmen erworben und überwiegend mit Erfolg auf den Weg der grundlegenden Restrukturierung gebracht. »Wie ist das möglich?«, fragte ich Hans Abel mit Staunen. »Das geht ganz einfach«, erklärte Herr Abel, »wir kaufen die Firma, beteiligen die Manager mit einem Betrag, der dem Einzelnen wehtut – ähnlich wie ich mich beteiligt habe – und die Sache läuft.« »So simpel?«, hakte ich ungläubig nach. »Ja, so einfach ist das«, entgegnete Hans Abel.

Er hat Recht. In Baden-Baden besuche ich die Management-Tagung einer von Abels Firma übernommenen Unternehmensgruppe aus dem Zulieferbereich. Ich habe diese Gruppe von Firmen schon vor der Übernahme durch den Investor als Berater begleitet, kenne die Manager also. Während meines Vortrags, der am Nachmittag stattfindet, fällt mir die ungewöhnliche Unruhe der Teilnehmer auf. In der Kaffeepause wird die Katze aus dem Sack gelassen: Um 18 Uhr ist Notartermin, bei dem alle anwesenden Manager Anteile der von ihnen geführten Unternehmen erwerben. Ich nehme eine erstaunliche Metamorphose wahr. Ich spreche mit den Leuten, sie haben sich verändert, sie sehen sich fortan als Miteigentümer und Unternehmer. Einige erklären mir, dass sie höllisch auf ihr Geld aufpassen werden, dass sie natürlich darauf hinarbeiten, den Shareholder Value langfristig zu steigern und so weiter. Die meisten von ihnen sind zwischen 40 und Anfang 50, haben also noch einen beträchtlichen Zeithorizont an der Spitze »ihrer« Firmen vor sich.

In dieser Hinsicht hat sich in Deutschland viel getan. Seit Jahren läuft in unserem Land die größte Restrukturierungswelle seit dem Zweiten Weltkrieg. Hunderte von Firmen sind von externen Investoren übernommen worden. Die enormen Veränderungen gehen dabei ziemlich lautlos und ohne große öffentliche Beachtung vonstatten. Denn betroffen sind weniger die großen Unternehmen als mittelständische Firmen sowie kleinere Spin-offs großer Firmen. Die Vollstrecker dieses Wandels bleiben im Hintergrund. Und was kommt dabei heraus? Die meisten dieser Firmen werden innerhalb kurzer Zeit wieder fit gemacht und finden neue Interessenten, seien es Aktionäre an der Börse, strategische Investoren oder Finanzinvestoren der zweiten Runde. Die Investoren erzielten in den Jahren vor der Krise überwiegend phantastische Renditen. Hans Abel zum Beispiel spricht von Renditen zwischen 35 und 42 Prozent. Die Krise brachte allerdings manches Unternehmen, dem von den Investoren zu hohe Schulden aufgebürdet wurden, in die Bredouille. Die betroffenen Unternehmen konnten die Zinsen oder die Tilgungen nicht bewältigen bzw. eine Anschlussfinanzierung kam nicht zustande oder man fand keinen Käufer.

Nun sollte man nicht generell unterstellen, dass die Käufer der fit gemachten Firmen Dummköpfe sind. Also müssen die Vollstrecker der Restrukturierung überwiegend einen guten Job gemacht haben. Wo liegt das Geheimnis? Meines Erachtens gibt es darauf vor allem eine Antwort: Hans Abel und seine Kollegen wurden zu echten Unternehmern transformiert. Der Systemwechsel vom Manager zum Unternehmer setzt in kürzester Zeit ungeahnte Energien und Möglichkeiten frei. Dabei handelt es sich um die gleichen Menschen, die vorher als angestellte Manager so wenig bewegen konnten. Wir sind nicht erstaunt, dass der Systemwechsel vom Sozialismus zur Marktwirtschaft Wunder bewirkt hat. Hingegen versetzt uns in Erstaunen, wenn die Transformation vom Manager zum Unternehmer ähnliche Effekte zeitigt. Hans Abel dazu: »Als Vorstandsvorsitzender hätte ich nicht für möglich gehalten, wie anders ich die Welt heute sehe und was sich durch die Beteiligung der Macher in Unternehmen bewegen lässt.« Es ist in der Tat simpel: Man mache die Schlüsselpersonen zu Miteigentümern, damit zu echten Unternehmern, und das Land wird sich verändern!

Eigenkapital mit neuen Methoden stärken

Die Eigenkapitalschwäche deutscher Unternehmen ist hinlänglich bekannt. Nach den jüngsten Zahlen des Instituts der deutschen Wirtschaft (IdW) lagen deutsche Unternehmen in der Eigenkapitalquote im Jahr 2008 an drittletzter Stelle von 22 führenden Wirtschaftsnationen.[42] Die Krise hat das Eigenkapital in vielen Unternehmen weiter reduziert. Gleichzeitig ist die Beschaffung von Fremdkapital schwieriger geworden und wird auf absehbare Zeit schwierig bleiben.

Laut der erwähnten IdW-Studie lag die Eigenkapitalquote deutscher Unternehmen im Jahr 2008 im Durchschnitt bei 24,6 Prozent. Demgegenüber wiesen amerikanische, britische und japanische Unternehmen Quoten von 37,2, 37,1 bzw. 35,4 Prozent auf. Lediglich Firmen in Portugal und Spanien hatten eine noch geringere Eigenkapitalquote als deutsche Unternehmen. Es ist darauf hinzuweisen, dass die 24,6 Prozent ein Durchschnittswert sind, was bedeutet, dass ungefähr die Hälfte der deutschen Firmen sogar – oft deutlich – niedrigere Eigenkapitalquoten aufweist. Diese Problematik ist besonders im Mittelstand ausgeprägt. Die Eigenkapitalquoten des Mittelstands werden in Deutschland je nach Quelle auf 8 bis 18 Prozent geschätzt.[43] Obwohl neuere Zahlen nicht bekannt sind, ist davon auszugehen, dass die Krise in vielen Unternehmen zu einer weiteren Erosion der Eigenkapitalbasis geführt hat. Es bedarf hier keiner Begründung, dass die Fremdkapitalfinanzierung parallel zu dieser Entwicklung für viele Firmen schwieriger wird – Stichwort Kreditklemme. Das traditionelle Modell deutscher Firmen, ihr Wachstum über Bankkredite zu finanzieren, gerät zunehmend ins Wanken.

Die offensichtliche Konsequenz ist, dass Fremdkapital verstärkt durch Eigenkapital ersetzt werden muss. Doch woher kann Eigenkapital kommen? Der klassische und von den meisten Mittelständlern bevorzugte Weg ist die Selbstfinanzierung aus dem Cashflow. In den Boomjahren vor der Krise funktionierte dieses Modell in der Tat erstaunlich gut. Trotz starken Wachstums stiegen die Eigenkapitalquoten bei vielen Mittelständlern im Zeitraum 2000 bis 2007 sogar an.[44] Diese Situation hat sich seitdem allerdings extrem gewandelt. Insbesondere in von der Krise betroffenen Branchen stagnieren die Quoten nicht nur auf niedrigem Niveau, sondern sinken. In der Folge muss Eigenkapital von außen zugeführt werden, um das Unternehmen auf eine sichere Basis zu stellen oder weiteres Wachstum zu finanzieren. Deutsche Unternehmer haben in der Regel einen Großteil ihres Vermögens in ihrem Unternehmen investiert, so dass diesbezüglich nur geringe Reserven bestehen. Die Gewinnung von Privatinvestoren erweist sich als notorisch schwierig und hinsichtlich des Umfangs limitiert. Also bleiben im Wesentlichen Private Equity oder der Börsengang als Methoden zur Eigenkapitalstärkung. Das Geschäftsmodell von Private-Equity-Investoren liegt vielen mittelständischen Unternehmern nicht, da sie die Gefahr sehen, dass ihr Unternehmen nach wenigen Jahren an einen neuen Eigentümer weiterverkauft wird.

Vor dem klassischen Börsengang scheuen Mittelständler ebenfalls häufig zurück. Eine große Rolle spielen dabei die aufwendige Vorbereitung der Börsennotierung sowie das damit einhergehende Risiko. Die Tatsache, dass in der jüngsten Vergangenheit mehrere Börsengänge gescheitert sind (z. B. Hochtief Concessions, Scan Energy und die Berliner Wohnungsbaugesellschaft GSW), hat zur Verstärkung der Skepsis gegenüber dem klassischen Börsengang beigetragen. Natürlich gibt es bei manchen deutschen Unternehmern auch eine generelle Zurückhaltung gegenüber der Börse. Die diesbezüglichen Bedenken beziehen sich auf die Berichtspflichten, Road Shows, Herstellung von Öffentlichkeit etc. Dabei werden auch die Vorteile der Börse im Hinblick auf Professionalisierung von Berichtswesen und Management sowie Eigenkapitalbeschaffung nicht voll verstanden. Erstaunlich sind nach den Erfahrungen des Autors die Unterschiede zu anderen Ländern. Während in den USA und vielen europäischen sowie asiatischen Ländern Unternehmer den Börsengang bereits sehr früh anstreben und diesen kaum erwarten können, sieht man in Deutschland oft eine schwer verständliche Zurückhaltung.

Doch man trifft auch auf andere Einstellungen. Ein sehr erfolgreicher Unternehmer, der seine Firma vor einigen Jahren an die Börse brachte, sagte mir Folgendes: »Warum sind wir an die Börse gegangen? Nicht in erster Linie, weil wir Kapital brauchten. Das Hauptmotiv war für mich, das Unternehmen von meiner Person unabhängiger zu machen und es auf eine professionelle Basis zu stellen. Aspekte wie die Disziplin des Kapitalmarktes oder die vierteljährliche Berichterstattung haben sich als Vorteile erwiesen. Unser Management ist durch den Börsengang professioneller und besser geworden.« Die Firma erzielte im Krisenjahr 2009 bei einem Umsatz von 314 Millionen Euro einen Gewinn vor Steuern von 90 Millionen Euro. Das sagt alles.

Jedenfalls sind innovative Methoden zur Eigenkapitalstärkung hochwillkommen. Eine solche Innovation bildet die sogenannte Special Purpose Acquisition Company – oder kurz SPAC. Beim SPAC werden zunächst bei Investoren Anteilsscheine platziert. Die eingesammelten Mittel stehen dann für eine Beteiligung an einem Unternehmen bereit. Sobald ein geeigneter Kandidat gefunden ist, wird dieser mit dem SPAC verschmolzen und ist damit – quasi automatisch – börsennotiert. Die umfangreichen Vorarbeiten und vor allem das Risiko des klassischen Börsengangs werden vermieden. SPACs sind insbesondere für mittelständische Unternehmen ein hochinteressantes Instrument zur gleichzeitigen Stärkung des Eigenkapitals sowie zur Realisierung des Börsengangs. Während in den USA seit 2003 bereits mehr als 160 SPACs gegründet wurden, ist dieses Instrument für Deutschland neu. Der erste in Deutschland notierte SPAC, die Helikos S. E., wurde im Februar 2010 an der Frankfurter Börse eingeführt.[45]

Das neue Instrument der Special Purpose Acquisition Company (SPAC) löst einige der Probleme, auf denen die beobachtete Börsenskepsis mancher Unternehmer beruht. Die Börsennotierung ist zu dem Zeitpunkt, in dem das Partnerunternehmen ins Spiel kommt, bereits vollzogen. Somit entfällt das Bewertungsrisiko des klassischen Börsengangs. Die Bewertung findet vielmehr zwischen den Gründern des SPAC und den Eigentümern im Rahmen normaler Verhandlungen statt.

Durch den Wegfall der Beantragung der Börsenzulassung und der Erstellung eines Börsenprospekts müssen lediglich das Rechnungswesen und andere Formalia des Partnerunternehmens den Börsenregeln angepasst werden. Dies ist im Regelfall deutlich einfacher und weniger zeitaufwendig.

Der Zweck (»Special Purpose«) eines SPACs besteht im Erwerb von Anteilen einer einzigen Gesellschaft. Der SPAC und dieses sogenannte Partnerunternehmen verschmelzen. Damit ist das Partnerunternehmen an der Börse notiert. Das an der Börse notierte Unternehmen firmiert danach unter dem Namen des Partnerunternehmens. Der SPAC hat mit diesem Schritt seinen Zweck erfüllt.

Man könnte diese innovative Methode auch als »umgekehrten Börsengang« (»reverse IPO«) bezeichnen. Beim klassischen Börsengang gibt es zunächst ein Unternehmen. Dieses wird an die Börse gebracht, und das Geld der Aktionäre fließt an den Verkäufer oder in das Unternehmen. Beim SPAC fließt zunächst das Geld der Investoren in eine leere Hülle, deren Bilanz ausschließlich aus Bargeld auf der Aktivseite und aus Eigenkapital auf der Passivseite besteht. Im zweiten Schritt erfolgt die Beteiligung an dem Partnerunternehmen. Im dritten Schritt sodann die Börsenpräsenz des Partnerunternehmens.

Wie kommt nun ein SPAC zustande? Zunächst wird er von Gründern ins Leben gerufen. Diese Gründer investieren vorab einen Betrag, der ausreichen sollte, den Prozess des Börsengangs und die Suche nach einem Partnerunternehmen zu finanzieren. Diese Investition der Gründer geht im Falle des Scheiterns eines Unternehmenszusammenschlusses verloren, ist also einem speziellen Risiko ausgesetzt. Die Gründer erhalten im Gegenzug eine bestimmte Zahl von Gründeraktien sowie Optionsscheinen, die erst nach Vollzug des Unternehmenszusammenschlusses bzw. bei Erfüllung bestimmter Erfolgskriterien in normale Aktien getauscht werden können. Eine wichtige frühe Aufgabe der Gründer besteht darin, Investoren anzuwerben. Sie veranstalten zu diesem Zweck eine Roadshow mit dem Ziel, potenzielle Investoren von dem SPAC-Konzept zu überzeugen. Nach dem Börsengang müssen die Gründer innerhalb eines genau definierten Zeitraums einen Unternehmenszusammenschluss realisieren. Wenn sie einen Beteiligungs- oder Übernahmekandidaten identifiziert und im Rahmen einer Due Diligence überprüft haben sowie sich mit diesem handelseinig sind, wird eine außerordentliche Hauptversammlung einberufen, in der die Investoren (Aktionäre) des SPACs über die vorgeschlagene Transaktion abstimmen. Bei dieser Abstimmung haben die Gründer kein Stimmrecht. Der Unternehmenszusammenschluss kommt nur zustande, wenn die Mehrheit der Investoren dafür stimmt.

Ein SPAC ist letztendlich nicht nur für das Partnerunternehmen, sondern auch für die Investoren attraktiv. Die von den Investoren für ihre Anteile (bestehend aus jeweils einer Aktie und einem Optionsschein) eingesetzten Mittel werden bis zum Zeitpunkt des Unternehmenszusammenschlusses als Festgeld mit höchster Bonität auf einem Treuhandkonto angelegt. Die Investoren selbst und nicht die Gründer entscheiden über den Zusammenschluss. Selbst wenn die Mehrheit der Investoren für einen Zusammenschluss stimmt, können bis zu 35 Prozent der Investoren ihre Aktien zurück geben und erhalten ihren Einsatz zurück. Den Optionsschein können die Investoren selbst im Falle der Rückgabe der Aktie behalten. Bis zum Zeitpunkt des Unternehmenszusammenschlusses hat die Aktie der Investoren also den Charakter einer Wandelanleihe mit minimalem Risiko und attraktivem Upside-Potenzial. Dieses Wertsteigerungspotenzial wird zusätzlich durch den Optionsschein verstärkt. Kommt kein Unternehmenszusammenschluss zustande, so erhalten die Investoren ihr eingezahltes Geld zurück. Das Geld der Gründer hingegen ist in diesem Falle verloren.

Zusammenfassend ist festzuhalten, dass die aktuelle Situation der krisengeschüttelten Finanzmärkte neue Methoden der Eigenkapitalbeschaffung und -stärkung erfordert. Dafür wurde die sogenannte Special Purpose Acquisition Company (SPAC) konzipiert. Ziel eines SPACs ist es, einem ausgewählten Unternehmen Eigenkapital zur Verfügung zu stellen und durch eine Fusion gleichzeitig den Zugang zur Börse zu ermöglichen. Die üblichen Ungewissheiten eines Börsengangs sowie ein wesentlicher Teil des Vorbereitungsaufwands entfallen dabei. Ein SPAC bietet den Investoren interessante Vorteile. Das investierte Geld wird bis zum Unternehmenszusammenschluss auf einem Treuhandkonto angelegt, die Investoren selbst entscheiden über den Zusammenschluss und erhalten ihren Einsatz zurück, wenn sie diesem nicht zustimmen oder dieser nicht zustande kommt. Im Februar 2010 wurde der erste SPAC, die Helikos S.E., an einer deutschen Börse eingeführt. Sein Ziel ist es, ein mittelständisches Unternehmen mit Hilfe einer gestärkten Eigenkapitalbasis auf neue Wachstumspfade zu führen. Es bleibt abzuwarten, ob das innovative SPAC-Konzept in Deutschland eine ähnliche Popularität gewinnen wird wie in den USA, wo mittlerweile etwa ein Sechstel aller Börsengänge über einen SPAC laufen.

Gewinn – was sonst?

Seit Jahren belegen deutsche Unternehmen bei internationalen Gewinnvergleichen hintere Plätze. Abbildung 3.1 bildet die Umsatzrenditen nach Steuern für deutsche Unternehmen und den Durchschnitt für ausgewählte Länder ab. Bis 2005 wurden in diese Statistik, die jährlich vom Institut der Deutschen Wirtschaft in Köln veröffentlicht wird, nur ausgewählte OECD-Länder einbezogen. Seit 2006 sind mit China, Indien, Brasilien und Russland auch mehrere aufstrebende Länder dabei.

Abbildung 3.1 verdeutlicht, dass deutsche Unternehmen ihre Umsatzrendite in den Jahren 2003 bis 2007 steigern konnten. Dennoch blieben sie in allen Jahren deutlich unter dem Durchschnitt der einbezogenen Länder. In vier der sechs betrachteten Jahre belegte Deutschland den vorletzten Platz, in 2003 sogar den letzten Platz. In fünf der sechs Jahre trug Japan die rote Laterne.

Abbildung 3.1: Umsatzrenditen nach Steuern in der gewerblichen Wirtschaft 2003–2008 im internationalen Vergleich

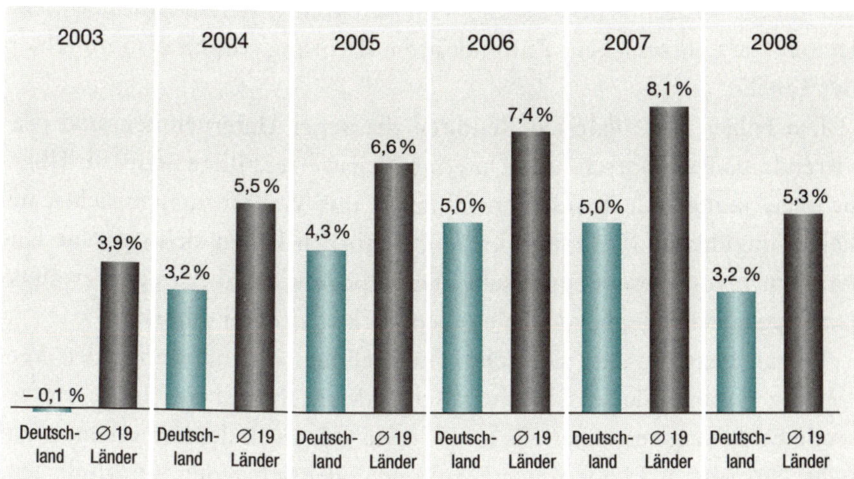

Quelle: Institut der Deutschen Wirtschaft

Abbildung 3.2: Umsatzrenditen 2008 im internationalen Vergleich

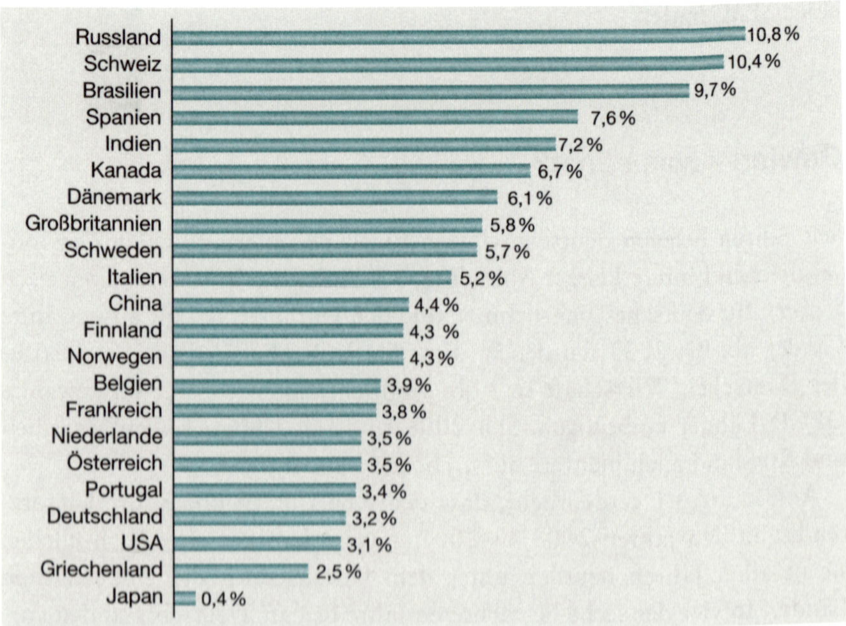

Quelle: Institut der Deutschen Wirtschaft, 2010 Gewinn nach Steuern in Prozent des Umsatzes in der gewerblichen Wirtschaft

Abbildung 3.2 zeigt die Situation für 2008, das jüngste Jahr, für das diese Zahlen vorliegen. Obwohl die Rendite deutscher Unternehmen von 5,0 auf 3,2 Prozent sank, konnte man sich vom vorletzten auf den viertletzten Platz vorschieben. Zumindest die Richtung stimmt also innerhalb der Tabelle.

Die Folgen der niedrigen Renditen deutscher Unternehmen sind gravierend: niedrige Börsen- und Unternehmenswerte, billige Beute für Übernehmer, mangelnde Investitionsfähigkeit mit Wachstumsschwächen als Folge, ungünstige Kapitalstrukturen. Natürlich heben sich einzelne Unternehmen von diesem Durchschnittsbild positiv ab, aber es gibt zwangsläufig genauso viele, bei denen es eben noch schlechter aussieht.

Woran liegt es, dass deutsche Unternehmen im internationalen Vergleich gewinnmäßig so schlecht abschneiden? Ich will hier keine umfassende Erklärung versuchen. Es muss einem jedoch zu denken geben, wenn selbst Firmen aus Ländern wie Frankreich oder Schweden, die ähnlichen, teilweise sogar höheren Lohn- und Staatsbelastungen ausgesetzt sind, eine signifikant höhere Profitabilität aufweisen. Ich wage eine – zugegebenermaßen spekulative – These: *Es fehlt vielen deutschen Unternehmen am Willen, höhere Gewinne zu machen.* Genauer müsste ich sagen: Es fehlt den Menschen an der Spitze dieser Unternehmen und den Mitarbeitern an dem festen Willen und der notwendigen Entschlossenheit. Kann das sein? Muss da nicht jeder Manager oder Unternehmer widersprechen?

Beobachtungen wie den folgenden begegne ich häufig:

- Ein Automobilvorstand sagt mir: »Natürlich erklären wir *Gewinn* zum offiziellen Ziel. In Wirklichkeit rollen bei uns die Köpfe jedoch, wenn wir 0,1 Prozent Marktanteil verlieren. Bricht hingegen der Gewinn um 20 Prozent ein, so interessiert das keinen.«
- Vom Vorstandsvorsitzenden eines Anlagenbauunternehmens, das technisch hochkompetent und Weltmarktführer ist, aber seit Jahren unprofitabel wirtschaftet, höre ich: »In unserer Branche kann man kein Geld verdienen. Es gibt immer einen Wahnsinnigen, der den Auftrag braucht und zu *Selbstmordpreisen* anbietet. Man muss mithalten, wenn man überleben will. Manchmal sind wir sogar selbst dieser Wahnsinnige.«
- Ein Autozulieferer berichtet: »Die Autohersteller verlangen von uns detaillierten Einblick in die Kosten. Jede Kostensenkung wird sofort verfrühstückt, uns bleibt immer nur ein winziger Rest.«
- In einer Diskussion mit einem hochinnovativen Elektronikunternehmen, das eine mickrige Rendite von 2 Prozent einfährt, stellt sich heraus, dass an Preiserhöhungen kein Weg vorbeiführt. Doch da blockt der Chef ab: »Dann verlieren wir ja Marktanteil. Undenkbar, kommt nicht in Frage.«

Ich bin aufgrund meiner Erfahrungen überzeugt, dass der entschiedene Wille, Gewinn zu machen, unverzichtbare Voraussetzung für eine Besserung der Situation ist. Nehmen Sie sich deshalb vor, an dieser Front für klare Verhältnisse zu sorgen und Ihre gesamte Mannschaft hinter das Gewinnziel zu bringen. Akzeptieren Sie Niedrigrenditen einfach nicht länger. Sie werden erstaunt sein, zu welchen Wirkungen eine solche Willensbildung führt.

Ein erster Effekt besteht in einer Erweiterung der Perspektive. Der oben zitierte Anlagenbauer hatte Recht. Solange es Überkapazitäten in seiner Branche gab, konnte er keine Gewinne einfahren. Seine immer neuen Kostensenkungsprogramme führten nicht zum Erfolg. Egal wie er die Kosten senkte: das taten die anderen auch. Ein solches Problem ist im eigenen Unternehmen nicht lösbar. Es muss eine Branchenlösung gefunden werden. Aus meiner Erfahrung weiß ich, dass dies in etwa der Hälfte der »hoffnungslosen« Fälle der einzige Weg zur Besserung ist. Wenn man diese Tatsache erkennt, geht man ganz anders an die Lösung heran. Die Stahlindustrie und andere Commodity-Branchen haben in den letzten Jahren vorgemacht, dass es funktionieren kann – auch ohne Kartellverstöße.

Das Auseinanderklaffen von erklärter und tatsächlich praktizierter Zielverfolgung, oben deutlich geworden an dem Auto- und dem Elektronikfall, bereitet große Probleme. Wenn Kultur und Wertesystem eines Unternehmens traditionell auf Marktanteil oder Beschäftigungserhalt getrimmt sind, lässt sich eine ernsthafte Gewinnorientierung nur schwer herbeiführen. Dann ist zunächst eine radikale Kultur- und Werteänderung erforderlich. Manchmal gelingt das nur, wenn das Management ausgewechselt wird.

Einfacher war die Lösung im Falle des Autozulieferers. Dem Autohersteller wurde der Einblick in die Kosten verweigert. Das führte zwar kurzfristig zu erheblichem Zoff, aber seit dieser ausgestanden ist, kann der Zulieferer zumindest einen Teil seiner Kosteneinsparungen als Gewinn behalten. Gewinne sind nichts anderes als »Kosten des Überlebens«. Deshalb muss der Gewinnwille genauso stark sein wie der Überlebenswille eines Unternehmens.

Wenn Sie Ihr Unternehmen konsequent auf Gewinnorientierung ausrichten wollen, empfiehlt sich ein Programm mit folgenden zehn Punkten:

1) Verschaffen Sie sich ein ehrlich-realistisches Bild von Ihrer Gewinnlage und kommunizieren Sie diese Ihren Mitarbeitern. Nutzen Sie harte Daten, um eine interne Kommunikationskampagne zu starten und Ihren Mitarbeitern bewusst zu machen, dass – und vor allem warum – der Gewinn viel wichtiger ist als der Marktanteil.

2) Richten Sie Ihr Unternehmen auf Gewinn- statt Marktanteilszuwachs aus. Machen Sie allen Beteiligten klar: Das primäre Ziel des Unternehmens ist es, die Kunden zu begeistern und Ertrag zu erwirtschaften, und nicht seine Wettbewerber zu zerstören. Das ist der Kern des gewinnorientierten Managements. Wenn ein Unternehmen seine Marktanteile nur halten kann, indem es einen Preiskrieg anzettelt, wird das Gewinnpotenzial eines Marktes auf Jahre vernichtet.

3) Setzen Sie einen friedlichen Wettbewerb durch und machen Sie Schluss mit dem Kriegsgetöse. Wenden Sie sich dem Markt und dem Kunden zu, statt Ihre Wettbewerber anzugreifen. Seien Sie »softer« zu Ihren Konkurrenten und dafür konsequenter in der Preisdurchsetzung gegenüber Ihren Kunden.

4) Nutzen Sie interne Daten, um Gewinnpotenziale zu entdecken. Sie werden staunen, wie viel Sie finden. »Mathematische Entscheidungen sind persönlichen Meinungen und Einschätzungen immer überlegen. Dummerweise entscheiden die meisten Unternehmen nach Augenmaß, obwohl sie auf harte Daten zurückgreifen können.« Diese Aussage von Jeff Wilke, Leiter des Kundenservice von Amazon, unterstütze ich mit Nachdruck. Die Daten (Erlöse, Absatzmengen, variable Kosten etc.) sind vorhanden, werden jedoch häufig nicht richtig aufbereitet. Eine tiefgehende Analyse kann Ihnen helfen, Entscheidungen auf Fakten statt auf überkommene Vorstellungen zu stützen.

5) Stellen Sie durch fundierte Marktforschung sicher, dass Sie die verschiedenen Zahlungsbereitschaften Ihrer Kundensegmente wirklich verstehen. Interne Datenanalysen sind manchmal nicht ausreichend, um bestimmte kundenbezogene Hypothesen zu testen, etwa, warum sich Kunden genau so und nicht anders verhalten oder wie sie auf Veränderungen in Produkt und Service reagieren würden. Zuverlässig testen können Sie diese Konzepte nur durch direkte Marktforschung. Zum Test der Zahlungsbereitschaft Ihrer Kunden sollten Sie moderne Methoden einsetzen, mit denen Sie die Auswahlentscheidungen, die Ihre Kunden treffen müssen, auch quantitativ erfassen und zuverlässig »in Euro und Cent« umrechnen können.[46]

6) Steuern Sie Ihren Marketing-Mix streng nach Gewinnkriterien, verlangen Sie von Ihren Marketingleuten quantitative Wirkungsnachweise. Um sich Gewinne von Ihren Kunden zu holen, brauchen Sie die geballte Kraft Ihres Marketing-Mixes: Produkt, Distribution, Kommunikation und Preis. Sie müssen dazu bereit sein, bislang akzeptierte Annahmen in

Frage zu stellen und gegebenenfalls durch andere zu ersetzen. So hat beispielsweise das Internet die Effizienz von Marketinginstrumenten stark verändert.[47] Das gilt es zu verstehen.

7) Heben Sie die Preise selektiv an, zeigen Sie dabei Courage. Statt sich im Kampf mit Konkurrenten aufzureiben, sollten Sie sich darum kümmern, Ihre Produkte teurer zu verkaufen, und zwar durch bessere Produkteigenschaften oder besseren Service. Ein Idealbeispiel für hohen Kundennutzen, aber auch für Courage, diesen Mehrwert über den Preis abzuschöpfen, ist die Gillette-Mach-3-Rasierklinge. Sie ist 50 Prozent teurer als das Vorgängerprodukt, und trotzdem hat Gillette den höchsten Marktanteil seit 1962.

8) Hören Sie auf, Ihre Kunden unnötig zu verwöhnen. Sie müssen wissen, was Ihre Kunden wollen und wie viel Sie bereit sind dafür zu zahlen. Dann sollten Sie Ihr Geschäftsgebaren diesen Gegebenheiten anpassen und überlegene Produkteigenschaften oder Services auch in Rechnung stellen. Dies geschieht viel zu selten. Viele Marketing- und Vertriebsprofis lassen zu, dass das Gebot, den Kunden zu erfreuen, jede ihrer Handlungen diktiert, einschließlich der Preise. Ein Marketingverantwortlicher sagte mir einmal, er könne nicht verstehen, warum sein Unternehmensbereich Geld verliert: »Wir haben die höchsten Zufriedenheitsraten in der Branche, wir bieten Eins-a-Qualität und Service zu günstigen Preisen.« Wenn Ihre Marketingstrategie auf der Übererfüllung von Kundenwünschen beruht und Sie im Gegenzug nicht die entsprechenden Gewinne erzielen, dann sind Sie auf dem Weg in den Ruin. Bedenken Sie: Ihr unausgeschöpftes Gewinnpotenzial steckt in den Taschen Ihrer Kunden.

9) Bemessen Sie Anreize für Manager und Verkäufer konsequent nach Gewinn statt nach Umsatz, Marktanteil oder Volumen. Wenn Sie Umsatz oder Absatz belohnen und Ihren Verkäufern gleichzeitig großzügige Rabattspielräume geben, brauchen Sie sich nicht zu wundern, wenn viel Umsatz und wenig Gewinn rauskommen. Zahlen Sie stattdessen diejenigen besser, die hohe Margen realisieren. Allein durch diese Maßnahme sind manchmal zwei Prozentpunkte mehr Umsatzrendite drin.

10) Stellen Sie sicher, dass der Markt versteht, was Sie wollen. Vermeiden Sie jedes Missverständnis. Senden Sie klare Signale aus, um klarzustellen, was Sie im Markt wollen, was Ihnen Ihrer Ansicht nach zusteht, wie viel Widerstand Sie dulden und ab wann Sie zum Vergeltungsschlag ausholen. IKEA legt zum Beispiel Wert darauf, die niedrigsten Preise im Markt zu bieten, allerdings ohne das Ganze auf die Spitze zu treiben. Das Unternehmen hat öffentlich erklärt, dass es seine Preise umgehend senken werde, sobald ein Wettbewerber billiger sei. Genau dadurch hält IKEA das Verhältnis zwischen den eigenen und den Wettbewerbspreisen konstant. Öffentliche Signale zur Gewinnorientierung findet man inzwischen fast täglich in den Zeitungen.

Fazit: Wenn die durchschlagende Innovation fehlt, wird in reifen Märkten die Schaffung von Stabilität und Gleichgewicht zur Königsdisziplin der Wettbewerbsstrategie. Abschied vom Marktanteilsdenken ist der erste Schritt zum gewinnorientierten Management, aber es braucht viel Disziplin, Zeit und Geschick, einen Markt wieder zu Verstand zu bringen. Doch es lohnt sich. Der gewinnorientierte Manager versteht das.[48]

Führungskontinuität

Eine wichtige Facette der engeren Verschränkung von angestellten Managern mit ihren Unternehmen liegt in der Kontinuität. Je länger Führungskräfte in einem Unternehmen arbeiten, desto stärker werden Bindung und Commitment. Kontinuität hat einen hohen Wert. Nur wer sich langfristig und tief mit einem Gebiet befasst, wird Höchstleistungen vollbringen. Nun fällt auf, dass einer der frappierenden Unterschiede zwischen erfolgreichen Mittelständlern und Großkonzernen genau in diesem Punkt liegt. Schauen wir uns die oberste Führung an, so bleiben die Mittelstandschefs im Schnitt 20 Jahre im Amt, während die durchschnittliche Verweildauer von DAX-Vorständen bei 5,1 Jahren liegt. Auf den mittleren Führungsebenen sind die Verhältnisse nicht anders. In Großunternehmen heißt *Karriere* allzu oft, auf dem Weg nach oben möglichst schnell durch die einzelnen Stationen zu rauschen. Erst führt man eine kleinere Business Unit, dann eine größere, schließlich einen Geschäftsbereich. Dazwischen empfehlen sich ein oder mehrere Auslandsstationen. Diese sollten aber auf keinen Fall zu lang ausfallen, um nicht vom Radar des Vorstands und der Zentrale zu verschwinden. Je schneller die Beförderungen und Versetzungen, desto erfolgreicher eine Karriere. Natürlich werden nicht alle CEO. Wenn das Peter-Prinzip gilt, enden sogar die meisten auf Positionen, für die sie nicht geeignet sind. Das Peter-Prinzip besagt, dass in einer Hierarchie jeder Beschäftigte bis zu seiner Stufe der Unfähigkeit aufsteigt.

Gibt es für Großunternehmen ein Mittel gegen das Peter-Prinzip, einen Anti-Peter sozusagen? Oder anders gefragt: Kann man das Modell der höheren Kontinuität erfolgreicher Mittelständler auf Großunternehmen übertragen? Diese hochinteressante Frage stellte mir Dr. Horst Kayser, seinerzeit als Chief Strategy Officer der Siemens AG. Im Jahr 2010 wurde Horst Kayser zum CEO von AEG Power Solutions berufen. Ich muss gestehen, an der Antwort auf seine Frage knacke ich bis heute.

Zunächst scheint es so, dass das längerfristige Verbleiben auf einem Posten mit unseren üblichen Vorstellungen von Karriere nicht vereinbar ist. Wer in einem Konzern jahrelang dasselbe macht und nicht befördert wird, der gilt als Karriereversager, egal wie gut er seinen Job ausführt. Doch es gibt selbst in diversifizierten Großkonzernen Beispiele von Managern, die ihr Leben lang bei einer Sache bleiben. Ein verstorbener Freund, Dr. Gerhard Neumann, arbeitete bei General Electric nur im Geschäftsbereich Düsentriebwerke und war rund 20 Jahre dessen Chef. Er entwickelte sowohl das erfolgreichste zivile als auch militärische Triebwerk und führte GE Aircraft Engines zur Weltmarktführerschaft. »Er war ein Düsentriebwerk«, könnte man etwas flapsig sagen. Ein Aufstieg in das General Management von GE kam für Neumann nie in Frage. Ähnliches lässt sich über den früheren Siemens-Vorstand Prof. Dr. Erich R. Reinhardt sagen, dessen ganze Laufbahn sich in der Medizintechnik abspielte und der auf diesem Wege bis in den Vorstand von Siemens aufstieg. Doch solche Karrieren, bei denen Manager lebenslang »bei der Stange« bleiben, scheinen heute eher ungewöhnlich. Viel typischer sind Laufbahnen mit häufigen, kurzfristigen Wechseln. Dr. Klaus Kleinfelds Weg bei Siemens symbolisierte ein solches Modell: interner Berater, Leiter der Unternehmensplanung, wenige Jahre im Geschäftsbereich Medizintechnik, kurze Zwischenstation in den USA, Berufung in den Vorstand mit Verantwortung für den Kommunikationsbereich, schließlich CEO. Seit Mai 2008 ist Klaus Kleinfeld CEO des amerikanischen Aluminiumkonzerns Alcoa.

Auch gibt es die wenigen, die im Konzern Karriere machen und sich dennoch entscheiden, der Kontinuität und der Fokussierung in kleinerer Dimension den Vorzug zu geben. Dieses Muster repräsentiert Dr. Valentin Chapero. Von Nixdorf kam er zu Siemens und wurde 1996 Geschäftsführer von Siemens Audiologische Technik (SAT), einem der Weltmarktführer bei Hörgeräten. Er führte das Unternehmen ins digitale Zeitalter und verdreifachte bis 1999 den Umsatz. So war die Berufung in höhere Aufgaben unvermeidlich. Im Jahr 2000 übernahm Chapero die Leitung von Siemens Mobile Networks und steigerte den Umsatz bis 2002 um fast 80 Prozent auf über 5 Milliarden Euro. Der weitere Aufstieg schien vorprogrammiert. Doch dann kehrte er zu seiner alten Liebe, den Hörgeräten, zurück. Er wurde zum CEO von Phonak (heute Sonova AG) berufen, seit 2002 führt er dieses Unternehmen mit großem Erfolg. Sonova ist heute eine der weltmarktführenden Firmen bei Hörgeräten. Chapero repräsentiert als CEO von Sonova das Kontinuitätsmuster des Mittelstandes. Bei Siemens Audiologische Technik hat es in der Zwischenzeit mehrere Chefwechsel gegeben, nicht gerade zum Wohl des Unternehmens. Es ist schwer vorstellbar, dass jemand wie Chapero innerhalb Siemens Chef von SAT geblieben wäre und auf Beförderungen verzichtet hätte.

Die entscheidende Frage lautet: Kann man das offensichtlich erfolgreiche Kontinuitätsmodell des Mittelstandes auf Großunternehmen übertragen? Mit gängigen Karrierevorstellungen lässt sich der dauerhafte Verbleib in einer Position jedenfalls schwer unter einen Hut bringen. Wie könnte ein solches Modell aussehen? Eine Option läge in einer unternehmerischen Beteiligung. Der Stelleninhaber wird in einem solchen Maße am Erfolg seiner Einheit beteiligt, dass ein Verbleiben für ihn attraktiver ist als der weitere Aufstieg ohne eine derartige Beteiligung. Er könnte dann durchaus deutlich mehr verdienen als jemand, der in der Hierarchie höher steht – so wie es bei Investmentbankern und Verkäufern, die mehr verdienen als ihr Vorstandsvorsitzender, durchaus vorkommt. Eine Alternative wäre die Gewährung größerer unternehmerischer Freiheiten, eventuell in Verbindung mit längeren Vertragslaufzeiten. So heißt es bei Würth: »Je besser die Leistung, desto größer die Autonomie.« Auch eine Hervorhebung in Status und Titel, etwa analog zum »persönlich haftenden Gesellschafter«, den Familienunternehmen manchmal angestellten Managern gewähren, erscheint erwägenswert. Ich habe keine Patentlösungen für ein solches Anti-Peter- bzw. Kontinuitätsmodell. Doch das Nachdenken zu diesen Fragen lohnt sich allemal.

Die Rückkehr der Integrität

»Die Vorstände wechseln im Durchschnitt so ungefähr alle drei Jahre. Wenn Sie da Ihren Posten behalten wollen und keine ausgesprochen starke Persönlichkeit sind, dann machen Sie unter dem immensen Druck eben irgendwelche Schweinereien.« Diese Aussage stammt nicht von einem Funktionär der Linkspartei, sondern von Caspar von Hauenschild, Vorstand von Transparency International.[49] Was er da sagt, mag populistisch sein und stimmt auch nicht ganz mit der Wahrheit überein. Aber es trifft das Gefühl der Menschen und ist nicht so weit von der Wahrheit entfernt. Tatsächlich liegt die jährliche Fluktuationsrate von Vorstandsvorsitzenden im deutschsprachigen Raum bei 19,7 Prozent, was einer durchschnittlichen Amtsdauer von 5,1 Jahren entspricht. Die Fluktuationsrate von Vorständen ist in Deutschland in den letzten drei Jahren massiv von 9,7 auf 19,7 Prozent gestiegen. Sie übertrifft auch den globalen Durchschnitt von 13,7 Prozent (= 7,3 Jahre Amtsdauer). International sind die Fluktuationsraten in den letzten Jahren hingegen sogar gesunken. Überraschend hoch ist in Deutschland das Durchschnittsalter, in dem die Chefsessel bestiegen werden: knapp 51 Jahre. Addiert man dazu die gut fünf Jahre im Amt, dann ist mit knapp 57 schon wieder Schluss.

Einige Tage bevor ich diese Zahlen zusammenstellte, saß ich mit drei älteren Herren beim Abendessen: Hans-Joachim Langmann (E. Merck), Berthold Leibinger (Trumpf) und Hans-Peter Stihl (Stihl). Sie standen 40, 41 beziehungsweise 43 Jahre an der Spitze ihrer Unternehmen. Von den Hidden Champions weiß ich, dass ihre Chefs im Schnitt 20 Jahre am Ruder bleiben. Sie kommen in wesentlich jüngerem Alter an die Spitze als ihre Kollegen in Großunternehmen. Dies gilt selbst für Vorstandsvorsitzende, die nicht Familienangehörige sind.

Die Telekom hat in deutlich weniger als 20 Jahren bereits den sechsten Chef (Ricke Senior, Pällmann, Sommer, Sihler, Ricke Junior und Obermann). Das wird nur noch von der SPD übertroffen, die seit 1991 eine beachtliche Riege von neun Vorsitzenden aufweist (Engholm, Rau, Scharping, Lafontaine, Schröder, Müntefering, Platzeck, Beck, Gabriel).

Jeder, der etwas von Unternehmensführung versteht, weiß, dass Führungskontinuität ein entscheidender Erfolgsfaktor ist. Jim Collins hat das bestätigt.[50] Peter Drucker hat den Wert der Führungskontinuität vielfach wiederholt. Umgekehrt sind kurze Verweildauern des Chefs ein sicherer Indikator dafür, dass es in den betroffenen Organisationen knirscht. Zwischen den drei oben genannten Beispielen der Mittelständler und den großen Aktiengesellschaften liegen diesbezüglich Welten. Was geht hier vor? Was sind die Ursachen? Welche Konsequenzen sind zu ziehen?

Der Befund hierzu fällt gravierend aus. Betrachtet man für die DAX-Unternehmen die unfreiwilligen CEO-Rücktritte der letzten Jahre, so war in einem wesentlichen Anteil der Fälle unkorrektes Verhalten eine oder sogar die Hauptursache. Fast hat man den Eindruck, dass die mangelnden Fähigkeiten, die anstehenden Probleme zu lösen, erst an zweiter Stelle der Rücktrittsursachen stehen. Daraus kann man nur den Schluss ziehen, dass Eigenschaften wie Integrität, Ehrlichkeit und Anständigkeit bei der Auswahl unserer Top-Führungskräfte in der Vergangenheit zu kurz gekommen sind und in Zukunft ein höheres Gewicht erhalten müssen. Die Leute, die sich auf diese Ebenen durchboxen, sind sicher keine Chorknaben. Aber es darf auch nicht sein, dass Cleverness, pure Intelligenz und Raffinesse allein den Ausschlag geben. Mich wundert schon, dass über Jahre toleriert wurde, dass der Vorstandsvorsitzende eines DAX-Unternehmens seine Wochenenden damit verbrachte, gefährliche Autorennen zu fahren, und sogar mit seinen Crashs protzte. Immerhin trug diese Führungskraft Verantwortung für mehrere zehntausend Mitarbeiter. Je höher ein Manager steigt, desto wichtiger wird seine Vorbildrolle, desto mehr ist auf seine Integrität Wert zu legen. Um auch das klar zu sagen: Gerade unter den DAX-CEOs gab und gibt es viele, denen ich – soweit ich das aus meiner persönlichen Kenntnis beurteilen kann – in dieser Hinsicht höchste Noten ausstelle.

Nichts ist schwieriger als die Beurteilung der Eignung von Führungskräften. Kein einzelner Faktor bestimmt das Wohlergehen eines Unternehmens stärker als die Person an der Spitze. Deshalb muss die Entwicklung, Vorbereitung und Auswahl der Top-Elite unserer Wirtschaft mehr Aufmerksamkeit erhalten. Ethischen Kriterien muss bei dieser Selektion höheres Gewicht zugemessen werden. Wirtschaftlicher Erfolg, Macht und Auftreten alleine dürfen nicht zählen. Wenn einer krumme Sachen dreht oder in die eigene Tasche wirtschaftet, dann gehört er nicht auf den Chefposten. Der Corporate Governance Code allein wird dieses Problem nicht lösen. Viel wirksamer ist es, wenn die Gemeinschaft der Top-

Führungskräfte und -Unternehmer untereinander strikter auf den »Code of Conduct« achtet und schwarze Schafe frühzeitig »ausschwitzt«. Das ist die Sprache, die verstanden wird. Jeder, der dazugehört, weiß, wovon ich rede.

Trend 4

Tektonische Verschiebungen in der Produktwelt

Wir leben in einer Zeit großer Veränderungen und Umbrüche. Gerade im Zuge der Krise haben sich die Gewichtungen von Märkten und Marktanteile massiv verschoben. Damit einher gehen starke Verschiebungen im Produktspektrum. So werden beispielsweise in Asien andere Produkte gekauft und entwickelt als in Europa. Dieser Trend führt auch zu einem gefährlichen Auseinanderklaffen in der regionalen Verteilung der Produktion einerseits und der Absatzmärkte andererseits. Global tätige Unternehmen sehen sich mit völlig neuen Fragestellungen konfrontiert. Angesichts solcher Umbrüche sind bisherige Erfahrungen und Praktiken in Frage zu stellen.

Die Erfahrungsfalle vermeiden!

Einem Manager Erfahrung zu attestieren bedeutet ihm ein Kompliment zu machen. In der Tat spielt Erfahrung im Managementleben eine herausragende Rolle. Unser Denken und Handeln besteht in wesentlichen Teilen darin, dass wir uns der Vergangenheit bedienen, um die Zukunft vorzubereiten. Wie jeder Mensch ist der Manager ein Zeitwesen. Sein Verhalten wird durch Erbanlagen einerseits und seine als Erfahrung geronnene Vergangenheit andererseits beeinflusst. »Leben heißt, Zeit in Erfahrung verwandeln«, bemerkte der Philosoph Gattegno. Vorsätze der Art, »ab sofort alles anders zu machen«, erweisen sich deshalb in der Regel als vergebliche Hoffnung. *Wir alle sind weitaus stärker Gefangene der eigenen Geschichte, als wir glauben.* Mit zunehmendem Alter wächst diese Tendenz – beim Individuum wie in einer Organisation insgesamt. Auch in Unternehmen führt der Vorsatz, ab heute radikal anders vorzugehen –

außer in Krisensituationen –, selten zum Erfolg, und zwar in erfahrungs- und erfolgreichen (alten) Unternehmen noch seltener als in erfahrungsarmen jungen Firmen.

Ein spektakuläres Beispiel bot das Saturn-Projekt von General Motors, das vor 20 Jahren mit einem für die damalige Zeit riesigen Budget von 5 Milliarden Dollar lanciert wurde. Mit ungeheurem Enthusiasmus und Ambitionen ging man an dieses Projekt heran, um ein völlig neues Auto mit radikal anderen Methoden herzustellen und zu vermarkten. Das Saturn-Team hatte weitestgehende Freiheit und die Mittel, eine Revolution in der Autoindustrie einzuleiten. Doch offensichtlich hatte man übersehen, dass die Saturn-Manager ihre Erfahrung, ihre Vergangenheit – wenn auch unsichtbar – im Gepäck mit sich trugen. Als die Manager die General-Motors-Zentrale in Detroit räumten, um ins ländliche Tennessee zu ziehen, ließen sie zwar ihre Schreibtische zurück, ihre Geschichte und ihre Erfahrungen nahmen sie jedoch mit. Heute kann man getrost alle großen Ziele von damals als gescheitert ansehen. Saturn war zwar nicht an dem Niedergang von General Motors schuld, aber im Rahmen der Krise von 2009/10 wurde das Projekt aufgegeben. Die von Saturn auf den Markt gebrachten Modelle waren Autos ohne nennenswerte Spuren von revolutionärem Wandel. Die »Total-Quality-Ambitionen« erwiesen sich als Illusion. Saturn-Autos waren von ähnlich fragwürdiger Qualität wie die übrigen Modelle des Mutterkonzerns. Die Erfahrungsfalle schnappte gnadenlos zu.

Anders als das in Schule und Studium theoretisch-abstrakt erlernte oder aus Büchern angelesene Wissen ist Erfahrungswissen stark mit Emotionen und Affekten behaftet. Mit Erfahrungen sind Erfolge, Belohnungen und Freude, aber auch Fehlschläge, Sanktionen und Angsterlebnisse verbunden. Erfahrung ist eine wesentliche Quelle für das »Gefühl im Magen«. Wenn Analyse und Erfahrung in Widerspruch zueinander geraten, obsiegt in aller Regel die Erfahrung. Dieser Prozess ist evolutionstheoretisch gewollt. Die lebenswichtige Notwendigkeit der Anpassung führt zur Übernahme von Verhaltensmustern, die in der Vergangenheit mit Erfolg belohnt wurden, und zur Vermeidung von Aktionen, die zu Fehlschlägen führten.

Ein erfahrener Manager diagnostiziert normalerweise eine Situation treffender, schneller und ganzheitlicher als ein Neuling. Er erkennt kritische Aspekte und kann die Chancen unterschiedlicher Vorgehensweisen fundierter beurteilen. Erfahrung trägt deshalb im Allgemeinen zur Verbesserung von Entscheidungen und ihrer Umsetzung bei. Dies gilt vor allem dann, wenn die Bedingungen, unter denen die Erfahrungen in der Vergangenheit gewonnen wurden, im Wesentlichen in der Zukunft fortbestehen. In der Regel entwickelt sich die Welt mit einer gewissen Gleichmäßigkeit, so dass ein umfassender Erfahrungsschatz für den einzelnen Manager wie für das Unternehmen insgesamt einen großen Wert besitzt.

Verändert sich jedoch die Umwelt schnell und stark, so beinhaltet die beschriebene Extrapolation große Risiken. Der Philosoph Henri Bergson bemerkte zutreffend, dass Erfahrungsregeln zur Belastung werden, wenn die Rahmenbedingungen, unter denen sie entstanden, nicht mehr existieren. Die Gefahr ist dabei umso größer, je schneller die Veränderungen vonstatten gehen und je abrupter sie sind.

In vielen Märkten ist diese Situation in der jüngsten Vergangenheit eingetreten. Der ungeheure Fortschritt der Globalisierung, das Vordringen bisher unbekannter Wettbewerber, die phantastischen Möglichkeiten des Internets und die krisenhaften Entwicklungen machen es gefährlicher denn je, Unternehmensstrategien primär aus vergangenen Erfolgsregeln abzuleiten. Traditionsreiche Versandhändler wie Quelle oder Neckermann sind bereits Opfer des Internets geworden. Warenhäuser und traditionelle Läden haben ihre Märkte weitgehend an Discounter wie Aldi und Lidl oder aggressiv vorgehende Spezialisten wie Media Markt und Saturn verloren. Einem forschenden Pharmaunternehmen hilft seine bisherige Erfahrung im Kampf gegen die weltweit vordringenden Generika-Konkurrenten wenig. Traditionelle Medien zeigen sich hilflos gegenüber Google. Hergebrachte Eintrittsbarrieren und Strategien haben die etablierten Fluggesellschaften nicht vor unkonventionell vorgehenden Billig-Airlines schützen können.

In all diesen Umbruchsituationen ist die alte Erfahrung nicht nur wenig wert, sondern sie kann ausgesprochen hinderlich werden. Viele Firmen reagieren auf solche Turbulenzen durch Intensivierung der bisherigen Methoden. Sie tun mehr vom Gleichen (zum Beispiel noch mehr Werbung oder Verstärkung des Außendienstes), ohne zu verstehen, dass sich die Spielregeln und Parameter des Wettbewerbs geändert haben. Sie sind Gefangene ihrer Erfahrung. Um sich abzusichern, bauen sie im schlimmsten Falle sogar Dogmen und Tabus auf. So sagte mir kürzlich ein Marketingvorstand, dessen Firma massiven Angriffen neuer Wettbewerber ausgesetzt ist: »Rational sehen wir das alles ein, aber wir brauchen einfach Zeit, um uns damit abzufinden, in Zukunft viele Dinge total anders tun zu müssen, als wir es bisher für richtig hielten. Wir müssen wohl viele unserer alten Glaubenssätze über Bord werfen. Das fällt schwer und braucht Zeit.«

Der Verhaltensforscher Paul Watzlawick schreibt hierzu: »Die lebenswichtige Notwendigkeit der Anpassung führt unweigerlich zur Ausbildung bestimmter Verhaltensmuster, deren idealer Zweck ein möglichst erfolgreiches Überleben wäre. Aus Gründen, die den Verhaltensforschern noch recht schleierhaft sind, neigen aber Tiere wie Menschen dazu, diese jeweils bestmöglichen Anpassungen als die auf ewig einzig möglichen zu betrachten. Das führt zu einer zweifachen Blindheit: erstens dafür, dass im Laufe der Zeit die betreffende Anpassung eben nicht mehr die bestmögliche ist, und zweitens dafür, dass es neben ihr schon immer eine ganze Reihe anderer Lösungen gegeben hat oder zumindest jetzt gibt.«[51] Die Gefahr des Beharrens auf hergebrachtem Verhalten scheint umso größer zu sein, je erfolgreicher man bisher war. *Erfolg ist der größte Feind des Wandels.* Erfolgreiche Firmen sind gegenüber radikalen Umbrüchen besonders gefährdet. Der Marktführer von heute ist der potenzielle Verlierer von morgen, wie Richard Foster in dem Buch »Innovation« schreibt.[52] Wie können sich Manager und Unternehmen vor der Erfahrungsfalle schützen und eine bessere Mischung aus Erfahrung und Innovativität erreichen?

Je breiter das Erfahrungsspektrum des Individuums ist, desto besser. Spezialisten sind stärker gefährdet, Gefangene ihrer engen Erfahrung zu werden. Sehr hilfreich sind Kontakte außerhalb des engeren Firmen- oder Branchenkreises. Der frühere Vorstandsvorsitzende von General Motors, Robert Stempel, sagte mir Ende der 80er Jahre einmal, dass es aus seiner Sicht ein Fehler gewesen sei, die General-Motors-Hauptverwaltung von New York nach Detroit zu verlegen. Einsätze im Ausland, in unterschiedlichen Funktionen und Geschäftsbereichen, erweitern die Erfahrungsbasis und sind damit ein wirksamer Schutz gegen die Erfahrungsfalle. Für mich persönlich war früh in meiner wissenschaftlichen Karriere eine sehr wichtige Erkenntnis aus einer Gastprofessur in Japan, dass man eine Gesellschaft auch nach völlig anderen Prinzipien organisieren kann. Solche Einsichten gewinnt man nicht aus Büchern, sondern nur durch eigene Anschauung. In zu wenigen Unternehmen wird die funktionale und internationale Job-Rotation in diesem Sinne systematisch genutzt. Schließlich ist jeder gefordert, kognitiv jung zu bleiben und seine Erfahrungsbasis ständig in Frage zu stellen. Die eigenen Kinder eignen sich diesbezüglich als Prüfstein.

Was kann das Unternehmen tun? Das vielleicht wirksamste Mittel sind altersmäßig heterogene Managementteams. Sind sämtliche Vorstände im »Politbüroalter«, dann dominiert das Erfahrungselement. In vielen deutschen Großunternehmen wird zu spät befördert. Auch eine funktionale Mischung garantiert Erfahrungsvielfalt. Wenn ich in einem Unternehmen über Marketingfragen diskutiere, möchte ich auch Leute aus Bereichen wie Finanzen, Produktion oder F&E dabeihaben. Sie erweitern und bereichern in aller Regel das Spektrum der erörterten Alternativen.

Schließlich ist Rekrutierung von außen ein wichtiges Mittel zur Überlistung der Erfahrungsfalle. Ich bin äußerst skeptisch gegenüber dem von Branche zu Branche springenden Universalmanager; dennoch ist eine gewisse Blutauffrischung unverzichtbar.

Eine wichtige Rolle spielt zudem die Unternehmenskultur. Ist sie eher erfahrungsorientiert oder eher offen? In vielen Unternehmen hat man den Eindruck, dass zwar jede Änderung, nicht aber die Fortsetzung des Bisherigen der Begründung bedarf. Im Zweifel oder bei Uneinigkeit bleibt man beim Hergebrachten. Auch das ist eine Entscheidung. Ein solch asymmetrischer Zustand ist gerade in Zeiten starken Wandels in der aktuellen »Nachkrisenzeit« gefährlich. Das »Weitermachen wie bisher« sollte genauso wie das Andersmachen begründet werden.

Erfahrung hat einen großen Wert und bildet eine tragende Säule guten Managements. Sie darf jedoch nicht zum dominierenden Beurteilungsmaßstab werden, sondern ist genauso wie jede neue Idee immer wieder kritisch zu hinterfragen. In Zeiten großer Veränderungen, wie wir sie heute erleben, sind diese Maximen wichtiger denn je.

Deutsche Produkte sind unverzichtbar

Es kann bei manchen deutschen Unternehmen lange dauern, bis sie wieder auf die Rekordniveaus von 2007/8 zurückkehren. Ein Teilaspekt hiervon ist einfach mathematischer Natur. So haben manche Firmen Umsatzeinbrüche von 50 Prozent erlebt. Selbst wenn sie jetzt wieder mit 50 Prozent wachsen, sind sie erst auf 75 Prozent der Ausgangsniveaus. Trotz des Aufschwungs blieben die Wachstumsraten in 2010 oft kleiner als die Einbruchsprozentsätze im Vorjahr. Das gilt auch für das Bruttoinlandsprodukt.

Kann man dennoch die Zukunft deutscher Produkte optimistisch sehen? Dazu entspann sich beim Mittagessen mit dem Vorstand eines der führenden deutschen Maschinenbauunternehmen eine erhellende Diskussion. Jemand fragte, was der Unterschied zwischen den deutschen und den japanischen Exporten sei. Als Prototyp für ein erfolgreiches japanisches Unternehmen nahmen wir Toyota, als idealtypisch für ein deutsches Unternehmen im internationalen Wettbewerb den betreffenden Maschinenbauer, der hier nicht genannt werden möchte. Zwar liegt Toyotas Jahresumsatz mit knapp 150 Milliarden Euro um den Faktor 75 über den 2 Milliarden Umsatz des deutschen Mittelständlers, dennoch sind beide Firmen in gewisser Weise repräsentativ für die internationalen Profile der japanischen und der deutschen Exportwirtschaft. Was wäre, fragte nun einer der Teilnehmer, wenn es ab heute keine Toyotas mehr gäbe? In der Antwort waren sich die Beteiligten schnell einig: kein großes Problem, alle würden dennoch Auto fahren, aber eben andere Marken. Dabei wurde von allen ausdrücklich anerkannt, dass Toyota Top-Qualität produziere, mit höchster Effizienz und Professionalität arbeite, ein herausragendes Unternehmen, aber eben nicht unverzichtbar sei.[53] Angesichts der weltweiten Produktionskapazität von 100 Millionen Autos bei einer Nachfrage, die in den letzten Jahren zwischen 50 und 60 Millionen Stück lag, befürchtete niemand ernsthafte Lieferengpässe, wenn es keine Toyotas mehr gäbe.

Fundamental anders fiel das Urteil bei dem deutschen Mittelständler aus. Dazu sei vorausgeschickt, dass dieses Unternehmen Weltmarktführer mit einem globalen Marktanteil von rund 50 Prozent ist und als der Innovator in seinem Markt gilt. Was wäre, wenn sich alle Maschinen dieses Unternehmens mit einem Schlag in Nichts auflösten? Die Antwort war unstrittig: Die produzierende Wirtschaft käme zum Stillstand – und zwar auf längere Zeit. Die Maschinen und die Technologie dieses Unternehmens sind unverzichtbar, es würde Jahre dauern, bis sich ein gleichwertiger Ersatz gefunden hätte. Und genau das Gleiche gilt für Tausende weitere deutsche Unternehmen. Ohne Hauni-Zigarettenmaschinen (Weltmarktanteil rund 90 Prozent) würde weltweit bei Rauchern ein Entzugsnotstand ausbrechen. Wenn sich die Fischfiletieranlagen von Baader (Weltmarktanteil 80 Prozent) in Nichts auflösten, würde Fisch knapp. Wenn Delo-

Klebstoffe entfielen, käme die Produktion von Smartcards in Schwierigkeiten. Gäbe es keine deutsche Messtechnik mehr, so stünden Betriebe unterschiedlichster Branchen überall in der Welt vor großen Problemen. Diese Liste ließe sich nahezu beliebig fortsetzen. Deutsche Produkte sind für die Weltwirtschaft vielfach unverzichtbar und zumindest auf mittlere Sicht auch unersetzbar.

Unter historischer Perspektive könnte man sogar behaupten, dass die deutsche Wirtschaft heute besser aufgestellt ist als vor Jahrzehnten. Betrachtet man nämlich die Branchen, in denen Deutschland früher stark war, aber heute keine Rolle mehr spielt, dann waren dies oft Produkte, die ersetzbar waren – ähnlich denen Toyotas. Heute haben wir vermutlich mehr »Unverzichtbare« als damals und unterscheiden uns damit stark von China, Japan und anderen Exportnationen. Die Amerikaner sind uns diesbezüglich ähnlicher. Man stelle sich nur einmal vor, es gäbe ab morgen keine Programme von Microsoft mehr. Oder die führenden amerikanischen Pharmafirmen könnten nicht liefern. Oder die Amerikaner würden aufhören, Filme zu produzieren – ohne Zweifel müssten dann weltweit Kinos mangels attraktiven Contents schließen.

Die Unverzichtbarkeit ist allerdings, wie die Krise gezeigt hat, kein Schutz gegen vorübergehende Nachfrageeinbrüche. Denn viele der schwer ersetzbaren deutschen Produkte gehören zu den sogenannten »Postponables«, das sind Produkte wie Maschinen, Instrumente oder langlebige Konsumgüter, deren Kauf man in Notzeiten aufschieben kann. Aus der Unverzichtbarkeit folgt jedoch, dass man sich um die langfristigen Perspektiven deutscher Produkte keine allzu großen Sorgen machen muss. Jedes Unternehmen muss trotzdem aufpassen, schwierige Schwächephasen zu überleben. Das war und bleibt auch in der Nachkrisenzeit eine Herausforderung. Demgegenüber scheint das langfristige Bestehen im Wettbewerb nicht wirklich gefährdet.

Das High-Value-Segment verteidigen!

Der Weltmarkt ist in einem rapiden Wandel begriffen. Dabei verändern und verschieben sich die Marktsegmente gravierend. Dieser Wandel war nicht primär Folge der Krise, wurde aber durch diese beschleunigt. Die

Marktpositionierung deutscher Produkte ist angesichts dieser Verschiebungen in den weltweiten Produktportfolios grundlegend zu überprüfen. Besonders schwierig fällt die Entscheidung, ob und wie man in das neu entstehende Ultra-Niedrigpreis-Segment eintreten soll. Ich formuliere zu dieser Entscheidungssituation vier Thesen und untermauere diese durch meine persönlichen Eindrücke vor allem in Asien sowie durch Befunde aus meiner Beratungserfahrung.

These 1: *Der »natürliche« Platz deutscher Produkte liegt im oberen Preis- und Leistungssegment.* Dies ist kein Wunschdenken, sondern Faktum. Dahinter stehen belegbare Wettbewerbsvorteile in Qualität, Technologie, Know-how und Service. Deutsche Produkte weisen gegenüber dem Marktdurchschnitt oft ein Preispremium von 10 bis 15 Prozent auf. Spitzenprodukte liegen sogar 20 Prozent höher als der Marktdurchschnitt. Beispiele sind Enercon bei Windturbinen oder Miele bei Waschmaschinen. Wert und Kundennutzen, nicht der Preis, sind die entscheidenden Wettbewerbsparameter deutscher Anbieter.

Abbildung 4.1 zeigt die Wettbewerbsvorteilsmatrix führender deutscher Mittelständler. Vertikal ist die Wichtigkeit aus Kundensicht, horizontal die Wettbewerbsleistung abgetragen.

Produktqualität steht in der Kundenanforderung ganz oben und weist bei der Wettbewerbsleistung ebenfalls einen sehr hohen Wert auf. Produktqualität ist und bleibt der herausragende Wettbewerbsvorteil deutscher Produkte. Insgesamt finden sich acht Leistungsparameter im oberen rechten Quadranten. Wegen der jeweils über dem Durchschnitt liegenden Wichtigkeit und Leistung sprechen wir in diesem Quadranten von »strategischen Wettbewerbsvorteilen«. Interessant ist hier, dass die Wettbewerbsvorteile »Beratung« und »Systemintegration« in den letzten zehn Jahren vom rechten unteren in den rechten oberen Quadranten gerutscht sind. Diese Leistungsparameter bilden insofern besonders hohe Eintrittsbarrieren für neue Wettbewerber, als sie nicht in den Produkten inkorporiert sind und somit nicht per »reverse engineering« imitiert werden können. »Beratung« und »Systemintegration« wurzeln vielmehr in den Köpfen der Mitarbeiter bzw. in den Fähigkeiten der Organisation, Komplexität zu bewältigen. Gegenüber den Leistungsparametern im rechten oberen Quadranten liegt der Preis im linken oberen Feld, bildet also einen strategischen Wettbewerbsnachteil. Solange die überlegene Leistung in den anderen Parametern erhalten bleibt, ist das jedoch kein grundsätz-

Abbildung 4.1: Wettbewerbsposition führender deutscher Produkte

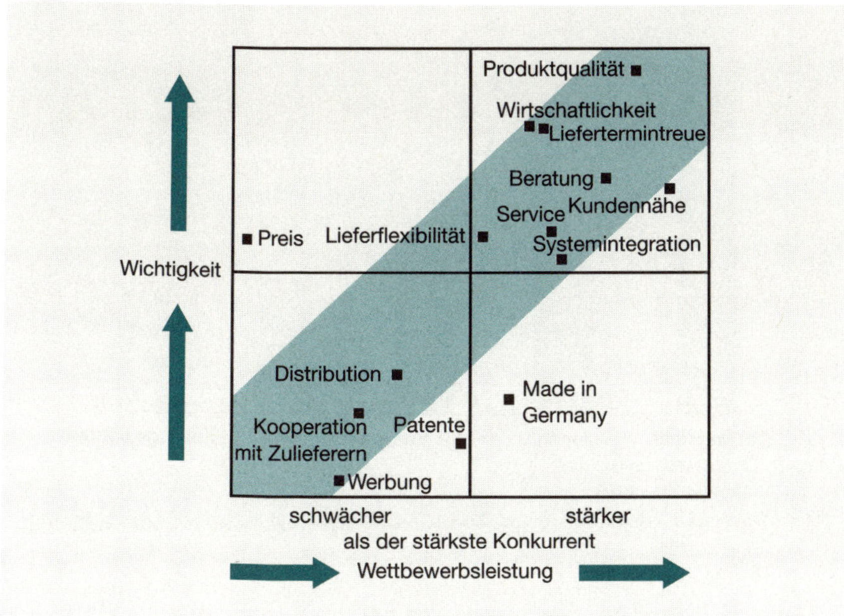

liches Problem. Wie man sieht, stimmt die Wirtschaftlichkeit trotz des hohen Preises. Wie steht es nun um die Untermauerung der herausgehobenen Markt- und Preispositionierung deutscher Produkte? Dazu These 2.

These 2: *Die hohe Preis- und Leistungspositionierung deutscher Unternehmen wird durch interne Kompetenzen untermauert, die sich auf F&E, Kundennähe und Mitarbeiter beziehen.* Diese Positionierung ist nicht nur nicht gefährdet, sondern in den letzten Jahren sogar stärker geworden. Dazu gehören auch die Nähe zu Top-Kunden und die enge Konkurrenz mit Top-Wettbewerbern.

Innovation beginnt mit Forschung und Entwicklung. Nimmt man wieder die Hidden Champions als beispielhaft für international erfolgreiche deutsche Unternehmen, so zeigt sich, dass sie sehr stark in entsprechende Aktivitäten investieren.

Während alle deutschen Unternehmen, die aktiv F&E betreiben, im Durchschnitt 3 Prozent vom Umsatz und die globalen Top-1000-Forschungsunternehmen 4,2 Prozent vom Umsatz für Forschung und Entwicklung ausgeben, liegt dieser Prozentsatz bei den Hidden Champions mit 6 Prozent deutlich höher.

Abbildung 4.2: Standorte der Top-Kunden deutscher Unternehmen

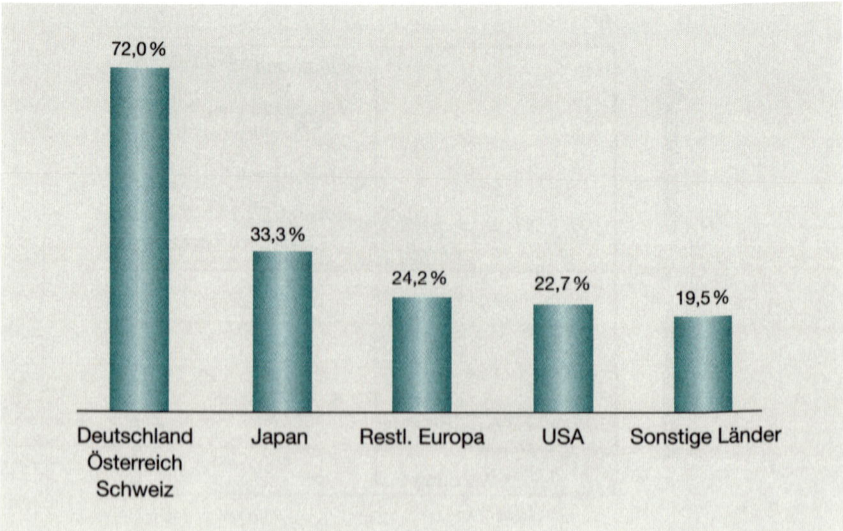

Deutsche Mittelständler integrieren bei ihren Innovationen Markt und Technologie deutlich effektiver als große Firmen. 65 Prozent von ihnen sagen, dass beide Antriebskräfte der Innovation bei ihnen gleich stark wirken, nur 19 Prozent der Großunternehmen schaffen diesen Spagat, der die eigentliche Herausforderung von Innovation beschreibt.

Eine weitere Stärke deutscher Unternehmen besteht in der ausgeprägten Kundennähe, insbesondere zu den Top-Kunden. Dabei spielt eine wichtige Rolle, dass die Mehrzahl der Top-Kunden im deutschsprachigen Raum sitzt. Abbildung 4.2 zeigt die Verteilung der Top-Kunden über Regionen.

Kunden sind eben nicht nur Abnehmer, sondern können auch als Innovations- und Leistungstreiber fungieren. Und nur wer mit den Top-Kunden im Geschäft bleibt, der wird sich auf Dauer an der Spitze und im obersten Marktsegment behaupten. Eng damit zusammen hängt der »Head-on-Wettbewerb« mit erstklassigen Konkurrenten. Diese machen einem nicht nur das Leben schwer, sondern fungieren zudem als effektive Leistungstreiber. In vielen Branchen sitzen die besten Wettbewerber der Welt in Deutschland, oft sogar in enger Nachbarschaft. Beispielhaft seien Druckmaschinen, Fluidtechnik, Interfacetechnik oder Schweißen genannt.

Ein weiterer interner Pfeiler der externen Wettbewerbsvorteile liegt in

Abbildung 4.3: Fluktuationsraten im Vergleich

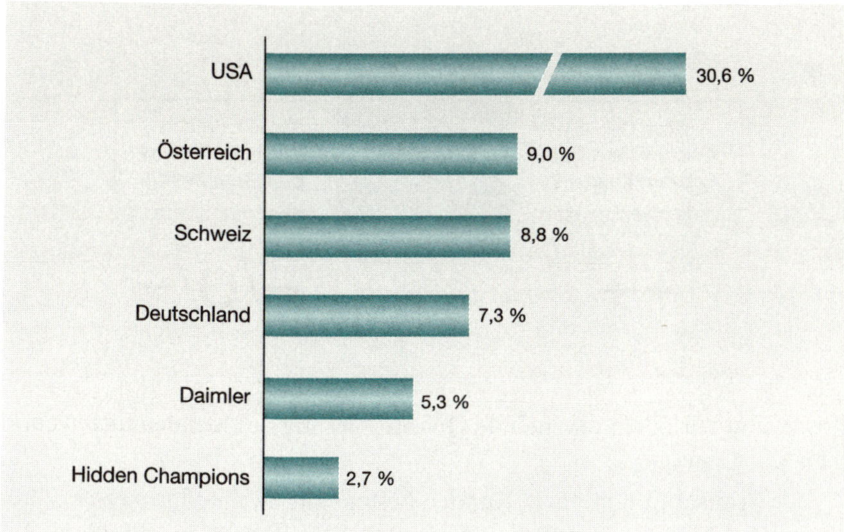

Quelle: Hernstein-Institut/US Department of Labor

der Qualifikation und der Betriebstreue der Mitarbeiter. Deutsche Unternehmen haben diesbezüglich in den letzten zehn Jahren massiv aufgerüstet. Der Anteil der Akademiker hat sich von 8,5 auf 19,1 Prozent mehr als verdoppelt. Ob man es will oder nicht, der internationale Wettbewerb im oberen Wert- und Preissegment ist ein Qualifikationswettbewerb und kein reiner Kostenwettbewerb. Wenn man aber qualifizierte Mitarbeiter angeworben und angelernt hat, dann kommt es darauf an sie zu halten, sprich die Fluktuation niedrig zu halten. Denn mit jedem qualifizierten Mitarbeiter, der das Unternehmen verlässt, geht wertvolles Know-how verloren. Wie Abbildung 4.3 zeigt, sind die jährlichen Fluktuationsraten der Hidden Champions mit 2,7 Prozent extrem niedrig.

Zusammenfassend kann festgestellt werden, dass die herausgehobene Marktpositionierung deutscher Produkte durch interne Kompetenzen solide untermauert ist. Doch mit diesen Kompetenzen sind zwangsläufig höhere Kosten verbunden. Es kommt folglich darauf an, am Markt tatsächlich deutlich höhere Preise zu erzielen. Damit beschäftigt sich These 3.

These 3: *Die überlegenen internen Kompetenzen und die Wettbewerbsvorteile müssen in adäquate Preispositionen umgesetzt werden.* Hier hapert es vielfach in beiden Richtungen. Ursachen für nichtadäquate

Abbildung 4.4: Value Delivery und Value Extraction

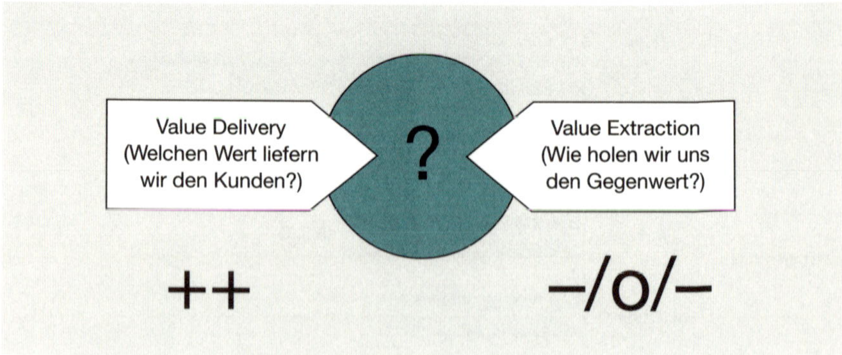

Preise sind vor allem mangelnde Quantifizierung des Kundennutzens und fehlende Courage.

Jede Transaktion mit dem Kunden besteht aus zwei Teilprozessen. Zum einen wird Nutzen oder Wert an den Kunden geliefert, in Abbildung 4.4 bezeichnen wir diesen Teilprozess als »Value Delivery«. Zum anderen muss der Lieferant sich vom Kunden einen angemessenen Gegenwert zurückholen, diesen Teilprozess nennen wir »Value Extraction«. Die Value Extraction muss dabei stets in einem adäquaten Verhältnis zur Value Delivery stehen.

Auf der Value-Delivery-Seite bieten die deutschen Produkte überwiegend Spitzenleistung, dies wird in der Abbildung 4.4 durch das doppelte Plus ausgedrückt. Auf der Value-Extraction-Seite zeigt sich hingegen ein sehr gemischtes Bild. Die mangelnde Professionalität der Value Extraction ist eine wesentliche Ursache für die im internationalen Vergleich unbefriedigende Rendite deutscher Unternehmen. Wie Abbildung 3.1 zeigte, ist diese Schwäche kein kurzfristiges oder krisenbedingtes Phänomen, sondern hält seit Jahren an. Oft trifft man, wie beschrieben, auf eine falsche Denkweise, die Stückzahlen oder Marktanteile zu Lasten des Gewinns überbetont. Zu viele Firmen investieren zu wenig Mühe, Zeit und Geld, um den Wert ihrer Produkte aus Kundensicht belastbar zu quantifizieren und zu kommunizieren. Andererseits stellen wir nicht selten fest, dass die Preise deutscher Produkte zu hoch sind. Diese Fehleinschätzung tritt vor allem unter zwei Bedingungen auf. Zum einen, wenn Konkurrenten leistungsmäßig aufgeholt haben und der bisher überlegene Anbieter dies nicht versteht oder nicht akzeptieren will. Zum anderen, wenn der intern einge-

Abbildung 4.5: Preisdurchsetzung industrieller Zulieferer

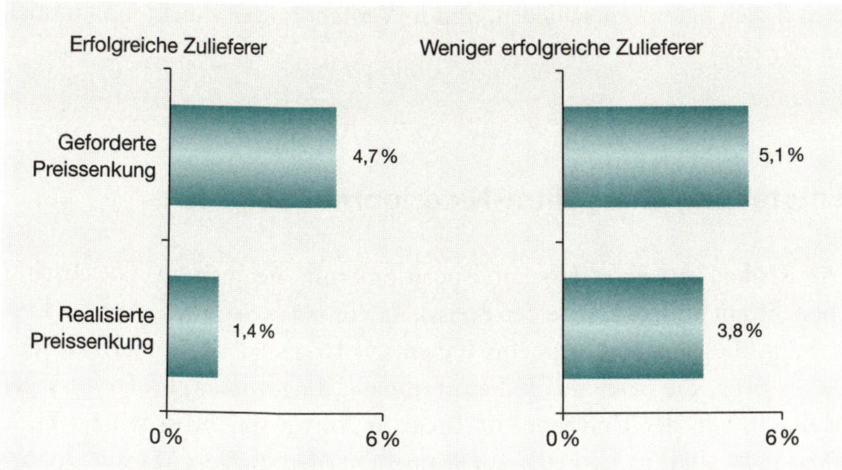

Quelle: Studie von Simon, Kucher & Partners, 56 B2B-Firmen

schätzte Kundennutzen höher liegt als der von den Kunden wahrgenommene. Folglich fällt dann die Preisbereitschaft der Kunden niedriger aus, als vom Anbieter vermutet.

Nicht selten sind aber auch die Preise zu niedrig. Dies liegt, neben mangelnder Nutzenquantifizierung, unter anderem am fehlenden Mut, für ausgezeichnete Value Delivery entsprechende Gegenleistung vom Kunden einzufordern. Wie stark sich solche Gegebenheiten in der Preisdurchsetzung niederschlagen können, veranschaulicht Abbildung 4.5.

In dieser Studie, auf der die Zahlen von Abbildung 4.5 basieren, wurden 56 industrielle Zulieferer untersucht. Alle waren seitens der Kunden Preissenkungsforderungen von etwa 5 Prozent ausgesetzt. Die beste Hälfte kam mit einer durchschnittlichen Preissenkung von 1,4 Prozent davon, während die schlechtere Hälfte im Mittel Preisreduktionen von 3,8 Prozent hinnehmen musste. Die Differenz von 2,4 Prozent ist größer als die durchschnittliche Umsatzrendite dieser Zulieferer. Dieses Ergebnis zeigt, welche Bedeutung der Preisdurchsetzung zukommt. Hier sind Führung und Mut gefordert.

Zur Premiumpositionierung deutscher Produkte gehört unverzichtbar eine entsprechend hohe Pricing-Kompetenz. Das gilt gleichermaßen für Analyse, Quantifizierung, Durchsetzung und Monitoring. Diese Kompetenzen sind in vielen Unternehmen, die auf der Value-Delivery-Seite gute Leistungen bringen, unterentwickelt. Stattdessen werden Preise aus dem Bauch heraus entschieden, und in Verhandlungen knickt man immer wieder ein.

Entstehung eines Ultra-Niedrigpreis-Segments

Die Risiken aus einer Hochpreispositionierung nehmen zu. Gleichzeitig entsteht am anderen Ende der Preisskala ein neues Segment. Auf die Entstehung dieses neuen Segments haben seit längerem zwei amerikanische Professoren, die beide aus Indien stammen, hingewiesen. Professor Vijay Mahajan von der University of Texas in Austin spricht in seinem Buch »The 86 % Solution« von diesem Segment als der »Biggest Market Opportunity of the 21st Century«.[54] Die 86 Prozent im Buchtitel beziehen sich darauf, dass die Familieneinkommen von 86 Prozent der Menschheit unter 10 000 US-Dollar liegen. Menschen in dieser Einkommensklasse können sich die typischen Produkte hochentwickelter Länder (zum Beispiel Autos, Körperpflegemittel etc.) nicht leisten. Vertieft geht der 2010 verstorbene Strategieexperte C. K. Prahalad in seinem Buch »The Fortune at the Bottom of the Pyramid« auf die Chancen ein, die sich in den riesengroßen und stark wachsenden unteren Preissegmenten ergeben.[55] Abbildung 4.6 zeigt die derzeitige weltweite Einkommenspyramide.

Diese Pyramide verändert sich rapide und sehr stark. Das anhaltende Wachstum in Ländern wie China, Indien und weiteren aufstrebenden Ländern führt dazu, dass sich jedes Jahr viele Millionen von Verbrauchern in dieser Pyramide nach oben bewegen und damit zu relevanten Zielgruppen für industrielle Produkte in allerdings niedrigsten Preislagen werden. Bernhard Steinrücke, Chef der deutschen Kammer in Mumbai, weist nachdrücklich auf die sehr niedrigen Preise in Indien hin: »Mit europäischen Preisen kommt man nicht weit.«[56] In der Ultra-Niedrigpreislage entsteht ein neues, sehr stark wachsendes und sehr großes Segment. Ich formuliere dazu These 4.

These 4: *Es kann kein Zweifel mehr daran bestehen, dass in Schwellenländern ein Ultra-Niedrigpreis-Segment entsteht, das deutlich höheres Wachstum als die höheren Preissegmente aufweist und in den nächsten Jahren zahlenmäßig sehr groß werden dürfte.*

Abbildung 4.6: Die globale Einkommenspyramide

Jährliches Pro-Kopf-Einkommen*	Stufe	Bevölkerung (Mio.)
Mehr als 20 000 US-$	1	750 – 1 000
1.500 – 20 000 US-$	2 & 3	1 500 – 1.750
Weniger als 1 500 US-$	4	4 000

* *based on purchasing power parity in US$*

Quelle: UN World Development Reports

Jedes Unternehmen muss entscheiden, ob und wie es an diesem Segment partizipieren will. Das geht nur mit radikal anderen Strategien, wenn man trotz der extrem niedrigen Preise Geld verdienen will.

Entsprechende Entwicklungen zeigen sich nicht nur in Asien, sondern auch in Osteuropa. So ist Renault mit dem in Rumänien gefertigten Billigauto Dacia Logan ziemlich erfolgreich. Dieses Auto gibt es ab 7200 Euro, und Renault hat bereits über eine Million Stück von diesem Modell verkauft. In Frankreich spricht man bereits von der »Loganisation« in ähnlichem Sinne, wie man in Deutschland den Begriff »Aldisierung« gebraucht. Der Preis für einen typischen VW Golf ist mehr als doppelt so hoch. Ultra-Niedrigpreis-Autos in aufstrebenden Ländern liegen preislich allerdings weit unter dem Dacia Logan.

Insbesondere der in 2009 eingeführte Kleinwagen Nano des indischen Herstellers Tata hat weltweit große Aufmerksamkeit erregt. In Indien spricht man vom »One Lakh Car«. »Lakh« bedeutet 100 000 und bezieht sich auf die Preisschwelle von 100 000 Rupien, was (schwankend, je nach Wechselkurs) etwa 2 500 US-Dollar entspricht. Heute werden weltweit bereits 10 Millionen unterschiedlichster Ultra-Niedrigpreis-Kleinfahrzeuge verkauft. In den nächsten zehn Jahren soll diese Zahl auf 27 Millionen Autos steigen. Das Segment wächst doppelt so schnell wie der Automarkt insgesamt. Selbst die für ihre Premiumprodukte bekannten deutschen Autohersteller und -zulieferer können sich kaum erlauben, das Ultra-Niedrigpreis-Segment zu ignorieren. Im Einklang mit dieser Notwendigkeit spielen deutsche Zulieferer beim Nano eine herausragende Rolle. Bosch entwickelte in Indien für den Nano eine radikal vereinfachte, extrem billige Common-Rail-Technologie und ist mit einem Lieferanteil von mehr als 10 Prozent des Autowertes vertreten. Insgesamt sind mit Bosch, Continental, Freudenberg, Schaeffler, Mahle, ZF, Behr, BASF und FEV neun deutsche Zulieferer im Nano präsent. Dies zeigt, dass deutsche Unternehmen im Ultra-Niedrigpreis-Segment mithalten können. Die große Herausforderung besteht allerdings darin, nicht nur Umsatz, sondern auch Gewinn zu machen.

Das gilt auch für den japanischen Hersteller Honda. Der folgende Fall beleuchtet die Frage, ob Weltfirmen wie Honda in der Lage sind, Billigstkonkurrenten (zum Beispiel aus China) auszustechen. Honda ist bei Motorrädern Weltmarktführer und globale Nr. 1 bei Verbrennungsmotoren (Produktion mehr als 20 Millionen Stück, überwiegend Kleinmotoren). In den 90er Jahren dominierte Honda den Motorradmarkt in Vietnam mit einem Marktanteil von 90 Prozent. Das Hauptmodell Honda Dream wurde zu einem Preis, der 2100 US-Dollar entsprach, angeboten. Chinesische Wettbewerber drangen mit Ultra-Niedrigpreis-Produkten in den vietnamesischen Markt ein und verkauften ihre Maschinen zu 550 bis 700 Dollar, also zu einem Viertel bis zu einem Drittel des Preises von Honda. In der Folge setzten die Chinesen eine Million Motorräder ab, während der Absatz von Honda auf 170000 Stück zurückfiel. Die meisten Unternehmen hätten in dieser Situation das Handtuch geworfen oder sich in die Premiumnische zurückgezogen. Nicht so Honda. Als kurzfristige Reaktion wurde der Preis des Modells Dream von 2100 auf 1300 US-Dollar abgesenkt. Dieser Preis war (natürlich) auf Dauer nicht haltbar und lag immer noch beim Doppelten der chinesischen Preise. Deshalb vollzog Honda eine radikale Repositionierung und entwickelte ein stark vereinfachtes, äußerst kostengünstiges Modell, das die Bezeichnung Wave erhielt. Es verband akzeptable Qualität mit extrem niedrigen Herstellkosten. Zu dem neuen Modell heißt es bei Honda: »The Honda Wave has achieved low price, yet high quality and dependability, through using cost-reduced locally made parts as well as parts obtained through Honda's global purchasing network.« Das neue Produkt wurde zum Ultra-Niedrigpreis von 732 US-Dollar (das entspricht 35 Prozent des früheren Preises der Dream-Maschine) eingeführt und eroberte den vietnamesischen Markt für Honda zurück. In den Folgejahren verließen die meisten chinesischen Anbieter Vietnam. Dieser Fall belegt, dass Premiumfirmen wie Honda mit chinesischen Niedrigstpreisanbietern konkurrieren können. Das funktioniert allerdings nicht mit den bisherigen Produkten, sondern verlangt radikale Neuorientierung, Vereinfachung, lokale Produktion und äußerstes Kostenbewusstsein.

Olaf Plötner, Associate Dean der European School of Management and Technlogy in Berlin und früher Direktor bei Siemens, formuliert die provozierende Hypothese: »Warum greifen wir die Chinesen nicht bei den Kosten an?«[57] Wie der Honda-Fall zeigt, lohnt es sich, über diese ungewöhnliche Frage nachzudenken. Selbst weise ich bei Vorträgen in China immer darauf hin, dass in Indien, Bangladesch, Vietnam Hunderte von Millionen zu Löhnen arbeiten, die weit unter den chinesischen Löhnen liegen. Diese Chancen können auch deutsche Firmen nutzen. Allerdings ist Vorsicht bei der Beachtung der Arbeitsbedingungen angezeigt. Deutsche Firmen wären schlecht beraten, wenn sie wegen menschenunwürdiger oder ausbeuterischer Arbeitsbedingungen ins Gerede kämen.

Ultra-Niedrigpreis-Positionierungen durchziehen zunehmend die unterschiedlichsten Märkte. So ist die von dem MIT-Professor Nicholas Negroponte betriebene Idee eines Personal Computers für 100 US-Dollar (»One Laptop per Child-Initiative«) weltweit bekannt geworden. Heute werden am freien Markt Laptops mit akzeptabler Leistung zu weniger als 200 US-Dollar angeboten; abgespeckte Geräte gibt es auch für weniger. Die 100-Dollar-Preislage ist also nicht mehr fern. Bis heute dürften über eine Million dieser Billig-Laptops verkauft worden sein. So trat Microsoft der »One Laptop per Child« Initiative bei, während Intel sich zurückzog, um einen eigenen Billigst-Laptop namens »Classmate« anzubieten. Im August 2010 kündigten indische Hersteller sogar an, einfache Tablet-PCs für 35 Dollar auf den Markt zu bringen.[58] Dass die Stückzahlen bei solchen Niedrigstpreisen in die Hunderte von Millionen oder gar in die Milliarden gehen können, sieht man an der Verbreitung von Mobiltelefonen, von denen es heute mehr als drei Milliarden gibt. Was heute noch als Ultra-Niedrigpreislage angesehen wird, kann durchaus in wenigen Jahren zur Normalpreislage werden.

Der Ultra-Niedrigpreis-Ansatz verbreitet sich schnell. Sportschuhhersteller überlegen, in Schwellenländern Produkte für Preislagen um 1 Euro pro Schuh anzubieten. Lebensmittelhersteller wie Nestlé oder Procter & Gamble verkaufen Kleinstpackungen zu Centbeträgen, so dass sich auch Verbraucher mit sehr niedrigem Einkommen zumindest gelegentlich ein solches Produkt (z. B. ein Shampoo für eine Einmalanwendung) leisten können.

Ultra-Niedrigpreise auch bei Industriegütern?

Ultra-Niedrigpreise beschränken sich keineswegs auf Konsumgüter, sondern kommen zunehmend auch in Industriegütermärkten vor. Dies wird am Beispiel des chinesischen Marktes für Kunststoffspritzmaschinen veranschaulicht. Dieser Markt weist die in Abbildung 4.7 dargestellte Grobstruktur auf.
Das Premiumsegment mit etwa 1 000 Maschinen pro Jahr wird im Wesentlichen von europäischen Firmen bedient. Das hier gemeinsam betrachtete Mittel-/Niedrigpreis-Segment umfasst circa 5 000 Einheiten und ist eine Domäne japanischer Anbieter. Im Ultra-Niedrigpreis-Segment, das mit 20 000 Maschinen um den Faktor 20 größer als das Premiumsegment und um den Faktor vier größer als das mittlere Segment ist, tummeln sich chinesische Firmen. Bei solchen Marktstrukturen ist eine Vernachlässigung der Niedrigstpreislage beziehungsweise die Beschränkung auf das Premiumsegment, das in diesem Fall stückzahlmäßig nur 4 Prozent ausmacht, auf Dauer keine realistische Alternative. Die Premiumnische ist selbst in einem Riesenmarkt wie China einfach zu klein. »Maschinen- und Anlagenbauer müssen ihre Produktkonzepte zur Eroberung von Wachstumsmärkten wie China und Indien radikal vereinfachen«, heißt es in einer Studie des Verbands des Deutschen Maschinen- und Anlagenbaus.[59] Zudem besteht die große Gefahr, dass Anbieter mit deutlich niedrigeren Preisen, aber akzeptabler Leistung von unten angreifen.

Einstieg in Niedrigpreis-Segmente: eine schwierige Entscheidung

Der Einstieg in die niedrig- und niedrigstpreisigen Segmente muss deshalb auch von deutschen Herstellern ernsthaft erwogen werden. Das bedeutet, dass man in China oder anderen Emerging Markets nicht nur Produktion,

Abbildung 4.7: Grobstruktur des Marktes für Kunststoffspritzmaschinen in China

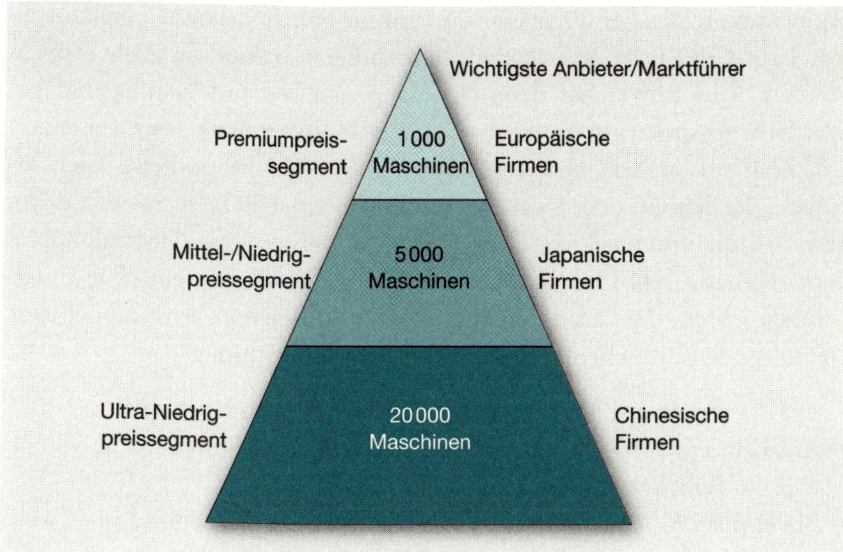

sondern auch Entwicklung aufbauen muss. Professor Holger Ernst von der WHU Vallendar weist dezidiert darauf hin, dass es eine Illusion ist, die niedrigstpreisigen Produkte in Deutschland zu entwickeln[60]. Ernst gibt in seinem Buch zahlreiche Beispiele von Unternehmen unterschiedlicher Branchen, die diese Schritte bereits vollzogen haben. Die Verlagerung der Wertschöpfung in die aufstrebenden Zielmärkte ist der einzige Weg, um in den deutlich niedrigeren Preislagen konkurrieren zu können. Die effektivste Verteidigungsstrategie für das Premium- und das Mittelpreissegment besteht oft darin, in den Segmenten darunter wettbewerbsfähig zu werden. Die Schweizer Firma Bühler, Weltmarktführer in der Vermahlungstechnik, hat eine chinesische Firma übernommen, um in China in niedrigen Preislagen und auch im Hinblick auf das Thema Einfachheit mithalten zu können. Laut CEO Calvin Grieder ist auf diese Weise eine bessere Abstimmung von Angebot und Kundenerwartung gelungen, als sie mit den teureren und komplexeren Schweizer Originalprodukten möglich gewesen wäre. Eine interessante Doppelstrategie verfolgt Karl Mayer, mit 75 Prozent Weltmarktanteil der dominierende Hersteller von Kettenwirkmaschinen. Ziel ist es, sowohl die Position im Premiumsegment wie auch im niedrigpreisigeren Standardsegment abzusichern. Dazu wurde folgender Entwicklungsauftrag vergeben: Im Standardsegment die gleiche Leistung zu 25 Prozent niedrigeren Kosten zu erbringen und im Premiumsegment zum gleichen Preis eine 25 Prozent höhere Leistung bereitzustellen. Laut CEO Fritz Mayer sind diese äußerst ambitiösen Ziele erreicht worden. Karl Mayer hat dadurch sein preisliches und leistungsmäßiges Wettbewerbsspektrum nach unten wie nach oben massiv ausgeweitet.

Schon vor vielen Jahren hat der inzwischen verstorbene Nicholas Hayek, der Schöpfer der Swatch-Uhr und frühere CEO von Swatch, davor gewarnt, die unteren Preissegmente Wettbewerbern aus Niedriglohnländern zu überlassen. Und die Geschichte sollte gerade die deutschen Unternehmen lehren, die von unten angreifende Konkurrenz ernst zu nehmen. Die folgenden Branchen unterstreichen diese Empfehlung:

- 1957 stand die größte Motorradfabrik der Welt in Neckarsulm (NSU).
- Ähnliches gilt für Uhren. Vor 100 Jahren betrieb Junghans in Schopfloch im Schwarzwald die weltgrößte Uhrenfabrik.
- Bis in die 1960er Jahre hinein war die deutsche Kameraindustrie weltweit führend.
- Deutsche Schreibmaschinenhersteller wie Triumph Adler oder Olympia waren bis in die 1970er Jahre führend.

Heute spielt die deutsche Industrie in allen vier Märkten keine Rolle mehr, ganz anders als die Schweizer im Falle der Uhrenindustrie. Nicht zuletzt aufgrund der Swatch hat man dort die Vormachtstellung erhalten.

Die Entstehung des Ultra-Niedrigpreis-Segments geht in ihren Ursachen nicht auf die aktuelle Krise zurück, aber dieses Segment gewinnt in der Nachkrisenzeit massiv an Gewicht. Das gilt für Konsum- gleichermaßen wie für Industriegüter.

Ultra-Niedrigpreis-Produkte auch in hochentwickelten Ländern?

Eine interessante Frage ist, ob Ultra-Niedrigpreis-Produkte aus den aufstrebenden Ländern in die Hocheinkommensländer vordringen werden. Hierzu gibt es in der Tat bereits die ersten Beispiele. So hat Siemens in China ein vereinfachtes, sehr billiges Untersuchungsgerät entwickelt, das für den Absatz im chinesischen Markt konzipiert war. Dieses Gerät wird nunmehr mit Erfolg auch im amerikanischen Markt verkauft. Dort kannibalisiert es aber keineswegs die sehr viel teureren Siemens-Großgeräte, die vor allem in großen Krankenhäusern und spezialisierten Radiologiepraxen eingesetzt werden. Vielmehr hat sich das Billigprodukt ein neues Segment erschlossen, nämlich kleine Krankenhäuser und Arztpraxen, die nun in der Lage sind, bestimmte einfache Diagnosen selbst durchzuführen.[61]

Auch Tata arbeitet für den Nano bereits an Varianten, die europäische und amerikanische Normen erfüllen.[62] Vereinfachungen, die eine funktionale Leistung auf ausreichendem Niveau zu extrem niedrigen Kosten und Preisen ermöglichen, haben also in den hochentwickelten Ländern durchaus Chancen. Insofern sind für die Entscheidung über eine Ultra-Niedrigpreis-Positionierung nicht nur die Attraktivität dieses Segments in den Schwellenländern, sondern auch die Auswirkungen auf die Industrieländer und die höheren Preislagen zu bedenken.

Die Entscheidung, welche Marktsegmente man bedient, hat ausgesprochen strategisch-langfristigen Charakter. Sie ist nicht kurzfristig realisierbar. Der Aufbau einer starken Marktposition erfordert einen langen Atem. Und wenn man in ein Segment eingetreten ist, sollte man auf Dauer dort bleiben. Kunden haben es nicht gerne, wenn man sich nach kurzer Zeit aus einem Geschäft zurückzieht und sie mit ihren Produkten alleine lässt.

Luxusgüter nicht vernachlässigen!

Deutsche Unternehmen sind im Luxusgütersegment eher schwach vertreten. Abbildung 4.8 zeigt die Umsätze der größten Luxusgüterfirmen der Welt in 2009. In dieser Liste ist nur ein deutsches Unternehmen vertreten – und das steht bezeichnenderweise an letzter Stelle.

Das Luxussegment ist in den letzten beiden Jahrzehnten sehr stark gewachsen. Die Krise hat den Luxusgütern zwar zugesetzt, aber es wird immer Nachfrage nach solchen Produkten geben. Insofern erscheint es auch für deutsche Unternehmen ratsam, diesem Segment in Zukunft größere Aufmerksamkeit zu widmen. Im Zuge des globalen Wachstums kommen nicht nur die unteren Einkommensgruppen in relevante Kaufkraftkategorien, sondern es entstehen sehr schnell extrem hohe Vermö-

Abb. 4.8: Umsätze der führenden Luxusgüterhersteller 2009 (in Mrd. Euro)

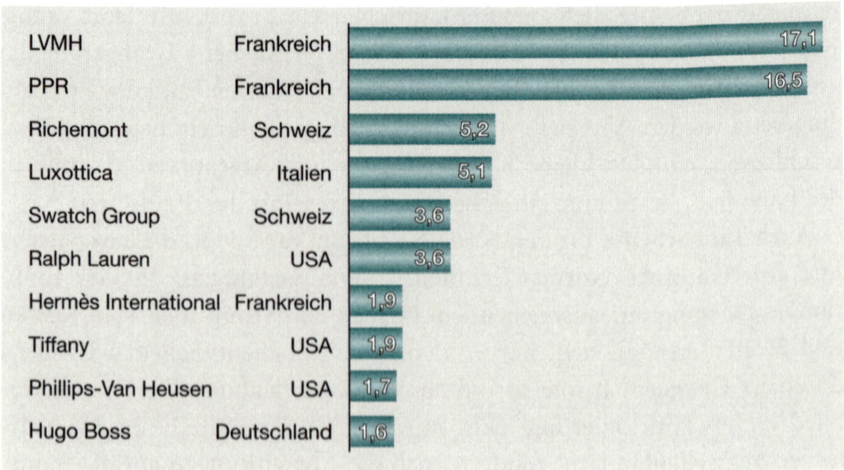

Quelle: Frankfurter Allgemeine Zeitung, 10. September, 2010, S. 19

gen, siehe Russland, China, Indien. Die neuen Reichen lenken ihre enorme Kaufkraft in starkem Maße auf Luxusgüter. Wie Abbildung 4.8 illustriert, haben die führenden Luxusgüterfirmen beachtliche Größenordnungen erreicht, sind sehr stark gewachsen und erzielen Umsatzrenditen zwischen 15 und 20 Prozent.

Die Luxusgütermärkte gehören vor allem den Franzosen, Schweizern und Italienern. Deutschland steht hintenan, obwohl die Qualität deutscher Produkte perfekt zur Luxuspositionierung passen würde. Nur bei Premium- und Luxusautomobilen ist Deutschland gut vertreten, wie Abbildung 4.9 belegt.

Deutsche Marken haben an diesem Markt einen Anteil von rund 70 Prozent, diesen gilt es zu verteidigen. Die Prognose, die in der Abbildung dargestellt wird, sieht diese starke Marktposition als nicht gefährdet an. Die Musik spielt in diesem Markt dabei zunehmend in Asien, insbesondere in China. Definiert man das Segment der potenziellen Käufer von Premiumautos als Haushalte mit mehr als 100 000 Dollar verfügbarem Einkommen, so kaufen in China 231 von 1 000 Haushalten dieser Kategorie tatsächlich ein Premiumauto. In Deutschland sind es 176, in England 165 und in den USA nur 52 Haushalte. Im Jahr 2010 gehören in China 1,8 Millionen Haushalte zu diesem Segement, in 2015 werden es 3,5 Millionen Haushalte sein. Der Analyst Max Warburton sagt: »Ger-

Abbildung 4.9: Der Weltmarkt für Premium- und Luxusautos

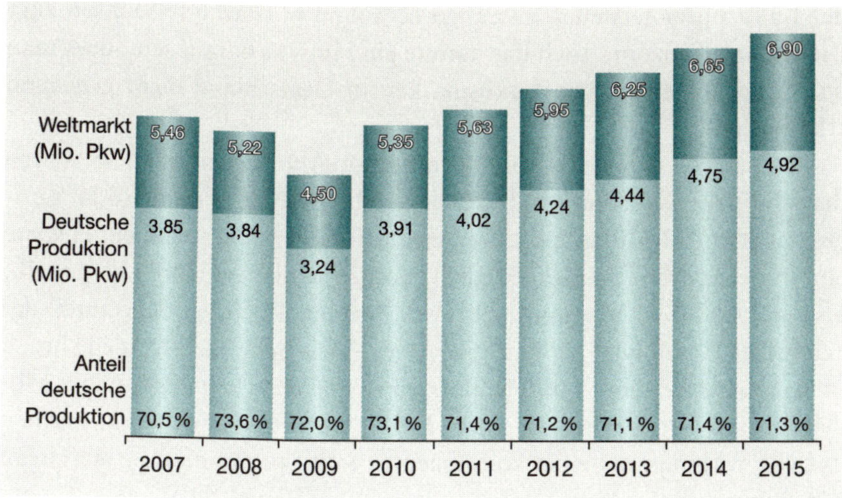

Quelle: Tagesspiegel, 26. Juni 2010, S. 15

man premium automakers are probably already making half of their profits in China.«[63] Der chinesische Premiumautomarkt wird laut der Bernstein-Studie von 400000 Einheiten in 2009 auf 800000 Autos in 2015 und auf 1,4 Millionen Stück in 2020 wachsen. Ähnlich sieht es im »Superluxus-Segment« aus, das definiert ist durch Haushalte, die mehr als 1 Million Dollar liquides Vermögen haben. Im Jahr 2009 gab es 477000 derartiger Millionäre in China. Das sind im Vergleich noch wenige zu den 2,9 Millionen in USA, den 1,65 Millionen in Japan und den 862000 in Deutschland. Jedoch kauften in China 206 von 1000 dieser Millionärshaushalte ein Superluxusauto (z. B. Ferrari, Bentley, Maybach), hingegen nur 157 in Deutschland und nur 78 in Amerika. Zudem wird sich die Zahl der Millionäre in China bis 2015 verdoppeln. Die Aussichten für das Luxussegment in den aufstrebenden Ländern sind also rosig.

Außerhalb der Automobilbranche jedoch finden wir eher Einzelfälle von Luxusgütern deutscher Herkunft wie beispielsweise Henckels Zwilling bei edlen Schneidwaren, Dr. Hauschka in der Naturkosmetik oder Robbe & Berking bei Silberbestecken. Viele deutsche Firmen, die Luxusgüter-Potenzial haben, sind nicht global aufgestellt, wie Bulthaup bei Küchen oder Loewe bei Unterhaltungselektronik. Ironischerweise befindet sich eine Reihe echter deutscher Luxushersteller im Eigentum ausländischer

Konzerne, zum Beispiel gehören Montblanc mit Sitz in Hamburg oder der Luxusuhrenhersteller A. Lange & Söhne in Glashütte/Sachsen zum Richemont-Konzern. Auch das könnte ein Hinweis darauf sein, dass man das riesige Potenzial von Luxusmarken in Deutschland nicht genügend erkannt hat.

Welches Potenzial in einem Luxusgütermarkt stecken kann, beweisen die Schweizer Hersteller von Luxusuhren. In der Welt werden pro Jahr insgesamt etwa 1,3 Milliarden Uhren produziert, diese Zahl schließt Plagiate ein. In der Schweiz werden lediglich rund 25 Millionen Uhren hergestellt, also stückzahlmäßig weniger als zwei Prozent. Doch der Wertanteil der Schweizer Uhren liegt bei gut 75 Prozent. Viele Schweizer Modelle liegen preislich deutlich über 1 000 Dollar, während bisher kein japanisches Modell in dieser Preisklasse zu einem Erfolg wurde. Die Schweizer machen uns vor, was man mit einer konsequenten Luxuspositionierung aus einem Markt herausholen kann.

Wollen Sie nicht einmal darüber nachdenken, welche Chancen das schnell wachsende Segment der Luxusgüter Ihrem Unternehmen bietet? Um erfolgreich zu sein, braucht man dort zwei Dinge: Ein Super-Produkt – das haben viele deutsche Firmen – und Weltklasse-Marketing/Markenpolitik, daran hapert es oft. Jedenfalls wäre es schade, wenn die süßen Früchte des Luxusgütergartens nur von anderen geerntet würden.

Kopf schlägt Geld

In den letzten zehn Jahren haben führende Mittelstandsunternehmen ihre Wettbewerbsposition im Weltmarkt entscheidend verbessert. Als trennschärfstes Maß für Wettbewerbsstärke gilt der sogenannte relative Marktanteil, definiert als eigener Marktanteil geteilt durch den Marktanteil des stärksten Konkurrenten. Nur der Marktführer hat einen relativen Marktanteil von größer als eins. Vor zehn Jahren stand dieser Wert für die Hidden Champions bei 1,56, das heißt sie waren im Schnitt 56 Prozent größer als der stärkste Konkurrent. Seither ist dieser Wert auf unglaubliche 2,34 angestiegen.

Was steckt hinter dieser sensationellen Entwicklung? Die Antwort heißt Innovation, Innovation, Innovation! Unbemerkt von der Öffentlichkeit haben wir bei den führenden Mittelstandsunternehmen einen *Innovations-Tsunami* erlebt. Hier einige Fallbeispiele, die stellvertretend für Hunderte andere stehen:

- Sennheiser: Mit überlegenen Innovationen hat sich Sennheiser bei Hochleistungsmikrofonen die Weltmarktführerschaft gegenüber amerikanischer Konkurrenz erobert.
- Carl Zeiss SMT: Diese Firma beliefert Chip-Fabriken mit Lithographieoptik und betreibt die modernste Fabrik der Welt für Lithographiesysteme. Mit ihren Innovationen hat sie zusammen mit dem niederländischen Unternehmen ASML, in dessen Maschinen die Zeiss-Produkte eingebaut werden, in den letzten Jahren einen Weltmarktanteil von 55 Prozent errungen. Die japanische Firma Nikon, in den 90er Jahren klarer Marktführer, ist auf 15 Prozent Weltmarktanteil abgesackt.
- Enercon: Diese Firma ist der klare Technologieführer in der Windenergieerzeugung und besitzt mehr als 40 Prozent aller Patente weltweit in der Branche.

Wie ist das möglich? Wie kommen diese Innovationen zustande? Was machen diese Mittelständler anders als Großunternehmen? Hierzu einige meiner Kernbefunde:

1. Während große Firmen dazu neigen, »Geld nach dem Problem zu werfen«, sehen Mittelständler Forschung und Entwicklung vor allem als eine Frage der Köpfe, das heißt der Qualität des Inputs. Bei fünf ausgewählten patentaktiven Großunternehmen (Siemens, Bosch, Daimler, VW, BASF) kostete ein Patent im Jahr 2005 im Schnitt 2,7 Millionen Euro. Bei zehn ausgewählten patentaktiven Mittelständlern[64] lag der entsprechende Betrag bei 529 000 Euro, also bei weniger als einem Fünftel. Nun liegt die Vermutung nahe, Patente bei Großunternehmen seien mehr wert. Das wird jedoch durch eine Studie des Institutes der Deutschen Wirtschaft widerlegt. Dort heißt es, »dass größere Unternehmen keineswegs, wie vielleicht vermutet, über wertvollere Patente verfügen«.[65]
2. Die Pro-Kopf-Patentintensität liegt bei den betrachteten Mittelständlern um den Faktor 5,3 höher. Während die genannten fünf Großunternehmen in 2005 5,8 Patente pro 1000 Mitarbeiter anmeldeten, waren es bei den Mittelstandsunternehmen 30,6 Patente pro 1000 Mitarbeiter.

3. Bei Mittelständlern ist das Top-Management weitaus stärker in Innovationsaktivitäten involviert und agiert als Treiber. Die Verantwortung für F&E liegt oft beim CEO. Patentangelegenheiten sind praktisch immer in der Zuständigkeit der ersten Ebene. Nach Aussage des Patentanwalts Klaus Goeken ist dies bei keiner der großen deutschen AGs der Fall.
4. Die Zusammenarbeit von F&E mit anderen Funktionen, die für den Innovationserfolg entscheidend ist, läuft bei den Mittelständlern reibungsloser. So sagt Jürgen Thumann, ehemaliger BDI-Präsident und geschäftsführender Gesellschafter der Firma Thumann & Heitkamp, des Weltmarktführers für Batteriehülsen: »Um Weltmarktführer bleiben zu können, benötigen wir ständig das Zusammenspiel der Produktion mit der Forschung und Entwicklung.« Sennheiser-Entwicklungsleiter Wolfgang Niehoff sekundiert: »Eitelkeiten und Machtspielchen zwischen Abteilungen sind nicht erlaubt. Wir müssen mit Sony und Philips konkurrieren. Da können wir uns einen solchen Quatsch nicht leisten.« Deutlich kürzere Entwicklungszeiten sind ein wichtiger Nebeneffekt dieser reibungslosen Zusammenarbeit.
5. Sehr interessant ist auch, dass Mittelständler stärker auf ständige Verbesserungen und weniger auf die eine große Durchbruchsinnovation setzen. Die Firma Wanzl, Weltmarktführer bei Einkaufswagen, spricht von ihrer »Geschichte der permanenten Innovationen«. Revolutionäre Innovationen sind bei Einkaufswagen die Ausnahme. Auch die Maxime von Miele »Immer besser« trifft diesen Anspruch, auf allen Märkten der Welt das absolute Spitzenprodukt anzubieten. Dadurch, dass sie ständig viele kleine Dinge verbessern, kommen die Produkte dieser Firmen näher an den Zustand, den man als perfekt bezeichnet.

Innovation ist viel stärker eine Frage der richtigen Köpfe, der Führung und der Prozesse als des reinen Geldes. Führende Mittelständler beweisen es täglich: Kopf schlägt Geld.

Automatisierung nutzen!

Wir stehen vor einer industriellen Zeitenwende. Die Automatisierung wird unsere Arbeits- und Konsumwelt in den nächsten zehn oder 20 Jahren genauso stark verändern, wie es das Internet in der letzten Dekade getan hat. Vor einiger Zeit besuchte ich die Honda-Zentrale in Tokyo. Nach der üblichen Anmeldung begleitete mich Asimo-san zum Besprechungsraum. Er schritt vor mir her, bog um Ecken, bestellte den Aufzug und verabschiedete sich wie jeder Japaner höflich mit einer Verbeugung. Asimo war ein Roboter. Kurz danach traf ich einen schwedischen Kollegen von Asimo im großen Garten eines Bekannten. Er war mit Rasenmähen beschäftigt. Der 400-Euro-Mann, der diesen Job früher erledigte, wird jetzt nicht mehr gebraucht. Der Mähroboter arbeitet exakt nach den Anweisungen seines Herrn. Er mäht nur zu den vorprogrammierten Zeiten, fährt selbständig zur Ladestation, meckert nicht, streikt nicht, feiert nicht krank. Mein Bekannter war von seinem neuen Helfer begeistert. Mittlerweile arbeitet ein ähnlicher Helfer in meinem Garten. Wir haben ihn nach einem amerikanischen Freund benannt.

Wir stehen vor einem Quantensprung in der Automatisierung, deren Vorboten Asimo und sein Kollege sind. Die Revolution ließ erstaunlich lange auf sich warten. Ich erinnere mich an einen Vortrag von Joseph F. Engelburger, dem »Father of Robotics«, an der Stanford University im Jahr 1984. Engelburgers Firma Unimation hatte 1962 den ersten Industrieroboter der Welt bei General Motors installiert. Engelburger schilderte damals in bunten Farben die zukünftige Welt der Roboter in Fabriken, Haushalten, Krankenhäusern und Servicegeschäften. Doch bis vor wenigen Jahren wartete ich vergeblich auf das Eintreten der Engelburgerschen Visionen. Erst heute bewegt sich etwas.

Woran lag das? Und warum ist es anders gekommen? Die Antwort lautet »Power und Komplexität«. Die für hochentwickelte und leistungsfähige Roboter erforderliche Computerpower ist erst seit relativ kurzer Zeit zu tragbaren Kosten verfügbar. Pro Euro ist die Zahl der Computeroperationen heute etwa zwei Millionen mal so hoch wie 1980, die Kosten pro Transistorzyklus liegen bei weniger als einem Milliardstel. In dem lesenswerten Buch »The Singularity is Near« extrapoliert Ray Kurzweil viele derartige Indikatoren und kommt zu spektakulären Prognosen.[66] Kurzweil sollte man ernst nehmen. 1986 sagte er voraus, dass der Computer den Schachweltmeister im Jahr 1998 schlagen würde. Er irrte sich. Bereits 1997 besiegte die IBM Maschine Deep Blue Weltmeister Gary Kasparov. Nach Kurzweil dürften Computer etwa um 2045 herum die Kapazität des menschlichen Gehirns erreichen. Wir sind mit voller Kraft auf dem Weg dorthin. Moderne Handys verfügen über mehr Computerpower als das Apollo-Raumschiff im Jahr 1969. Moderne Automodelle haben heute mehr Rechen- und Sensorkapazität als ein Kampfjet vor 20 Jahren. Doch der Computer ist nur ein Teil der Automatisierung. Genauso entscheidend sind Sensorik und Mechanik. Roboter müssen sehen, hören, riechen, tasten, schmecken können. Auch dort gibt es riesige Fortschritte. Schließlich sind Mechanik, Mechatronik, Hydraulik und Pneumatik gefordert, die Informationen des Computers in Handhabungen umzusetzen. Die Zusammenführung all dieser Teildisziplinen erzeugt eine ungeheure Komplexität und damit verbunden extrem lange Entwicklungszeiten.

Doch die Früchte zeigen sich zunehmend in allen Branchen. Der modernste Mähdrescher der Firma Claas wird per GPS zentimetergenau gesteuert, der Fahrer überwacht nur noch. Diese Maschine erntet in einer Stunde so viel Getreide, wie eine 350 000-Einwohnerstadt an einem Tag verbraucht. Die von der Lübecker Firma Baader gebaute größte Lachsfiletierungsanlage der Welt produziert 19 000 Lachsfilets pro Schicht. Handarbeit gibt es lediglich bei der Beschickung der Anlage, alles andere läuft vollautomatisch ab. Man bedenke dabei, dass jedes Filet anders geformt ist. Im Prozess müssen die Ränder jedes Rohfilets präzise beschnitten und eine nur Zehntelmillimeter dünne Haut abrasiert werden. »Die neue Maschine schneidet deutlich exakter als selbst der beste Handfiletierer«, sagt Heiko Frisch, Betriebsleiter der »Deutschen See« in Bremerhaven. Der Roboter legt anhand äußerst präziser Farbanalysen, für die jedes einzelne Filet fotografiert wird, sogar die spätere Verwendung jedes Filets fest. Nicht weniger eindrucks- und sinnvoll ist der Einsatz von Robotern in der Chirurgie. Kein Chirurg kann im Hinblick auf Präzision mithalten. Der Roboter ist darüber hinaus nie nervös, hat keinen schlechten Tag etc.

Asimo und sein Kollege werden unser Leben verändern. Sie eröffnen gerade deutschen Unternehmen phantastische Perspektiven. Denn »wir sind die führende Nation auf diesem Gebiet«. Das sind nicht meine Worte, sondern die von Ex-Siemens Vorstand Klaus Wucherer, einem der führenden Experten für Automation. Egal, ob es um Wettbewerbe mit selbst fahrenden Autos oder um Roboterfußball geht, deutsche Teams spielen stets vorne mit. Automation ist neben Energieeffizienz seit mehreren Jahren eines der dominierenden Themen auf der Hannover Messe – und dürfte es bleiben. Egal, ob in der Integration von Entwicklung und Produktion (Schlagwort »Totally Integrated Automation«), im Service (Fahrkarten werden heute hauptsächlich über Automaten und Computer verkauft), in der Medizin oder im Haushalt, die Automation kommt mit Macht. Die Produkt- und die Arbeitswelt werden sich massiv verändern. Einerseits wird niedrig qualifizierte Arbeit verdrängt, aber es kommt auch Arbeit aus Niedriglohnländern zurück. Die Anforderungen an diejenigen, welche die Roboter bauen, programmieren und warten, nehmen zu. Jeder sollte sich wappnen. Asimo lässt grüßen.

Kapitel 5

Nachhaltig verändertes Kundenverhalten

Seit Beginn der Krise im Sommer 2007 hat sich das Kundenverhalten geändert. Nachhaltiger Vertrauensverlust, Angst vor der Zukunft, harte Nutzen- und Kostenvorteile, gestauchte Zeitpräferenz, Finanzierung und Sicherheit beeinflussen Kaufentscheidungen stärker als früher. Diese Veränderungen der Kundenpräferenzen in der Nachkrisenzeit bringen aber auch neue Chancen für Unternehmen, die auf die veränderten Kundenbedürfnisse eingehen und gezielte Lösungen bieten. Werden diese Veränderungen dauerhafter Art sein? Konsumforscher gehen davon aus, dass es nach gravierenden Einschnitten mindestens drei bis fünf Jahre dauert, bis das Vertrauen wieder voll hergestellt ist und die Verbraucher zu ihren Konsumgewohnheiten aus den Boomjahren zurückkehren. Dieses Kapitel befasst sich mit der Frage, was sich am Kundenverhalten geändert hat und wie angepasste Angebote aussehen können.

Was hat sich am Kundenverhalten geändert?

Um das Jahr 2000 herrschte eine durch das Internet induzierte Euphorie, die jemand, der sie nicht selbst erlebt hat, heute kaum noch nachvollziehen kann. Seinerzeit hieß das Zauberwort »New Economy«, und selbst ernst zu nehmende Zeitgenossen vertraten die Ansicht, dass das Internet althergebrachte ökonomische Gesetze außer Kraft gesetzt und ein neues Zeitalter der Ökonomie eingeläutet habe. In der Geschichte beobachtet man immer wieder solche Phasen kollektiver Euphorie oder Depression, die zu einer Infragestellung grundlegender ökonomischer Zusammenhänge und Gesetzmäßigkeiten verleiten. »Die Welt wird nie mehr so sein wie früher« ist ein Spruch, den man während der Krise häufig gehört hat.[67] Vor solchen Schlussfolgerungen sei gewarnt. Weder hat das Internet die bis dato geltenden ökonomischen Gesetze außer Kraft gesetzt noch hat die Wirtschaftskrise der letzten Jahre dies getan. Auch in den Nachkrisenjahren bleiben die grundlegenden Verhaltensweisen der Verbraucher intakt. Neben aller Besorgtheit ist ein gehöriges Maß an Nüchternheit angezeigt

Diese Anmerkungen sollen keinesfalls implizieren, dass sich die Krise nicht auf das Kundenverhalten auswirkte. Das Gegenteil ist der Fall. Was von den Verhaltens- und Einstellungsänderungen dabei temporär ist und was dauerhaft sein wird, bleibt abzuwarten. In jedem Fall werden mehrere Jahre vergehen, bis sich das Verhalten wieder normalisiert. Einige der Veränderungen werden dauerhaft erhalten bleiben, da sie keineswegs allein durch die Krise induziert wurden, diese hat sie allenfalls beschleunigt. Dazu zählen beispielsweise das geänderte Medienverhalten, ein generell höheres Umweltbewusstsein oder der Trend zur Ressourcenschonung und Energieeinsparung. In zahlreichen unserer Projekte und Studien haben wir die nachstehend beschriebenen Veränderungen beobachtet. Cum grano salis gelten diese sowohl für Konsum- als auch Industriegüter.

Vertrauensverlust

Die Krise hat das Vertrauen der Verbraucher in die Marktwirtschaft generell und in den Finanzsektor insbesondere nachhaltig beschädigt. In einer Studie der Deutschen Bank bejahten 54 Prozent der Befragten die Aussage »Mein Vertrauen in die Banken hat stark gelitten«.[68] Im Lauf des Jahres 2010 ist dieser Prozentsatz weiterhin angestiegen, obwohl sich die allgemeine Stimmung in Deutschland – auch im Unterschied zu vielen anderen Ländern wie USA, England oder Frankreich – deutlich besserte. Als eine Folge hat sich die Anzahl der Gespräche, bis es zu einem tatsächlichen Abschluss kommt, deutlich erhöht. Die Kunden sind vorsichtiger und misstrauischer geworden. Sie wollen mehr Information und denken länger über einen Kauf nach. Umgekehrt höre ich immer wieder von Firmen und Marken, die ein besonders hohes Vertrauen genießen (wie beispielsweise Haribo), dass sie während der Krise und nachhaltig auch in der Nachkrisenzeit von ihrem Vertrauensbonus profitiert haben bzw. profitieren.[69] Die Wiederherstellung des Vertrauens in eine Firma, eine Marke, ein Angebot, ein Produkt ist eine der großen Herausforderungen für die nächsten Jahre.

Angst vor der Zukunft

Die Angst vor der Zukunft ist in der Krise zu einem starken Verhaltensmotiv geworden. Eine besondere Rolle spielt hierbei die Furcht vor dem Verlust des Arbeitsplatzes. Noch stärker als Deutschland und Europa scheinen die USA von dieser Angst betroffen zu sein. Hierzu muss man sich vor Augen halten, dass viele amerikanische Haushalte durch den kombinierten Verfall von Immobilienwerten, Aktienkursen und Löhnen bis zu 50 Prozent ihres Vermögens und wesentliche Teile ihrer Altersversorgung verloren haben. Auch per 2010 machen diese Verluste trotz der zwischenzeitlichen Erholung oft noch 25 Prozent aus. Hinzu kommt bei vielen Verbrauchern die hohe Verschuldung, deren Abbau Jahre erfordern wird. Als Folge beobachten wir sogar im konsumfreudigen Amerika einen nachhaltigen Anstieg der Sparquote. Die Angst als Ursache für Kaufzurückhaltung lässt sich mit den Mitteln, die einem privaten Unternehmen zur Verfügung stehen, nicht leicht aus der Welt schaffen. Unter den vier Marketinginstrumenten Produkt, Preis, Kommunikation und Distribution drängt sich keines zur einfachen und wirksamen Überwindung dieses Widerstandes auf. Am ehesten käme noch der Preis in Frage, aber wenn die Kaufzurückhaltung genügend stark ist, dann müsste der Preis so massiv abgesenkt werden, dass negative Margen entstünden.

Ungünstige Veränderung der Preiselastizität

Man sollte annehmen, dass sich die Preiselastizität durch die Krise erhöht habe. Dies gilt jedoch nur für Preiserhöhungen, nicht für Preissenkungen. Insgesamt entwickelt sich die Preiselastizität eher ungünstig.

Auf Preissenkungen reagiert der Absatz weniger positiv, auf Preiserhöhungen hingegen stärker negativ als in normalen Zeiten. Es kann zudem als sicher gelten, dass sich Schwellenwerte in der Preisabsatzkurve verschoben haben. Um in den preiselastischen Bereich zu gelangen, muss man den Preis wesentlich stärker absenken als früher. Solche Veränderungen lassen sich allerdings nicht generalisieren und müssen deshalb in jedem Einzelfall analysiert und in die richtigen Aktionen umgesetzt werden.

Höhere Bedeutung harter Nutzen- und Kostenvorteile

Harte Nutzen- und Kostenvorteile gewannen durch die Krise an Bedeutung. In guten Zeiten leistet sich der Kunde manches Überflüssige, Dinge von der Art »nice to have«. In unsicheren Zeiten werden nicht lebensnotwendige Produkte und Attribute weniger stark nachgefragt. Michael Fassnacht, President der Marketingagentur Draftfcb in Chicago, diagnostiziert, dass leichtfertige (in Amerikanisch »frivolous«) Käufe stagnieren bzw. ganz unterbleiben.[70] Kann man jedoch harte, belegbare Nutzen- oder Kostenvorteile bieten, so lassen sich Absatz, Umsatz und Marktanteil trotz Krisenstimmung steigern. So berichtet ein bekannter Anlagenbauer, dass Kunden vermehrt Projekte realisieren, die deutliche und bezifferbare Kosteneinsparungen bringen. Investitionen, die eher der »kosmetischen« Modernisierung dienen, sind und bleiben bis auf weiteres gestoppt. Auch das Thema Nachhaltigkeit hat generell an Bedeutung gewonnen, selbst bei schnell drehenden Konsumgütern, wie Roland Neuwald, Chef der Real SB-Warenhaus GmbH, betont.[71] Selbst während der Krise haben auch die privaten Haushalte weiter in Energiesparmaßnahmen oder Photovoltaikanlagen investiert, weil die Vorteile belegbar waren. Ähnlich ist es bei Verbrauchsgütern. So sagt Irene Rosenfeld, CEO von Kraft, einem der größten Lebensmittelhersteller der Welt: »We are continuing to see tremendous value consciousness on the part of most consumers around the world.«[72] In einer Studie der GfK wird berichtet, »für die Verbraucher sei Qualität wieder wichtiger geworden. Die Verbraucher wollten wieder Qualität und Sicherheit haben.«[73]

Gestauchte Zeitpräferenz

Die Zeitpräferenz verändert sich. Kurzfristige Wirkungen gewinnen im Vergleich zu langfristigen an Gewicht. Die Zeitpräferenz wird »gestaucht«. Zwei Beispiele: Eine große Bank hat ein Investmentangebot, das eine attraktive Nachsteuerverzinsung garantiert, die aber erst über einen langen Anlagezeitraum zur Wirkung kommt. Der Absatz verläuft äußerst schleppend. Die Anleger wollen sich in einer Phase hoher Unsicherheit nicht langfristig binden. Es ist notwendig, das Angebot umzustricken und die Rückflusszeit zu Lasten der Rendite zu verkürzen. Ähnliches gilt bei Industrieprodukten. Schnelle Einsparungen schlagen in der Krise langfristige Vorteile. Die Investitionsbereitschaft bleibt gebremst. Im Verkauf muss man die kurzfristigen Einsparungen stärker in den Vordergrund stellen, eventuell sogar die Geschäftsmodelle in Richtung kurzfristiger Wirkung verändern.

Finanzierung wird wichtiger

Im Zuge und im Nachlauf der Krise gehen Banken bei der Kreditvergabe wesentlich vorsichtiger und selektiver vor. Wie dramatisch diese Entwicklung ist, zeigt Abbildung 5.1. Seit Anfang 2008 sind die Wachstumsraten von Krediten an Unternehmen im Euro-Raum ständig zurückgegangen, ab Mitte 2009 drehen sich die Raten ins Negative. Selbst per Ende 2010 bewegen sich die Veränderungen immer noch im negativen Bereich, das heißt: Das Kreditvolumen an Unternehmen schrumpft.

Ähnliche Tendenzen gelten für Verbraucherkredite. Die »Kreditklemme« wird uns die nächsten Jahre begleiten. Risiken werden von den Kreditgebern sehr viel differenzierter beurteilt. Das bedeutet, dass Finanzierung und Zahlungskonditionen im Geschäftsverkehr an Bedeutung gewinnen. Viele Geschäfts- wie Privatkunden sind knapp bei Kasse. Jeder Aufschub einer Zahlung reduziert ihre Liquiditätsprobleme. Somit ergibt sich ein Wettbewerbsvorteil für denjenigen Lieferanten, der sich an dieser Front großzügig zeigt. Indem er eine erweiterte Finanzierung und Zahlungsziele anbot, konnte ein Haushaltswarenhersteller eine Preiserhöhung durchsetzen. Selbst nach der Absicherung seiner größeren finanziellen Exposure

Abbildung 5.1: Bankkredite an Unternehmen im Euro-Raum (Veränderung zum Vorjahr in Prozent)

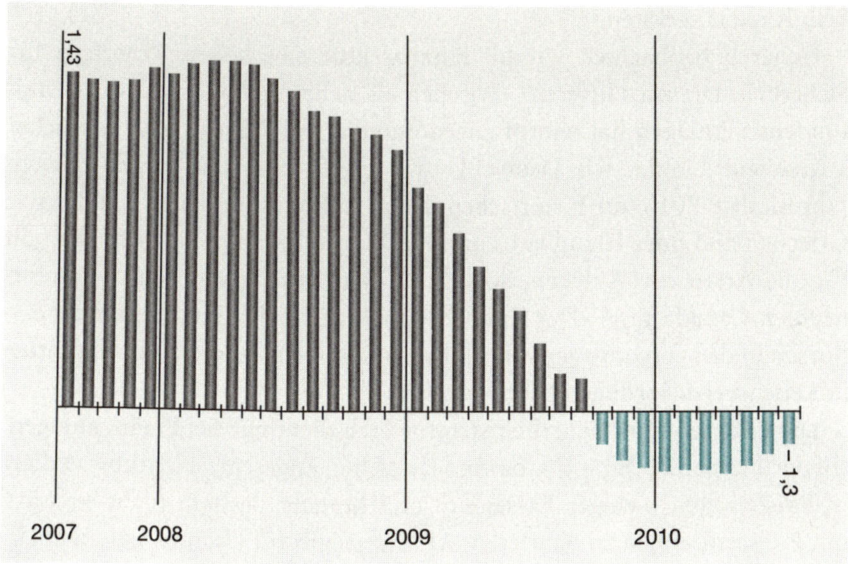

Quelle: EZB

durch Factoring blieb ihm eine deutlich bessere Marge. Finanzierung ist und bleibt ein Engpass. Das gilt sowohl für Unternehmen als auch für private Haushalte. Banken werden vorsichtig bleiben und die Risiken sorgfältiger als in der Vergangenheit bewerten bzw. einpreisen.

Thema Sicherheit dringt vor

Das Thema Sicherheit gewinnt in mehrfacher Hinsicht an Bedeutung. Ein Beispiel ist der Finanzbereich. Sicher erscheinende Anlagen wie Bundesanleihen haben durch die Krise an Beliebtheit gewonnen, obwohl die Renditen sehr niedrig sind. Das Thema Sicherheit tritt zu Lasten der Rendite in den Vordergrund. Auch bezüglich der Altersversorgung verschieben sich die Präferenzen. In Jahren vor der Krise wurde die kapitalgedeckte Altersvorsorge beliebter. Ganze Länder stellten ihre Pensionssysteme entsprechend um. Angesichts der Krise wird nun zunehmend gefragt, ob das deutsche System, bei dem man einen Anspruch gegen die nächste

Generation erwirbt, nicht doch eine höhere Sicherheit aufweist. Die zu erwartende Rendite mag in diesem System geringer sein, dafür geht aber kein Kapital verloren.

Generell beobachten wir im Finanzsektor eine höhere Präferenz für Sicherheit. Die Zinsdifferenz zwischen als sicher und weniger sicher empfundenen Anlagen hat enorm zugenommen. Die Zinssätze für als sicher angesehene Länder wie Deutschland oder die USA sind in der zweiten Jahreshälfte 2010 auf historischen Tiefs, während unsichere Länder wie Griechenland oder Irland extrem hohe Zinsen bezahlen müssen. Das gilt für alle Arten von Anlagen. So sagt das kanadische Versicherungsunternehmen Canada Life: »Der Kunde ist nach den vielen Einschlägen an den Börsen in den vergangenen zehn Jahren nicht mehr bereit, ohne Garantien in Lebensversicherungen hereinzugehen.«[74]

Die Präferenz für Sicherheit steigt jedoch nicht nur bei Finanzanlagen, sondern generell. Eine als besonders sicher angesehene Airline verliert in Krisenzeiten weniger Passagiere und braucht deshalb nicht so stark mit Preissenkungen zu operieren. Ähnliches gilt für Urlaubsregionen. Urlaub in Deutschland und nahe gelegenen Ländern wird zu Lasten von Fernurlauben vor allem gegen Regionen gewinnen, die als weniger sicher wahrgenommen werden. Wenn soziale Spannungen und Kriminalität zunehmen, steigt die Nachfrage nach Sicherheitsprodukten und -dienstleistungen. So haben Tresore in den USA lange Lieferzeiten. Im Immobilienmarkt wird immer wichtiger, wie sicher der Standort heute und in Zukunft ist.

Auch wenn sich das Kundenverhalten nicht grundsätzlich ändert, so ergeben sich in der Nachkrisenzeit vielfältige Auswirkungen auf das Kundenverhalten. Manche davon sind eher temporärer, andere dauerhafterer Natur. Per saldo werden die Geschäfte durch die Veränderungen erschwert. Umgekehrt bietet die Veränderung der Kundenbedürfnisse interessante Ansatzpunkte für gezielte Anpassungen der Angebote und des Marketing.

Risikowahrnehmung und Risikoscheu sind also stark gestiegen. Diese Aussage gilt gleichermaßen für Verbraucher wie für Geschäftskunden. Verbraucher haben größere Angst vor der Zukunft und horten deshalb ihr Geld. Geschäftskunden scheuen vor Investitionen und dem Eingehen langfristiger Verpflichtungen zurück.

Im Hinblick auf Risikowahrnehmung und Risikoscheu stellt sich für einen Lieferanten die Frage, ob er seinen Kunden Angebote machen kann, die zu einem für sie günstigeren Risikoprofil führen und damit Kaufwiderstände überwinden. Zwangsläufig sind solche Angebote mit einer höheren Risikoübernahme durch den Lieferanten verbunden. Dieser sollte deshalb sorgfältig prüfen, wie viel ihn die Risikoübernahme kostet und ob sie sein eigenes Unternehmen in Gefahr bringen kann. Risiken können sich aber in der Wahrnehmung des Kunden und der objektiven Belastung des Lieferanten unterschiedlich darstellen, so dass eine andere Risikoverteilung für beide Geschäftspartner vorteilhaft sein kann.

Ungewöhnliche Garantien

Ein direktes und wirksames Verfahren zur Angst- und Risikoreduktion für den Kunden besteht darin, Garantien zu geben bzw. als Verkäufer Risiken des Kunden zu übernehmen. Eine einfache Variante besteht darin, den zeitlichen oder inhaltlichen Umfang von Garantien auszudehnen. So führte Opel im August 2010 eine erweiterte Garantie ein, die bis zu einer Fahrleistung von 160 000 km und lebenslang gilt. Solche lebenslangen Garantien gibt es in manchen Unternehmen schon seit längerem, Beispiele sind der Rucksackhersteller Eastpak oder der Versender Land's End. Bei einem verschleißintensiven Produkt wie dem Auto sind derart umfassende Garantien eine Innovation. Entsprechend starke Beachtung fand die Maßnahme von Opel. Natürlich muss ein Unternehmen sich vor unkalkulierbaren Risiken schützen. So hat Opel die Garantie auf den Zeitwert des Fahrzeuges und den Ersthalter begrenzt.[75]

Für den Kunden sind in der Nachkrisenzeit Garantien besonders attraktiv, die seine wirtschaftlichen Risiken direkt reduzieren. Der folgende Fall illustriert eine derartige Renditegarantie. In einem Ferienpark befanden sich 343 Ferienhäuser im Bau. Der Verkauf verlief äußerst schleppend. Trotz fortgeschrittenen Baustandes waren erst 60 Einheiten verkauft. Deshalb bot der Projektinitiator den Käufern eine Renditegarantie an. Mit dieser Garantie konnte die Kaufzurückhaltung überwunden werden.

Das amerikanische Softwareunternehmen Infusionsoft gibt seinen Kunden eine Garantie, dass sie mit Hilfe der Infusionsoft-Verkaufssoftware ihren Umsatz innerhalb eines Jahres verdoppeln. Die Software ist speziell auf kleine Firmen mit weniger als zehn Beschäftigten ausgerichtet. Die Garantie ist an die tatsächliche Nutzung der Software, regelmäßige Dateneingabe und -pflege etc. gebunden. Der Preis für die Software liegt bei 4000 Dollar, die gegebenenfalls zurückerstattet werden. Laut Infusionsoft hat diese Garantie die Kaufzurückhaltung massiv gemildert. Auch Kunden, die die Verdopplung nicht ganz schafften, behielten größtenteils die Software.[76]

Das von Hyundai im Jahr 2009 in den USA gestartete »Assurance Program« erwies sich als sehr erfolgreich. Wird ein neues Fahrzeug finanziert oder geleast und verliert der Käufer sein Einkommen aufgrund von Arbeitslosigkeit, so kann er das Fahrzeug problemlos zurückgeben und muss keine weiteren Raten bezahlen. Hyundais Marktanteil stieg in der Folge von 3,1 auf 4,3 Prozent in 2009, die Absatzmenge nahm sogar um 27 Prozent zu. Der Anstieg setzte sich in den ersten acht Monaten des Jahres 2010 auf 4,7 Prozent fort. Per 2010 gaben 60 Prozent der Verbraucher an, den Kauf eines Hyundai zu erwägen. 2007 lag dieser Anteil erst bei 40 Prozent.[77]

In ähnlicher Weise sind in Deutschland Restschuldversicherungen von einigen Anbietern auf Arbeitslosigkeit ausgedehnt worden. Die Raten werden vom Versicherer für eine bestimmte Zeit übernommen, wenn jemand seinen Arbeitsplatz verliert.

Ficion Audio, ein amerikanischer Händler für Premium-Audioausrüstungen, hatte in der Krise einen starken Absatzeinbruch bei teuren Lautsprechern, die zwischen 3400 und 15000 Dollar kosten, erlebt. Als Antwort offerierte die Firma eine Rücknahmegarantie für den Fall der Arbeitslosigkeit. Wenn ein Kunde seinen Arbeitsplatz innerhalb eines Jahres verliert, erhält er 90 Prozent des Kaufpreises zurück. Geht der Job zwischen einem und zwei Jahren verloren, so werden 75 Prozent erstattet.[78]

Um die Risikoverteilung zwischen dem Lieferanten und dem Kunden aus Lieferantensicht optimal gestalten zu können, muss man als Erstes die Risiko- und Unsicherheitswahrnehmung der Kunden kennen. Liegt in diesem Punkt eine entscheidende Kaufbarriere, die es zu überwinden gilt, oder ist das nicht der Fall? Als Zweites sind die Risiken, die man sich als Lieferant einhandelt, sehr sorgfältig abzuschätzen. Zudem müssen die Verträge und die Zugriffsmöglichkeiten so gestaltet sein, dass man im Falle der Zahlungsunfähigkeit eines Kunden den Schaden minimiert.

Probezeiten für Produkte

Ein weiteres Verfahren, das vom Kunden wahrgenommene Risiko zu reduzieren, besteht im Angebot von Probezeiten für dauerhafte Güter. Der Kauf einer Maschine oder ein über mehrere Jahre laufender Leasingvertrag beinhaltet für den Käufer erhebliche finanzielle Verpflichtungen und damit Risiken. Wie lassen sich diese abmildern? Ein einfaches Verfahren besteht darin, dem Kunden das Produkt testweise zur Verfügung zu stellen. Bei diesem Modell geht der Kunde anders als bei einem Leasingvertrag keine längerfristige Verpflichtung ein, sondern kann jederzeit kündigen und das Produkt zurückgeben. Er zahlt eine monatliche Mietgebühr, die zwar etwas höher liegt als die typische Leasingrate, für ihn aber ansonsten keine weitere Verpflichtungen mit sich bringt. Natürlich beinhaltet dieses »Probezeitmodell« für den Lieferanten ein höheres Risiko, ähnlich wie bei einem Gebäude mit kurzer Mietvertragszeit. Im Falle eines Maschinenbauers, der in Serie produzierte und eine größere Zahl von Maschinen auf Lager hatte, erwies sich das Modell als sehr sinnvoll. Zum einen bringen die Maschinen, die in »Probezeit« bei Kunden arbeiten, zusätzliche Umsätze. Zum anderen konnte das Lager abgebaut werden, was eine positive Wirkung auf die Stimmung im Betrieb hatte.

Diese Systematik findet auch bei Konsumgütern Anwendung. TASSIMO, ein vollautomatischer Kaffeeautomat von Kraft Foods, kann sechs Wochen lang vom Verbraucher ohne Risiko getestet werden. Dabei wird die Maschine zwar regulär gekauft, kann aber im Anschluss trotz Benutzung sechs Wochen lang jederzeit zurückgeschickt werden, woraufhin der volle Kaufpreis erstattet wird.

Rücktrittsklauseln

Wenn Kunden aus Angst, mangelndem Vertrauen oder Risikoaversion zögern, ein Produkt zu kaufen, einen Vertrag abzuschließen oder längerfristige Bindungen einzugehen, dann muss man sich Gedanken machen, wie man diese Hemmungen überwinden kann. Neben den diskutierten Garantien oder Probezeiten bieten Rücktrittsklauseln interessante Ansatzpunkte. Zum Teil sind solche Klauseln gesetzlich vorgeschrieben, wie etwa bei Versand- oder Haustürgeschäften. Der weiteren Kreativität sind hier jedoch keine Grenzen gesetzt.

Die amerikanische Armee, die wegen des Fehlens einer Wehrpflicht auf Freiwillige angewiesen ist, hatte in den letzten Jahren zunehmende Schwierigkeiten, eine ausreichende Zahl qualifizierter Soldaten zu rekrutieren. Ein schwerwiegendes Eintrittshindernis für junge Menschen bildete dabei die Verpflichtung für mehrere Jahre, die sich kaum rückgängig machen ließ. Seit kurzem offeriert die US-Armee nun einen Vertrag, der nach sechs Monaten einen Rücktritt an genau einem Tag zulässt. Für eine abschließende Beurteilung ist es noch zu früh. Aber die ersten Resultate deuten darauf hin, dass sich die Eintrittshemmung durch diese Ausstiegsklausel fühlbar abmildern lässt.[79]

Die Internetbank Comdirect bietet ein »kostenloses Girokonto mit Zufriedenheitsgarantie«. Zum einen erhält ein Neukunde ein Begrüßungsgeld von 50 Euro, das ist nichts Ungewöhnliches. Innovativ ist aber, dass der Kunde, wenn er nach sechs Monaten wegen Unzufriedenheit kündigt, weitere 50 Euro, also insgesamt 100 Euro erhält.

Derartige Rücktrittsklauseln senden starke Signale an potenzielle Kunden, denn diese verstehen natürlich, dass der Anbieter alles tun wird, um das Verbleiben in der Armee oder bei der Bank attraktiv und damit den Rücktritt unattraktiv zu machen. Rücktrittsklauseln können also ein wirksames Mittel sein, die Kauf- oder Bindungsangst in der Nachkrisenzeit zu überwinden.

Erfolgsabhängige Bezahlung

Durch eine erfolgsabhängige Bezahlung kann Risiko vom Kunden auf den Lieferanten verlagert werden. Die Bezahlung wird vom Erfolg des Kunden abhängig gemacht. Solche Modelle der Risikoverteilung sind beispielsweise bei langfristigen Mietverträgen für Gewerbeobjekte wie Hotels üblich. Der Pächter des Hotels zahlt eine feste Pacht plus einen vom Umsatz oder Gewinn des Hotels abhängigen Betrag. Das Risiko des Pächters ist im Vergleich zu einer festen Pacht reduziert. Umgekehrt trägt der Verpächter ein höheres Risiko, hat aber auch eine »Upside«, wenn das Hotel besonders gut läuft.

Eine derartige Risikoaufteilung bietet der Windanlagenbauer Enercon seinen Kunden an. Im Rahmen des Enercon Partner Konzepts (EPK) können Verträge für Wartung, Sicherheitsleistungen und Reparaturen abgeschlossen werden, bei denen die Entlohnung von Enercon vom Ertrag der Windenergieanlage abhängt. Enercon teilt also das unternehmerische Risiko mit dem Betreiber der Windanlage. Mit diesem Angebot werden die objektiven Risiken für den Kunden erheblich reduziert. Offensichtlich kommt dieses Angebot bei den Kunden hervorragend an, denn 85 Prozent von diesen schließen einen EPK-Vertrag ab. Wie bei allen Risikoübernahmen und Garantien sind die Kosten zu bedenken. Diese bleiben für Enercon beherrschbar. Der Grund liegt in der herausragenden Qualität, die ihrerseits technische Ursachen hat. Enercon ist der einzige größere Hersteller von Windanlagen ohne Getriebe. Getriebe sind in hohem Maße störanfällig und wartungsintensiv. Da die Störquelle Getriebe wegfällt, kann Enercon seinen Kunden eine sehr hohe Anlagenverfügbarkeit von 97 Prozent garantieren, erreicht aber tatsächlich 99 Prozent. Faktisch kostet die hohe Verfügbarkeitsgarantie von 97 Prozent Enercon also kein Geld. Dies ist ein idealtypisches Beispiel für eine optimierte Risikoaufteilung zwischen Lieferanten und Kunden, die Kaufwiderstände in der Nachkrisenzeit fühlbar reduzieren kann.

Kommunikation harter Vorteile

Zu Beginn dieses Kapitels habe ich festgestellt, dass sich die Preiselastizität ungünstig entwickelt sowie harte Nutzen- und Kostenaspekte stärker in den Vordergrund treten. Dies hat Konsequenzen für die Kommunikation. So scheinen nicht nur stärkere Preissenkungen erforderlich, wenn man Preisschwellen überwinden will, sondern man sollte Preissenkungen auch stärker als bisher kommunizieren, um die erwünschten und notwendigen Absatzwirkungen zu erzielen. Aldi und Lidl scheinen dies ähnlich zu sehen und betreiben in und nach der Krise noch stärkere Preiswerbung als in normalen Zeiten. So beobachtet man häufiger doppelseitige statt der früher üblichen einseitigen Anzeigen.

Ebenso ist es ratsam, die Kommunikation verstärkt auf harte Nutzen- und Kostenvorteile statt der in der Imagewerbung meist dominierenden »weicheren« Inhalte auszurichten. Ein amerikanischer Matratzenhersteller hatte mit der Werbekampagne »Save money on your back doctor – invest in a quality mattress« großen Erfolg. Solche rein ökonomische Argumente ziehen in schwierigen Zeiten. Wenn Kunden beim Autokauf vermehrt auf Kraftstoffverbrauch, CO_2-Ausstoß, Restwert etc. achten, dann sollte man diese Aspekte in der Kommunikation in den Vordergrund stellen. Bei Industrieprodukten gilt diese Maxime ohnehin schon in normalen Zeiten. Auch die Betonung kurzfristiger Vorteile – im Vergleich zu erst längerfristig wirkenden – kann wegen der gestauchten Zeitpräferenz der Kunden angeraten sein. Derartige Neuausrichtungen der Werbung und natürlich auch des Angebots setzen zuverlässige Kenntnisse über die geänderten Kundenanforderungen voraus.

Ausspielen eigener Finanzkraft

Eine der gravierendsten und nachhaltigsten Folgen der Krise besteht in der »Kreditklemme«. Banken und Finanzierer fordern deutlich höhere Bonitäten und sind weit vorsichtiger in der Vergabe von Krediten. Das gilt in ähnlicher Weise für den privaten wie für den professionellen Bereich. Dies bedeutet, dass kaufwillige Kunden, die keine Finanzierung bekommen, nicht kaufen können. Als Folge der Krise wird Kredit auf längere Frist ein knappes Gut bleiben. Für Lieferanten, die selbst über ausreichende finanzielle Ressourcen verfügen, eröffnet diese Situation die einmalige Chance, ihre Finanzkraft auszuspielen.

Auch in dieser Hinsicht eignet sich das bereits erwähnte Enercon Partner Konzept (EPK) als Illustrationsbeispiel. Im Rahmen des Zwölfjahresvertrages übernimmt Enercon die Hälfte der Servicegebühren für die erste Hälfte der Vertragslaufzeit. Gerade in den ersten Jahren ist die Liquidität bei Windanlagenbetreibern oft angespannt. Durch dieses Angebot trägt Enercon fühlbar zur Erleichterung der Finanzierung in der Anlaufphase eines Windparks bei. Die Messe Frankfurt bietet Finanzierungshilfen als Alternativen zu Preisnachlässen an. »Wir verkaufen nicht unter Wert. Aber über Zahlungsziele, Teilzahlungen oder Zusatzleistungen können wir sprechen«, sagt Geschäftsführer Detlef Braun.[80]

Welche Wertschätzung Finanzierungshilfen gerade in schwierigen Zeiten bei den Kunden genießen, erfuhr ich in Russland. In der russischen Krise vor zehn Jahren zeigten sich die deutschen Maschinenbauer gegenüber russischen Kunden in der Finanzierung als flexibel und großzügig. Mehrfach habe ich von russischen Unternehmern gehört, dass sie dieses Verhalten außerordentlich geschätzt und bis heute nicht vergessen haben.

Finanzierungsengpässe können selbst in Märkten, in denen die Nachfrage an sich unbefriedigt ist und wächst, zu einem Problem werden. Ein Beispiel sind Wind- und Sonnenenergieanlagen. Diese Anlagen erfordern riesige Investitionen, die von den Initiatoren bzw. Betreibern überwiegend fremdfinanziert werden. »Der Ökostrombranche wird ihre starke Abhängigkeit von Krediten zum Verhängnis«, heißt es hierzu.[81] Wenn ein Anbieter die Anlagenbetreiber bei der Finanzierung unterstützen kann, ist dies ein enormer Wettbewerbsvorteil.

Auch im privaten Bereich kann großzügige Finanzierung den Absatz beleben. So offerieren manche Autohersteller freie Finanzierung über mehrere Monate oder gar Jahre. Elektronikmärkte wie Media Markt und Saturn werben mit Kampagnen wie »Die große 0 %-Sonderfinanzierung« oder »0 %-Sonderfinanzierung auf alles«. Damit lassen sich Käufe ab einem Wert von 150 Euro bzw. 250 Euro über zehn bzw. zwölf Monate kostenfrei finanzieren. Die Firma Vergölst, Anbieter von Reifen und Autoservices, offeriert ihren Kunden in Zusammenarbeit mit der CC-Bank ein kostenloses Finanzierungsangebot für Reifen, Felgen, Autoteile oder Dienstleistungen ab 150 Euro mit einer Laufzeit von sechs Monaten.

Bei vielen Kunden, die finanziell beengt sind, wirken solche Angebote stärker als gleichwertige Rabatte oder Taktiken wie »Cash Back«. Betrachtet man ein Auto, das 15 000 Euro kostet, und kalkuliert zwei Jahre freie Finanzierung mit 10 Prozent, entspricht dem ein Absolutbetrag von 1 500 Euro. Diesen Betrag könnte man auch als Rabatt oder Cash Back geben. Bei diesen Varianten muss der Kunde jedoch trotzdem jetzt 13 500 Euro bezahlen. Bei der freien Finanzierung beginnt die Zahlung erst in zwei Jahren. Das kann die durchaus wirksamere Methode sein. Es ist allerdings auch offensichtlich, dass sich der Anbieter mit dieser Finanzierung erhebliche Risiken einhandelt, wenn er sie den falschen Kunden gewährt. Die Auswahl der Kunden, die eine solche Finanzierung erhalten, wird also zum kritischen Erfolgsfaktor. Die Finanzierungskapazität des Anbieters wird stark belastet. Insofern kommen diese Maßnahmen nur für finanzstarke Unternehmen in Frage. Unterstützung bei der Finanzierung kann sich in den kommenden Jahren als entscheidender Wettbewerbsvorteil erweisen. Die erhöhten Risiken muss man sorgfältig abwägen und in den Preisen reflektieren.

Tauschgeschäfte

Wie bereits gesagt, bleibt die Finanzierung in den nächsten Jahren ein Engpass. Dies zeigt sich zum Beispiel darin, dass Zahlungseingänge sich weiter verzögern. Oft hat der Kunde kein Cash, um einen Einkauf zu tätigen. Wenn ein Kunde finanziell beengt ist und nicht mit Geld bezahlen kann, so hat er vielleicht Produkte oder Kapazitäten, die für den Lieferanten einen Wert besitzen. Das eröffnet die Möglichkeit für Tausch- oder Bartergeschäfte. Dieser archaische Geschäftstyp kehrt in unsicheren Zeiten stets zurück. Die Krise hat teilweise einen Rückfall in primitivere Stufen der wirtschaftlichen Entwicklung gebracht.

Eine Werbeagentur, die für einen Bundesligaklub arbeitet, der knapp bei Kasse ist, reduzierte ihr Barhonorar und durfte stattdessen die VIP-Lounge des Vereins benutzen. Sie lud zu den Bundesligaspielen wichtige Kunden in die VIP-Lounge ein. Diese Einladungen kamen bei den Kunden sehr gut an. Die Werbeagentur bekam auf Grund ihrer Bereitschaft zu dem Tauschgeschäft den Zuschlag und konnte aus dem Tausch beträchtlichen Nutzen ziehen.

Die schweizerische Firma Syngenta, einer der weltweiten Marktführer im Pflanzenschutz- und Saatgutbereich, macht ihren Kunden ein Barterangebot. Dazu heißt es: »Weil es in der Finanzkrise vor allem für Bauern in Schwellenländern schwierig wird, den Einkauf von Pflanzenschutzmitteln und Saatgut bei Ihrer Bank vorzufinanzieren, hat Syngenta ein innovatives Modell entwickelt: Bauern erhalten Produkte und treten dafür einen Teil der zukünftigen Ernte ab, den die Schweizer an den Warenbörsen auf Termin verkaufen.«[82] Aus solchen Bartergeschäften kann eine Win-Win-Situation für beide Geschäftspartner entstehen.

Neue Geschäfts- und Servicemodelle

Einige Versorgungsunternehmen bieten gegen ein vergleichsweise geringes Aufgeld »Preisgarantie-Produkte« für ein oder mehrere Jahre an. Diese Aktionen treffen auf große Resonanz. Der intendierte Nebeneffekt besteht darin, Kunden an das Unternehmen zu binden. Die Preisgarantie ist das Mittel, dies zu erreichen. Autohersteller offerieren oft Rabatte von mehr als 2000 Euro. Wäre angesichts der Benzinpreissorgen nicht das folgende Angebot sinnvoller? Der Autohersteller garantiert den Spritpreis beispielsweise für eine Leasingdauer von drei Jahren. Eine überschlägige Rechnung zeigt die Wirkung. Die Fahrleistung pro Jahr betrage 20000 km, der Benzinverbrauch 2000 Liter. Wenn eine Garantie für 1,20 Euro pro Liter gegeben wird und der Spritpreis tatsächlich auf 1,50 geht, entspräche dies einem Betrag von 1800 Euro in drei Jahren – weniger als der Rabatt, der häufig beim Kauf gegeben wird. Vermutlich hätte eine solche Garantie bei vielen Kunden eine höhere Verkaufswirkung als der übliche Rabatt. Zudem gibt es bei diesem Angebot ein Upside-Potenzial für den Autohersteller, denn der Spritpreis kann in den nächsten Jahren auch niedriger ausfallen.

Jede Krise führt zu einer Verschiebung von Bedürfnissen und zu neuen Sorgen. Das sind Chancen für kreative Anbieter. Mit einem solchen Gedankenansatz gründete der frühere Fernsehmanager Georg Kofler die Kofler Energies AG. Diese Firma übernimmt sämtliche Investitionskosten im Zusammenhang mit Energieeffizienzmaßnahmen und garantiert dem Kunden eine dauerhafte Energieeinsparung von 10 Prozent. Sie refinanziert sich aus den Einsparungen, die über 10 Prozent hinausgehen. Das ist ein beispielhaftes Geschäftsmodell zur Lösung eines drängenden Kundenproblems, das in unsicheren Zeiten besonders gut ankommen sollte. Das Risiko für Kofler Energies dürfte dabei begrenzt bleiben, da aufgrund der großen Zahl von Fällen eine zuverlässige Kalkulationsbasis besteht. Kofler Energies dürfte sich also ziemlich sicher sein, Einsparungen von deutlich mehr als 10 Prozent zu erreichen. Ein ähnliches Modell bietet der Heizungshersteller Vaillant in den USA an. Die Kunden können den Anschaffungspreis einer neuen Heizungsanlage aus den zukünftigen Energieeinsparungen zurückzahlen. Der Betrag der Rückzahlung hängt dabei vom tatsächlichen Energieverbrauch ab.[83]

Ein neues Geschäftsmodell in der Informationstechnologie bildet das sogenannte Cloud Computing (auch als SaaS = Software as a Service bezeichnet). Hierbei wird Software über das Internet, das von den IT-Experten »Cloud« genannt wird, angeboten und ein bestimmtes Verfügbarkeitsniveau garantiert. Hardware beim Kunden, lokale Installationen und teure Einführungsprojekte entfallen. Während das klassische Preismodell für Software sich aus mehreren Komponenten wie einem einmaligen Lizenzbetrag und jährlichen Gebühren für die Softwarewartung zusammensetzt und der Hardwarepreis hinzukommt, besteht das Preismodell beim Cloud Computing nur aus einer monatlichen Gebühr pro Nutzer. Dieses Modell erscheint gerade in der Nachkrisenzeit attraktiv, da die hohen Anfangsinvestitionen entfallen. Weiterhin sind die Kosten besser kalkulierbar. Es wird also wahrgenommenes Risiko reduziert. In den Jahren bis 2015 wird ein stürmisches Wachstum von SaaS erwartet.[84] Ein Beispiel für eine solche SaaS-Innovation ist die Unternehmenssoftware, die von der Firma Scopevisio AG im Jahr 2010 für kleine Firmen eingeführt wurde und sofort auf sehr positive Resonanz stieß.[85]

Manchmal besteht eine Serviceinnovation einfach darin, dass man Dienstleistungen, die es bisher schon einzeln oder zu Stundenlöhnen gab, in ein Paket verpackt und zu einem Festpreis anbietet.

Wenn Lösungen aus einer Hand geliefert werden, kann das mehr Sicherheit und Effizienz für den Kunden bringen. Die australische Firma Orica, Weltmarktführer für kommerzielle Sprengmittel, bietet Steinbruchbetreibern eine Problemlösung aus einer Hand an. Orica liefert nicht nur die Sprengmittel, sondern analysiert auch das Gestein, führt die Bohrungen und die Sprengungen aus. In diesem neuen Servicemodell versorgt Orica den Kunden mit gebrochenen Steinen und berechnet seine Leistung danach. Da es sich um eine kundenspezifische Lösung handelt, wird der Preis weniger transparent, der Umsatz pro Kunde, die Effizienz und die Sicherheit steigen. Der Kunde kümmert sich nicht mehr um den Sprengprozess und kann deshalb nur schlecht abspringen. Ein Wechsel zu einem anderen Anbieter wird schwieriger.

Vertiefung der Wertschöpfung durch angereicherte Serviceangebote

Wenn ein Unternehmen bisher keine Services oder Dienstleistungen anbietet, solche aber grundsätzlich von den Kunden gefordert werden, ist dies eine Chance für zukünftiges Wachstum. Ein Fallbeispiel liefert Media-Saturn. Bis dato bot dieser große Händler von Elektronik- und Elektroprodukten keine bzw. nur eingeschränkte Dienstleistungen an. Nun hat Media-Saturn ein Serviceangebot der Tochterfirma Venalisia Import GmbH, das »Powerservice 24« genannt wird, eingeführt. Das besondere dabei ist, dass alle Services zu Festpreisen angeboten werden. Das Leistungsspektrum umfasst Lieferung und Montage, Optimierung und Wartung, PC-Services und die Lösung technischer Probleme für alle Typen von Geräten.

Oft werden die inhaltlichen Möglichkeiten des Service von Herstellern nicht ausgeschöpft, sondern nur eingeschränkte Dienstleistungen angeboten. So reagierte ein großer Hersteller von Fertighäusern mit einer »Installed Base« von mehreren Tausend Häusern bisher zwar auf Kundenanfragen, offerierte seine Services aber nicht aktiv. Heute bietet dieser Hersteller Dienstleistungen aktiv an. Diese reichen von einfachen Reparaturen bis hin zu einer umfassenden Energiemodernisierung. Kluge Hersteller offerieren zunehmend umfassende Serviceangebote und erschließen sich auf diese Weise nicht nur hohe, sondern zudem margenträchtige Umsätze. So garantiert das oben bereits erwähnte Enercon Partner Konzept (EPK) dem Kunden für die ersten zwölf Jahre eine gleich bleibend hohe Anlagenverfügbarkeit. Von der Wartung über Sicherheitsleistungen bis hin zur Instandhaltung und Reparatur werden alle Eventualitäten über nur einen Vertrag abgesichert. Mit einer schnell wachsenden »Installed Base« wird das Geschäft von Enercon damit wesentlich weniger krisen- und konjunkturanfällig.

Eine Verlängerung der Wertschöpfungskette besteht im Angebot von Schulung für die Kunden. Schulung wird als Servicebestandteil in Zukunft noch wichtiger. Dies liegt einerseits an der erhöhten Komplexität von Produkten und andererseits am Vordringen in Länder, in denen der Ausbildungsstand der Mitarbeiter, die mit komplexen Produkten arbeiten sollen, vergleichsweise niedrig ist. Einige Firmen betreiben ihre Schulungsaktivitäten in eigenständigen Geschäftseinheiten. Festo, Weltmarktführer für Pneumatik in der industriellen Automation, hat die Firma Festo Didactic gegründet, die sich »als weltweit führender Trainingsanbieter rund um die Automatisierungstechnik« bezeichnet und ihre Kurse in mehr als 100 Ländern anbietet. Die Lehrinhalte sind breit gefächert, nicht auf Festo-Produkte beschränkt und richten sich auch an Nichtkunden von Festo. Solche Verlängerungen der Wertschöpfungskette beinhalten große Wachstumspotenziale.

Vom Produkt- zum Systemanbieter

Die Krise hat oft vor- und nachgelagerte bzw. komplementäre Anbieter geschwächt. Das erhöht die Chance, vom Produkt- zum Systemanbieter zu werden. So hat sich Groz-Beckert, Weltmarktführer bei Nadeln, vom reinen Hersteller von Strick- und Wirkmaschinennadeln zu einem bedeutenden Systemanbieter von Präzisionsteilen entwickelt. Schritt für Schritt wurden die Geschäftsfelder Nähmaschinen-, Filz- und Strukturierungs- sowie Tuftingnadeln erschlossen, zuletzt ergänzt durch das wichtige Segment Webmaschinenzubehör. Im letztgenannten Bereich wurden der schweizerische Weltmarktführer für Webmaschinenzubehör, die Grob Horgen AG, sowie die deutsche Firma Schmeing erworben. Den Zeitbedarf für den Übergang vom Produkt- zum Systemanbieter sollte man allerdings nicht unterschätzen.

Die Firma Hako, einer der globalen Marktführer bei Reinigungsmaschinen für Profis, erzielt nur noch 20 Prozent ihres Umsatzes mit dem Verkauf von Maschinen. Der weitaus größere Umsatzbeitrag kommt aus einem umfassenden Dienstleistungspaket aus Leasing, Service, Objektplanung und Beratung. So offeriert Hako seinen Kunden Programme für die objektbezogene Kalkulation und garantiert die so ermittelten Kosten, geht also mit ins unternehmerische Risiko. Wie Geschäftsführer Bernd Heilmann sagt, ist Hako im Grunde kein Industrieunternehmen mehr, sondern mit einem umfassenden Systemangebot »Dienstleister für Dienstleister«.

Lantal, Weltmarktführer in der Kabinenausstattung von Verkehrsflugzeugen, offeriert den Fluggesellschaften ein umfassendes Systemangebot. Die Leistungen umfassen das Design des gesamten Interieurs nach den spezifischen Kundenwünschen sowie die Produktion der Sitzbezüge, Vorhänge, Wandverkleidungen, Kopfschoner und Teppiche.[86] Doch Lantal hat sein Systemangebot noch stärker erweitert. Ausgehend von der Erkenntnis, dass an Flugzeuginnenverkleidungen extrem hohe Sicherheitsanforderungen gestellt werden, hat Lantal bei der European Aviation Safety Agency (EASA) und der amerikanischen Aufsichtsbehörde FAA die Autorisierung, offizielle Testzertifikate für Stoffe und Teppiche auszustellen, beantragt und erhalten. Jeder Kunde zieht es vor, wenn er es in Zertifizierungs- und Haftungsfragen nur mit einem Lieferanten statt mit mehreren zu tun hat.

Ein Nebeneffekt des Systemangebotes besteht in einer Verstärkung der Kundenbindung. Es ist vielfach nachgewiesen worden, dass Kunden, die mehrere Produkte oder ganze Systeme von einem Anbieter beziehen, seltener wechseln als Einzelproduktkunden.

Bessere Ausschöpfung des »Aftermarket«

In vielen Branchen spielt jedoch nicht nur der Erstmarkt eine wichtige Rolle, sondern der »Aftermarket«[87] trägt einen bedeutenden Teil zu den Umsätzen bei. Autoreifen werden nicht nur für Neuwagen, sondern auch zum Ersatz abgefahrener Reifen benötigt. Der »Aftermarket« für Reifen ist etwa dreimal so groß wie der Erstmarkt. Nehmen wir das Beispiel Michelin. Im Jahr 2008 verkaufte das Unternehmen mit dem »Reifenmännchen« als Markenzeichen in Europa 91 Millionen Reifen auf dem Erstmarkt und 277 Millionen Reifen auf dem »Aftermarket«. Ähnlich sieht es bei Heizanlagen aus. Nimmt man hier eine Lebensdauer von 25 Jahren an, dann bietet der Ersatzmarkt ebenfalls erhebliches Potenzial.

Wenn der Erstmarkt stagniert oder nur schwach wächst, dann sollte man die Ressourcen verstärkt auf den »Aftermarket« lenken. Zu diesem Thema sagt BMW-Vertriebsvorstand Ian Robertson: »Wir wollen wieder mehr Besitzer älterer Fahrzeuge in unsere Werkstätten locken. Das ist ein wichtiger Bestandteil unserer Strategie ›Number One‹. Bisher waren unsere Werkstätten überwiegend auf die Besitzer junger Fahrzeuge eingestellt. Wenn die Autos vier Jahre und älter waren, sind viele Kunden zu Werkstattketten oder zu freien Werkstätten gegangen. Das wird sich ändern.«[88]

Dass diese Strategie aufgeht, zeigt sich auch im amerikanischen Ersatzteil-Einzelhandel. Die Tatsache, dass die Konsumenten ihre alten Fahrzeuge länger fahren, hat den meisten Unternehmen der Branche kräftige Absatz- und Gewinnsteigerungen beschert. So berichtet die Kette AutoZone, die Nummer eins im amerikanischen Markt, nach der Krise von einer sehr positiven Entwicklung.

Auf die stagnierende Neubautätigkeit in Deutschland reagiert ein Hersteller von Isoliermaterialien mit Verlagerung seiner Vertriebsaktivitäten auf die Renovierung von Altbauten. Das zunehmende Energiebewusstsein hat die Chancen in diesem Markt stark verbessert. Dieser Trend dürfte noch Jahre anhalten. Auch die Werbung wird neuerdings auf diesen Teilmarkt ausgerichtet.

Die Chancen, die sich im »Aftermarket« bieten, lassen sich durch eine geschickte Verknüpfung von Erstkauf und nachgelagertem Kauf besser ausschöpfen. Hierzu bieten sich Techniken wie Cross-Selling und Bundling an.[89] Durch ein attraktives Bündelangebot von Produkt und Service kann der Anteil der Kunden, die einen Wartungsvertrag abschließen, deutlich erhöht werden. Das führt zu höherem Serviceumsatz und -gewinn.[90]

Märkte ohne Margen meiden

In schwierigen Zeiten geht es auch darum, Märkte mit einem sogenannten leeren Kern zu vermeiden. Als Kern eines Marktes bezeichnet die Wirtschaftstheorie eine Wettbewerbskonstellation, bei der alle Konkurrenten profitabel wirtschaften können. Ist der Kern »leer«, so lässt sich in einem Markt insgesamt kein Geld verdienen. Das schließt nicht aus, dass einzelne Unternehmen Gewinne machen.

Ich wage die Behauptung, dass viele moderne Märkte böse Überraschungen im Sinne eines leeren Kerns beinhalten. Telekommunikation, Teile des Fernsehmarktes, Multimedia, Tourismus, Luftfahrt, Autovermietung oder die Computerindustrie gehören potenziell dazu.

Wie stellt sich die Situation dar? Praktisch alle großen amerikanischen Fluggesellschaften und einige europäische (Swissair, Sabena, Alitalia) schlitterten in den letzten Jahren in die Insolvenz oder wurden geschluckt. Die Namen verblichener Internetstars sind Legion. In Branchen wie Einzelhandel oder Tourismus operieren viele Unternehmen seit Jahren mit minimalen Margen. Neue Branchen und Geschäfte werden regelmäßig mit euphorischen Erwartungen begrüßt. Die Mobilkommunikation ist ein Musterbeispiel. Als Mannesmann seinerzeit die erste Mobilfunklizenz erhielt, wurde überschwänglich »von einer Genehmigung zum Gelddrucken« gesprochen. Mittlerweile sieht die Welt sehr viel nüchterner aus. Die Telekomunternehmen haben in den letzten Jahren zweistellige Milliardenbeträge abschreiben müssen, und zwischen den Anbietern ist ein gnadenloser Wettbewerb um jeden einzelnen Kunden entbrannt.

Viele »Märkte der Zukunft« zeichnen sich durch unschöne Besonderheiten aus. Das primäre Problem besteht nicht darin, dass sich die anfänglichen Wachstumserwartungen hinsichtlich der Nachfrage nicht erfüllen. Weit gravierender sind die regelmäßigen Fehleinschätzungen im Hinblick auf den Wettbewerb und seine Intensität. Es ist ja gerade nicht so, dass der Flugreisemarkt nicht wächst. Das Gegenteil war im letzten Jahrzehnt der Fall. Jedoch treten immer aggressivere Wettbewerber auf den Markt, und es tobt ein ununterbrochener Preiskrieg. Das Angebot wächst ständig schneller als die Nachfrage. Selbst die Besten erreichen allenfalls marginale Profite.

Die wichtigste Triebkraft für diese Entwicklung ist die schnelle Commoditisierung neuer Produkte und Dienstleistungen. Für viele Bereiche gibt es keinen effektiven Patentschutz. So halten die meisten Kunden heute Personal Computer, Mobiltelefone, Airlines, Autovermieter, Internetangebote, Kreditkarten oder Hotels für austauschbar.

Sehr niedrige Grenzkosten sind eine weitere Ursache für einen leeren Kern. Wenn die Kapazitäten einmal aufgebaut sind, liegen die Grenzkosten nahe null. Die zusätzlichen Kosten für ein Telefonat sind vernachlässigbar. Umgekehrt bedeutet jede ungenutzte Minute im Telefonnetz, jeder unbesetzte Flugzeugsitz unwiederbringlich verlorenes Geld. Ähnliches gilt für einen zusätzlichen Internetaufruf, ein Hotelbett, eine Ferienwoche, eine Banktransaktion, eine Softwareeinheit.

Diese Kostensituation führt zwangsläufig dazu, dass Wettbewerber mit unausgelasteten Kapazitäten die Preise senken. Das treibt aber nur selten die Gesamtnachfrage nach oben, sondern setzt stattdessen die Preisspirale nach unten in Gang und reißt so bis auf wenige extrem kostengünstige Anbieter alle in die Verlustzone. Versuche, aus diesem Schlamassel herauszukommen, scheitern, da stets ein Wettbewerber überschüssige Kapazitäten hat, die er per Niedrigpreis am Markt abkippt.

Auf die Telekommunikation und das Internet bezogen meinte Professor Nicholas Negroponte, Chef des MIT-Media-Labors, dass die Verhältnisse dort »noch schlimmer sind als bei den Airlines mit ihren Preiskriegen«. Jeder kämpft gegen jeden: Telefongesellschaften, Kabelnetzbetreiber, Internetfirmen, Stadtwerke, Satellitensysteme.

Auch die Automatisierung der Kundenbeziehung höhlt den Kern aus. Wenn die Bankbeziehung oder die Reisebuchung nur noch über den Bildschirm läuft, entfällt die persönliche Beziehung als treuebildender Faktor.

Dem Kunden ist es egal, bei welchem Bildschirm er kauft, er entscheidet nur noch nach dem Preis. Wer hat schon eine persönliche Beziehung zur Homepage seiner Bank? Wer mit seinem Dienstanbieter ausschließlich per Callcenter oder Internet verkehrt, wechselt leichter als ein Kunde, der seinen Betreuer persönlich kennt. Natürlich ist die persönliche Betreuung teuer, doch ihr Kundenbindungspotenzial sollte man nicht unterschätzen. Je mehr die Kundenbeziehung automatisiert wird, desto größer ist die Gefahr beliebiger Austauschbarkeit.

Welche Konsequenzen ergeben sich aus diesen Überlegungen?

- Bei der Beurteilung neuer Märkte sollte man sich vor Euphorie hüten, größte Nüchternheit ist angezeigt. Viele »Märkte der Zukunft« werden »Märkte ohne Margen« bleiben und das Gegenteil des erwarteten Paradieses bringen. Prüfen Sie deshalb Engagements in solchen Märkten äußerst kritisch. Droht ein leerer Kern, so lassen Sie die Finger davon.
- Angesichts der schnellen Commoditisierung neuer Märkte ist es wichtig, Marktpositionen früh zu besetzen. Wenn nachziehende Wettbewerber keine Vorteile bieten können, dann bleiben die Kunden beim Pionier. Viele Firmen sind nicht deshalb Marktführer, weil sie besser sind, sondern weil sie einfach früher da waren und die Positionen besetzt halten.
- Je größer die Gefahr der Commoditisierung ist, desto wichtiger sind erstens die Kosten und zweitens die Nutzung noch verbleibender Differenzierungspotenziale. Selbst unter den Airlines gibt es profitable Firmen wie etwa Southwest Airlines oder Ryanair. In »Märkten ohne Margen« sind solche Firmen jedoch stets auf spezielle Marktsegmente fokussiert oder setzen extrem kostengünstige Prozesse ein.
- Wenn irgendwie möglich, sollten Sie versuchen, in der Beziehung zum Kunden eine persönliche Komponente zu erhalten. Hierzu gibt es viele Möglichkeiten. Durch Kundenkarten oder -clubs werden aus anonymen bekannte Kunden. Die moderne Informationstechnologie gestattet die individuelle Ansprache. Durch Zuordnung von Kunden zu Mitarbeitern lässt sich der Anonymisierung entgegenarbeiten.
- Auch die Preispolitik sollte man gegen die Commoditisierung einsetzen. Die BahnCard liefert ein Beispiel. Wer die Ausgabe für die BahnCard einmal getätigt hat, beurteilt die Alternative Bahn versus Auto anders. Treueboni, Preisbündelung oder Mehrpersonenrabatte haben ähnliche Wirkungen.

- Nicht zuletzt muss man prüfen, inwieweit Zusatzservices geeignet sind, die Commoditisierung zu bekämpfen. Hier liegt großes Potenzial; es sei jedoch vor trügerischen Hoffnungen gewarnt. Die Bereitschaft des Kunden, Zusatzservices im Preis zu honorieren, hält sich in Grenzen. Zudem muss man bei den Kosten der zusätzlichen Services aufpassen.

In den Märkten der Zukunft weht mehr denn je der scharfe Wind der Commoditisierung. Paradiese lässt der Sturm nicht entstehen, allenfalls Oasen, denn er fegt die Profite weg, und zurück bleiben »Märkte ohne Margen«. Nur wer früh seine Bastionen baut und seine Wettbewerbswaffen zielgenau einsetzt, kann sich gegen den Trend stemmen.

Trend 6

Totale Vernetzung

Im März 2001 hielt ich in Schloss Elmau einen Vortrag zum Thema »E-Business Quo Vadis?«. Ich sagte dort: »The Internet possesses two outstanding traits: The ability to distribute *digital* products at close to zero costs to a large number of customers and the ability to network.« Diese Einschätzungen gelten nach wie vor. Die Entwicklung, die das Netz in den letzten zehn Jahren genommen hat, bestätigt nachdrücklich, dass die Verteilung digitaler Güter sowie die Vernetzung die entscheidenden Fähigkeiten des Internets darstellen. In der Realität sind beide Aspekte häufig miteinander verwoben. Die größeren Fortschritte sind allerdings auf dem Gebiet der Vernetzung zu verzeichnen. Wir sind auf dem Weg zur »totalen Vernetzung«. Die Verteilung digitaler Güter per Internet hingegen ist selbst nach 15 Jahren noch nicht richtig in die Gänge gekommen. Das größte Hindernis besteht dabei in der mangelnden Bereitschaft der Kunden, für digitalen Content zu zahlen. Doch auch das wird sich ändern. Auf diesem Gebiet werden wir in den nächsten Jahren die größten Veränderungen erleben. Hinsichtlich des Einflusses, den das Internet letztendlich auf Management, Wirtschaft und Gesellschaft ausüben wird, stehen wir nach wie vor am Anfang. Und genauso wenig wie vor zehn oder 15 Jahren sind die Innovationen, die kommen werden, heute exakt prognostizierbar.

Man muss sich vor Augen halten, dass in meinem Überblicksvortrag im Jahr 2001 Google nicht vorkam, geschweige denn Wikipedia, Facebook, Twitter, Flickr oder ähnliche heute weitverbreitete Internetangebote. Hingegen verwandte ich bereits den Ausdruck »portable Internet pads«, denn solche Geräte wurden bereits auf der CEBIT 2001 erstmals präsentiert. Die Abbildung 6.1 zeigt ein solches Gerät

Heute nennt man solche Geräte »Tablet Computer« (TC). Die ursprüngliche Idee für solche TCs wurde bereits in den 60er Jahren von dem Xerox-Ingenieur Alan Key entwickelt.[91] Es ist höchst erstaunlich

Abbildung 6.1: Auf der CEBIT 2001 vorgestelltes »portable Internet pad«

und bezeichnend, wie lange es dauerte, bis mit dem iPad von Apple solche »TCs« den Marktdurchbruch schafften.[92] Dieses Beispiel zeigt zum Ersten, dass erhebliche Zeiträume verstreichen, bis sich eine technische Innovation durchsetzt, und zum Zweiten, dass die Verfügbarkeit geeigneter Medien und Technologien eine zentrale Rolle für die Nutzung der Fähigkeiten des Internets bietet. Im Jahr 2010 werden dem IT-Marktforschungshaus Gartner zufolge in der Welt 376 Millionen Computer im Gesamtwert von 205 Milliarden Dollar verkauft. Davon sind allerdings »erst« 10 Millionen Tablet Computer. Die »Aufrüstung« mit geeigneter Hardware ist unverzichtbare Voraussetzung für die immer breitere Nutzung des Internets.

Distribution digitaler Produkte

Um sich den Nutzen des Internets klar zu machen, ist es sinnvoll, zwischen digitalen/digitalisierbaren und nicht digitalen Gütern zu unterscheiden. Eine zweite Dimension betrifft die Zahl der Kunden für ein Produkt bzw. die Zahl der Transaktionen, beide wirken ähnlich. Abbildung 6.2 veranschaulicht die vier möglichen Kombinationen.

Abb. 6.2: Das Internet in Abhängigkeit von Digitalisierbarkeit und Zahl der Kunden

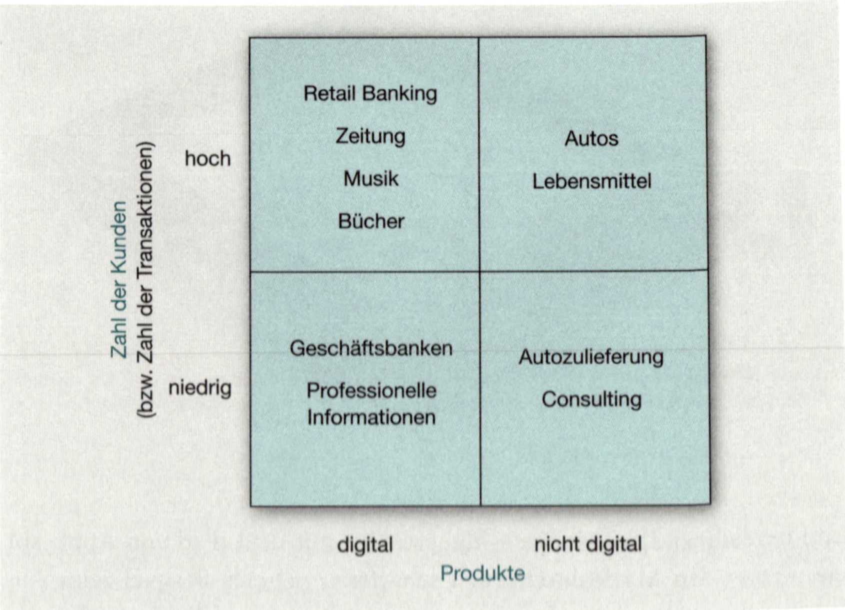

Der Nutzen des Internets ist im oberen linken Quadranten (viele Kunden/Transaktionen – digitale/digitalisierbare Produkte) am größten und im rechten unteren Quadranten (wenige Kunden/Transaktionen – nicht digitale Produkte) am geringsten. Manche Produkte oder Dienstleistungen sind teilweise digitalisierbar. Ein Beispiel sind Gesundheitsdienste. Die Untersuchung und Beratung durch den Arzt ist überwiegend nicht digitalisierbar. Schwierige Diagnosen wie die Interpretation von Röntgenaufnahmen werden heute aber bereits in großem Stil von Spezialisten erledigt, die sich des Internets bedienen. Im Produktbereich gibt es ebenfalls Zwischensituationen. So kann die Fehlerdiagnose und -behebung häufig per Internet erfolgen. Der Austausch eines Ersatzteils ist hingegen nicht digitalisierbar. Die Einschätzungen verändern sich über die Zeit. In einer ähnlichen Abbildung im Jahr 2001 hatte ich Bücher im rechten oberen Quadranten eingeordnet, da es damals noch keine elektronischen Bücher gab. Heute gehören Bücher eindeutig in die linke obere Box.

Am weitesten ist die Verteilung digitaler Produkte bei Musik fortgeschritten. Das ist vor allem das Verdienst von Apple. Im Jahr 2000 besuchte ich in Seoul Samsung Electronics. Wie stets waren meine koreanischen Gastgeber sehr freundlich und gaben mir als Gastgeschenk ihr neuestes Gerät mit, auf dem man Musik speichern und abspielen konnte. Es war in der Dimension dem Apple iPod ähnlich, aber in der Bedienung viel komplizierter. Und es bot keine Systemintegration zur Beschaffung von Musikstücken. Kurze Zeit später, im Jahr 2001, führte Apple den iPod und iTunes ein, die die Distribution von Musik revolutionierten. Bis zum Jahr 2010 hat Apple 6 Milliarden Musikstücke verkauft. Wie ist dieser Durchbruch zu erklären? Vermutlich beruht der Erfolg auf einer Kombination von Faktoren: Einfachheit der Bedienung, Design, Marke, leichte Beschaffung des Contents (über iTunes kann man nicht nur Musik, sondern auch viele andere Inhalte einkaufen), transparentes Preissystem mit günstigen Preisen und dem Kultcharakter (»Hype«) der Apple-Produkte. Bei der Einführung des iPhone im Januar 2007 und des iPad im April 2010 ging Apple ähnlich vor. Wieder wurde nicht nur ein isoliertes elektronisches Gerät verkauft, sondern mit den sogenannten Apps (für Applikationen) ein riesiges Angebot sowohl freier als auch zahlpflichtiger Inhalte bereitgestellt.

Die Strategie von Apple ist zum Vorbild für die Distribution digitaler Produkte im Internet geworden. Der Erfolg war so groß, dass der Börsenwert von Apple im Jahr 2010 denjenigen von Microsoft überflügelte. Dies alles zeigt, welch ungeheure Chancen in der Distribution digitaler Produkte per Internet schlummern. Die Entwicklung steht dabei erst am Anfang, denn viele Bereiche, deren Produkte schon digital oder digitalisierbar sind, haben diese Chancen noch nicht in wirtschaftliche Ergebnisse überführen können. Zwei Beispiele sind Bücher und Zeitungen. Offensichtlich ist es nicht einfach, die von Apple genutzten Erfolgsfaktoren durchgängig mit Erfolg einzusetzen.

Zukunft des Buches

Im zweiten Quartal 2010 verkaufte Amazon erstmals mehr digitale als gebundene Bücher.[93] Im gesamten ersten Halbjahr 2010 hat sich der Absatz elektronischer Bücher bei Amazon gegenüber dem Vorjahr mehr als verdreifacht. Dem Verlag Random House zufolge soll der Umsatzanteil digitaler Bücher in den USA per 2010 bei 8 Prozent liegen. Bis 2015 wird ein Anstieg auf 25 bis 50 Prozent erwartet.[94] Voraussetzung für die Nutzung eines elektronischen Buches ist ein Lesegerät. Amazons Kindle ist per Mitte 2010 nach Schätzungen etwa 3,3 Millionen Mal verkauft worden, der Apple iPad in den ersten drei Monaten nach Einführung im April 2010 etwa 3 Millionen Mal. Inzwischen setzen alle großen Elektronikhersteller auf E-Reader, und es bedarf keiner großen Phantasie sich vorzustellen, wie der Verkauf digitaler Bücher anwachsen wird, wenn 100 oder mehrere hundert Millionen E-Reader in Betrieb sind. Laut Capital könnte ein Preis von 50 Dollar den E-Reader »zum Lesegerät für die breiten Massen machen«.[95] Seit Mitte 2010 bietet Amazon den Kindle für 140 Dollar an. Bis zum Durchbruch als Massengerät, ähnlich dem Handy, wird es also noch einige Jahre dauern, aber der Weg ist vorgezeichnet.

Es ist derzeit nicht abzusehen, wie sich das Verhältnis zwischen traditionellem und digitalem Buch konkret entwickeln wird. Es scheint aber sicher, dass das gedruckte Buch in weiten Teilen verdrängt wird. Bei Nachschlagewerken wie Lexika oder Wörterbüchern hat sich diese Entwicklung längst vollzogen. In den letzten fünf Jahren ist der Markt für gedruckte Wörterbücher um 50 Prozent zurückgegangen. Gleichzeitig erreicht der kostenfreie Übersetzungsdienst Leo.org täglich 4 Millionen Besucher, davon 3 Millionen in Deutschland.[96] Die Nutzung und den Nutzen von Leo.org beschreibt eine Verlagsmitarbeiterin wie folgt: »Leo.org nutze ich mehrfach täglich, und das sowohl für Englisch, Französisch als auch Spanisch. Teilweise nutze ich das Forum sogar, wenn ich schnell Feedback zur Korrektheit eines spanischen Satzes brauche. Da bekommt man innerhalb von zwei bis drei Minuten mehrere Antworten. Kein Wörterbuch kann das leisten.«

Solche Beobachtungen belegen, dass die Buchverlage vor gravierenden Änderungen stehen. Das Internet bedroht nicht nur den Absatz traditioneller Bücher, sondern verändert auch die wirtschaftlichen Gegebenheiten der Verlage fundamental. Bei der digitalen Distribution entfallen der klassische Buchdruck und die bisherige physische Logistik. Das führt zu erheblichen Kostenvorteilen. Inwieweit diese an den Kunden weitergegeben werden, muss sich zeigen. Die Preise für digitale Bücher dürften langfristig deutlich niedriger ausfallen als für klassische Bücher. Eine weitere Bedrohung für den traditionellen Buchverlag erwächst daraus, dass Autoren ihre Bücher vermehrt selbst verlegen. Mit Hilfe des Internets schaffen sie es auch ohne die Unterstützung eines Verlages, ihre Zielgruppe zu erreichen. Einige selbst verlegende Autoren berichten von außergewöhnlichen Verkaufserfolgen. Diese Gegebenheiten führen bei manchen Autoren zu der Frage, worin die Leistung eines traditionellen Verlages eigentlich besteht. Mit dieser Frage sollten sich Unternehmen in dieser Branche sehr ernsthaft und schnell auseinandersetzen. Sonst könnte es sein, dass es sie in wenigen Jahren nicht mehr gibt. Digitale und klassische Bücher werden nebeneinander existieren, aber das klassische Buch dürfte langfristig in dieser Koexistenz die Juniorrolle spielen.

Zukunft der Zeitung

Die gedruckte Zeitung, die sich jeden Morgen wie von den Heinzelmännchen gebracht im Briefkasten findet, wird verschwinden. Zu diesem Thema schrieb ich 2001 Folgendes: »At the breakfast table we are not going to read from a PC instead from our beloved newspaper. We want the newspaper. But we don't care about the incredibly huge printing and logistics operations that run every night in order to guarantee that the paper is on our doorstep in the morning. We also don't care about the tons of paper we have to get rid of over the course of the year. A typical Saturday issue of the *Frankfurter Allgemeine Zeitung*, Germany's leading daily, weighs 1.1 kilograms. With a circulation of roughly 620,000, this adds up to 682 tons of paper in just one day. Sunday newspapers in the US are even heavier. We would definitely prefer a domestic newspaper ›machine‹ in our homes. Every day, we would recharge our e-paper, and out comes the newspaper – it's convenient, and our desire for a real ›hands-on‹-experience is satisfied. After all, we are used to having a newspaper in our hands, not on a screen, at the breakfast table. Obviously, it takes time to develop such a device.« Im Kern stehe ich noch im Jahr 2010 zu dieser Aussage. Es dauert alles länger, als ursprünglich erwartet. Aber es sind auch einige Modifikationen meiner damaligen Meinung angebracht.

Im Juli 2010 sitzen wir mit zwei frischgebackenen Harvard-Absolventen beim Abendessen in einem japanischen Restaurant. Wir diskutieren das Thema Zeitung. Mein Standpunkt ist bekannt: Als halbwegs informierter Mensch muss man eine Tageszeitung lesen – und zwar eine gedruckte. Mir ist aber auch bekannt, dass einer der beiden MBAs keine Printzeitung liest und trotzdem immer gut informiert ist. So frage ich den anderen, der in New York bei einer bekannten Unternehmensberatung arbeitet, ob er das *Wall Street Journal* lese. Er bejaht diese Frage, was ich zum Anlass nehme anzudeuten, dass es doch noch junge Leute gibt, die Zeitungen lesen. So weit, so gut. Nach einer kurzen Pause hakt meine Frau nach: »Die Printversion?« Da bricht er in Gelächter aus, wie könne jemand auf den Gedanken komme, dass er die Printversion lese, das sei nun wirklich nicht von dieser Welt. Meine 2001 geäußerte Vermutung, dass ein Medium, das die klassische Tageszeitung ersetzt, verhaltenskompatibel sein müsse, ist aus heutiger Sicht in Frage zu stellen. Während ich, als Angehöriger der älteren Generation, ein elektronisches Papier, das man falten, rollen, leicht mitnehmen kann, präferieren würde, ist die »habit formation« bei jungen Leuten ganz anders gelaufen. Sie sind zu »digital natives« geworden, auf die man die Verhaltensgewohnheiten meiner Generation nicht mehr übertragen kann. Trotzdem sehe ich die heutigen Geräte wie iPad etc. als Zwischenstationen an. Wie die endgültigen Geräte aussehen, wird erst die Zukunft zeigen.

Wenn man das Schicksal der Zeitung diskutiert, darf man die wirtschaftlichen Aspekte nicht vernachlässigen. Denn sie spielen die entscheidende Rolle bei der Verdrängung der klassischen Tageszeitung. Es ist ein ungeheurer Aufwand erforderlich, damit wir jeden Morgen an unserer Haustür eine physische Zeitung erhalten. Dazu werden Großdruckereien betrieben, und jede Nacht läuft unter größtem Zeitdruck eine gigantische Logistikoperation ab. Diese Aktivitäten machen rund 80 Prozent der Kosten einer Zeitung aus. Was wir aber als Verbraucher wollen, ist die Information. Das Internet eröffnet Wege, diese in einer weit kostengünstigeren Form bereitzustellen. Damit werden jedoch Redaktionen keinesfalls überflüssig. Wir brauchen nach wie vor jemanden, der die Überfülle an Informationen sortiert und in einer von uns als angenehm empfundenen Form darbietet. Dass diese Form im Internet anders sein wird als im klassischen Printmedium, ist evident. Zudem bieten sich ganz neue Möglichkeiten der Interaktion, der Individualisierung einer Zeitung, der Responsemessung etc.

In Bezug auf die Breite der Inhalte greift das Internet weiter als die klassische Presse. Dies liegt zum einen daran, dass jedermann beliebige Inhalte ins Netz stellen kann. Das geschieht vor allem im Rahmen sogenannter Blogs, von denen manche große Anhängerschaften und geradezu Kultstatus gewonnen haben. Daneben gibt es spezielle Seiten, die Inhalte publizieren, die in klassischen Medien nicht erschienen wären. Das bekannteste Beispiel ist Wikileaks. Diese im Jahr 2007 gestartete Seite veröffentlicht geheime Informationen. Weltweit bekannt wurde sie insbesondere durch das Video »Collateral Murder« im April 2010.[97] Am 26. Juli 2010 stellte Wikileaks mehr als 91000 klassifizierte Dokumente des Pentagon ins Netz. Ende November 2010 veröffentllichte Wikileaks ca. 250000 vertrauliche Berichte von US-Botschaften. Wikileaks zeigt, wie stark das Internet die Transparenz erhöht. Der Fall deutet aber auch auf die Gefahren hin, die von Hackern ausgehen können. Vor diesen scheint kaum noch ein Computersystem geschützt. Es wird aber auch deutlich, dass es selbst Regierungen kaum gelingt, solche Informationsaktivitäten zu unterbinden. Das Internet ist international, die Reichweite der meisten Regierungen auf ihren nationalen Rahmen beschränkt.

Im Internet entstehen den Zeitungen zudem neue Konkurrenten. Ein Beispiel ist die »Huffington Post«, eine Mischung aus Blogs, Nachrichten und Kommentaren, die in den USA zu einer Institution geworden ist.[98] Laut *FAZ* gehört »die Huffington Post heute zu den weltweit führenden Nachrichtenportalen«.[99] *Time* wählte die Gründerin Arianna Huffington im Jahr 2006 zu den 100 einflussreichsten Persönlichkeiten der Welt.[100] Anders als eine normale Zeitung gibt es die Huffington Post gratis.

Diese kostenlose Verfügbarkeit, die für die meisten im Internet angebotenen Informationen zutrifft, bildet eines der größten Probleme für Zeitungen und Zeitschriften. Die Frage der Zahlungsbereitschaft der Kunden und entsprechender Preisstrukturen für Internetinformationen ist nach wie vor unbeantwortet. Die meisten Zeitungsverlage bieten ihre Informationen bisher gratis an. Das *Wall Street Journal* ist eine Ausnahme, es fordert seit Jahren einen Preis für seine elektronische Ausgabe. In 2010 führte auch die *Bild*-Zeitung eine bezahlte Online-Version ein. Solange es aber akzeptable freie Information im Netz gibt, wird es schwer sein, auskömmliche Preise durchzusetzen. Doch ist dieser Weg für die meisten Zeitungen auf Dauer unausweichlich. Von Werbung im Netz alleine werden sie nicht leben können. Es ist auch klar, dass die Preise für ein elektronisches Abonnement wegen der beschriebenen Kosteneinsparungen deutlich niedriger liegen können als für ein klassisches Printabo. Vermutlich wird es auf längere Zeit gedruckte und elektronische Versionen einer Zeitung parallel geben. Die gedruckten verschwinden dann mit ihren letzten Lesern.

Internetdistribution und nichtdigitale Produkte

Amazon startete als Internetbuchhändler und bot Millionen von Büchern an. Einen solchen Sortimentsumfang kann eine klassische Buchhandlung niemals auf Vorrat halten. Außerdem lässt Amazon die Bücher bequem nach Hause liefern und unterliegt keinerlei Beschränkungen hinsichtlich der Öffnungszeiten. Bezogen auf die Positionierung in Abbildung 6.2 (Seite 162) bedeutet dies: Zu Beginn fand sich Amazon im rechten oberen Quadranten, mit digitalen Büchern und Produkten operiert das Unternehmen nunmehr auch in der linken oberen Box und ist erst damit voll in der Internetwelt angekommen. Heute ist Amazon ein Internetversandhaus mit einem riesigen Sortiment. Interessanterweise gehört auch die Otto-Gruppe aus Hamburg zu den größten Internethändlern der Welt. Im Gegensatz zu anderen traditionellen Versandhäusern wie Quelle oder Neckermann hat Otto den Übergang vom traditionellen Versandhandel zum Internethandel mit Erfolg bewältigt.

Beim Online-Lernen gibt es sehr große Umwälzungen. Es entstehen virtuelle Schulen, an denen jedermann in allen Bereichen lernen kann. Zeitlich und räumlich werden Lehrer und Lernende entkoppelt. Dies eröffnet ganz neue Möglichkeiten.

Vernetzung

Ob sich die Fähigkeit des Internets zur Distribution digitaler Produkte oder die Fähigkeit zur Vernetzung langfristig als bedeutender herausstellt, wird erst die Zukunft zeigen. Derzeit nimmt jedenfalls – trotz Apple – die Vernetzung wesentlich breiteren Raum ein. Die populärsten Internetseiten wie Google, eBay, Facebook, Wikipedia etc. beruhen auf der Nutzung der Vernetzungsfähigkeiten.

Im Jahr 2000 auf dem Höhepunkt des Internet-1.0-Booms erschien ein Buch mit dem Titel »The Cluetrain Manifesto«, in dem die Autoren in Anlehnung an Martin Luther 95 revolutionäre Thesen zum Internet veröffentlichten. Die folgende Aussage fasst die Essenz des Buches zusammen: »A powerful global conversation has begun. Through the Internet, people are discovering and inventing new ways to share relevant knowledge with blinding speed. As a direct result, markets are getting smarter—and getting smarter faster than most companies.« Und weiter prognostizieren die Autoren, das Internet bringe »an atavistic throwback to the prehistoric human fascination with telling tales. In many ways the Internet more resembles an ancient bazaar than it fits the business models companies try to impose on it. To its participants, it is primarily a place in which all participants are audience to each other.«[101] Heute, gut zehn Jahre später, kann man den Autoren Weitsicht attestieren. 2010 sagte Internetexperte Larry Kramer, Gründer von MarketWatch: »We're in what I call a ›Gutenberg moment‹. This means everything is changing in dramatic fashion. The whole story telling process is changing. The habits of consumers are totally up in the air. Don't make your bet on what people are doing right now. Pay attention to consumer behavior. Try to be proactive.«[102]

Die Vernetzungsfähigkeit des Internets betrifft die zentrale Funktion von Marktplätzen, nämlich die Zusammenführung von Angebot und Nachfrage. Der klassische Marktplatz war dabei nicht nur der Ort, an dem sich die Anbieter kommerzieller Waren und die Nachfrager, die diese Waren benötigten, aufeinandertrafen. Nicht weniger wichtig war der Austausch von Meinungen, zu dem man sich auf dem Marktplatz, dem Forum oder der griechischen Agora traf. Das Internet erfüllt heute genau diese Funktionen in einem räumlich und zudem zeitlich unbegrenzten Maßstab. eBay war zunächst nichts anderes als ein Flohmarkt im Internet, der Millionen von Anbieter und Nachfrager gebrauchter Produkte zusammenführte. eBay beschränkte sich auf die Vernetzungsfunktion, das heißt das Zusammenbringen von Anbietern und Nachfrager, überließ jedoch die kostenträchtige und komplexe Logistik diesen. Im Zeitablauf wandelte es sich mehr und mehr zu einem Distributionssystem für kommerzielle Anbieter, verlor damit aber auch einen Teil seines ursprünglichen Charmes.

Google, Wikipedia, Leo.org und ähnliche Seiten kann man als »Wissensnetzwerke« bezeichnen. Die Nachfrager suchen nach bestimmten Stichworten, und die Seiten stellen die Antworten oder eine Auswahl von Antworten auf eine sehr bequeme Weise bereit. Wikipedia.org ist eine Non-Profit-Organisation und finanziert sich bis heute aus Spenden, bei deren Einwerbung sich der Gründer Jimmy Wales persönlich stark einsetzt. Wie schon angedeutet, macht das freie Angebot eines solch umfassenden Lexikons den Buchverlagen größte Probleme. Ähnliches gilt für die Seite Leo.org, die freie Wörterbücher für Deutsch-Englisch, -Französisch, -Italienisch, -Spanisch, -Russisch und -Chinesisch anbietet. Leo.org finanziert sich aus Werbung. Allerdings fällt der Umsatz mit nur 1 Million Euro im Jahr sehr bescheiden aus. Das ist sicher weit weniger, als mit Print-Wörterbüchern zu verdienen war. In der Internetära kann der Umsatz, den man in einem Markt generiert, auf einen sehr kleinen Betrag zusammenschrumpfen. Dies gilt zumindest dann, wenn man nicht das richtige Geschäftsmodell hat.

Die bisher einzige Netzwerkseite, die einen gigantischen ökonomischen Erfolg zustande gebracht hat, ist Google. In der Unternehmensinformation heißt es: »Das Ziel von Google besteht darin, die Informationen der Welt zu organisieren und allgemein nutzbar und zugänglich zu machen.«[103] Im Jahr 2009 erzielte Google bei einem Umsatz von knapp 24 Milliarden Dollar einen Gewinn von 6,5 Milliarden Dollar. Der Börsenwert lag am 23. September 2010 bei 126 Milliarden Dollar. Der Wert der Marke Google wird auf 160 Milliarden Dollar geschätzt.[104] Der Großteil des Google-Umsatzes und -Gewinnes kommt aus »Google Adword«. Mit diesem System ist es erstmals in großen Stil und mit geringem Aufwand gelungen, eine Werbewirkung messbar zu machen und den Werbekunden nur für eine tatsächlich erbrachte Werbeleistung zahlen zu lassen. Das äußerst raffinierte Preissystem von Adword schöpft zudem die Zahlungsbereitschaft der Werbekunden in nahezu perfekter Weise ab. Ähnlich wie Apple beim Verkauf von Content setzt Google die Zukunftsmaßstäbe für die Nutzung der Netzwerkfähigkeit des Internets. Angesichts der obigen Geschäftsdefinition von Google lassen die Wachstumsmöglichkeiten weit über die klassische Suchmaschine hinaus keine Grenzen erkennen, zumal Google auf allen lukrativ erscheinenden Gebieten selbst schnell aktiv wird oder sich durch Akquisitionen Zutritt verschafft. Dazu zählen Google Street View, Google Earth, Google Maps, das Einscannen von Millionen von Büchern, YouTube, das Vordringen ins mobile Internet, um nur die wichtigsten zu nennen.

Soziale Netzwerke

Die jüngste Internetwelle mit nicht weniger phantastischen Zukunftsperspektiven bilden »soziale Netzwerke«, oft auch als »social media« bezeichnet. Facebook, Twitter, LinkedIn, Xing, StudiVZ sind bekannte Beispiele. Diese Systeme nutzen die Vernetzungsfähigkeit des Internets in quasi reiner Form, das heißt sie bringen Menschen, die gemeinsame Interessen haben, zusammen. Dieses Zusammenbringen überspannt Raum und Zeit. Der Bedarf ist enorm: Im Sommer 2010 konnte Twitter 65 Millionen Kurzmitteilungen vermelden, und auf Facebook-Seiten verbrachten Nutzer 1,2 Milliarden Stunden. Es ist heute normal, ein weltweites Netzwerk von Freunden, Bekannten oder Gesinnungsgenossen zu pflegen und mit diesen Informationen unterschiedlichster Art (Gerüchte, Bilder, Musik etc.) auszutauschen. Der Raum verliert für diese Form der Kommunikation jede Bedeutung. In ähnlicher Weise lässt sich die Zeit überspringen. Mit Hilfe sozialer Netzwerke lassen sich Mitschüler, Bundeswehrkameraden oder frühere Arbeitskollegen aus längst vergangenen Tagen aufspüren und Kontakte wiederbeleben. Mein Lektor berichtete mir, dass er über Xing herausbekam, dass in einer Nachbarstraße in Frankfurt ein Mitschüler vom Gymnasium in Dortmund wohnte, den er aus den Augen verloren hatte. Hier machten soziale Netzwerke ein Offline-Treffen möglich.

Facebook ist das größte und aktivste unter den sozialen Netzwerken. Weltweit hat Facebook per 2010 eine halbe Milliarde Nutzer, in Deutschland sind es rund 10 Millionen. Das Unternehmen will jedoch nicht nur das dominante soziale Netzwerk bleiben, sondern auch die führende Plattform für andere Entwickler werden. Bereits eine Million Internetseiten sollen die Plattform nutzen, davon etwa ein Drittel in Europa.[105] Facebook verfolgt hier also eine ähnliche, auf möglichst starke Vernetzung mit anderen Anbietern ausgerichtete Strategie wie Apple mit seinen Applications (Apps). Dass neben einem breit angelegten Netzwerk wie Facebook aber auch Spezialisten eine Chance haben, zeigt die in Deutschland entstandene Seite Xing. Laut einer Umfrage der Deutschen Telekom nutzen 80 Prozent der Führungskräfte ein soziales Netzwerk, die Mehrheit allerdings auf passive Weise. Xing hat in dieser Zielgruppe in Deutschland den größten Marktanteil.

Anders als bei Google halten sich die wirtschaftlichen Erfolge der sozialen Netzwerke bisher in bescheidenen Grenzen. Xing erzielte in 2009 einen Umsatz von 45 Millionen Euro und hatte Mitte 2010 einen Börsenwert von 126 Millionen Euro. Der Aktienkurs liegt etwa auf der Höhe des Einführungskurses vom Dezember 2006. Die per 2010 noch nicht börsennotierte Firma Facebook erzielte 2009 einen Umsatz von 800 Millionen Dollar und dürfte in etwa die Gewinnschwelle erreicht haben. In 2010 wird der Facebook-Umsatz sich fast verdoppeln. Dennoch ist es ein weiter Weg bis zur Größenordnung von Google. Soziale Netzwerke sind ein sehr innovativer Bereich. Ein Beispiel ist die Applikation Flipboard, die Meldungen aus Facebook oder Twitter auf einer Seite anordnet, die wie ein Magazin gestaltet ist. Flipboard ist also eine Art »Social Media Zeitung«.[106] Dieser Fall zeigt, wie Medien im Internet ineinanderfließen und klassische Trennlinien verschwinden. Mit der Behauptung, dass soziale Netzwerke eine große Zukunft vor sich haben, liegt man vermutlich richtig.

Genauso richtig dürfte aber sein, dass soziale Netzwerke ein zukunftsträchtiges Geschäftsmodell erst noch finden müssen. Der Weg dahin ist mit hohen Risiken behaftet, wie etwa das Schicksal von MySpace, das die Gunst seiner einstigen Nutzer weitgehend verloren hat, belegt. Manche Experten, so der Netzwerkspezialist Stowe Boyd, sehen sogar »Facebook als eine vorübergehende Phase, so wie es MySpace war«, weil die Firma das Vertrauen ihrer Nutzer verspielt habe bzw. von anderen Systemen verdrängt werde.[107] Bowe formuliert die Dynamik bei sozialen Netzwerken wie folgt: »So schnell, wie die Leute hereingekommen sind, gehen sie auch wieder heraus.«[108]

Internet und Marketing

Die Vermarktung über das Internet boomt. In Deutschland haben in 2009 mehr als 43 Millionen Menschen etwas im Internet gekauft, vor einem Kauf haben sich 48,5 Millionen im Internet informiert.[109] Nach der Shell Jugendstudie 2010 verbrachten Jugendliche im Jahr 2002 eine Stunde im Internet, 2006 waren es 1,3 Stunden und 2010 sind es 2 Stunden, anderen Autoren zufolge sollen es in Deutschland sogar 5,5 Stunden und in den USA 7,5 Stunden sein.[110] Auf die Schule entfallen hingegen, auf sieben Tage umgerechnet, nur vier Stunden pro Tag.

Es ist aber keineswegs so, dass das Internet nur junge Menschen erreicht. Diese Vermutung bedarf einer gründlichen Revision, wie eine Studie der Arbeitsgemeinschaft Online-Forschung im Jahr 2010 ergab. Abbildung 6.3 schlüsselt die Nutzergruppen in Deutschland nach Altersklassen

Abbildung 6.3: Internetnutzung nach Altersklassen

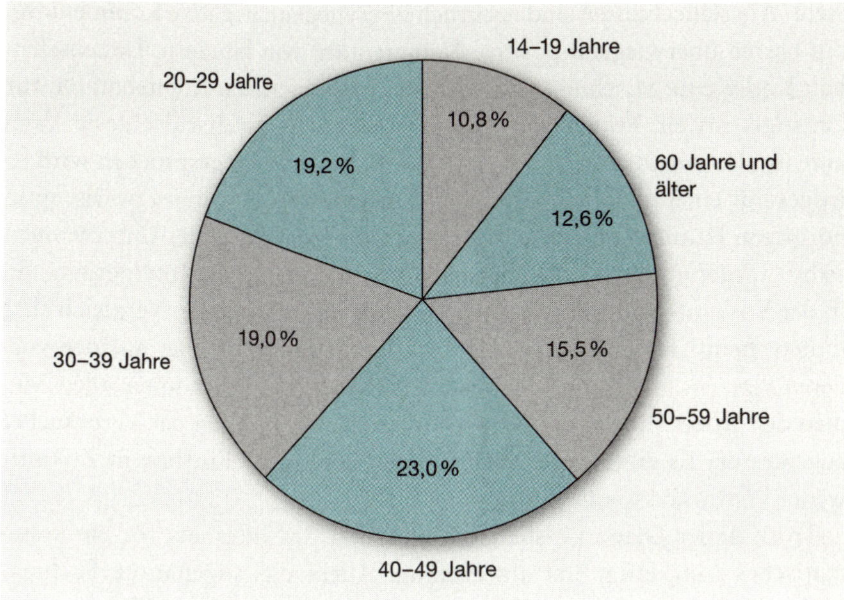

Quelle: Arbeitsgemeinschaft Online-Forschung 2010.

auf. Demnach sind die 40- bis 49-Jährigen mit 23 Millionen die stärkste Gruppe im Internet. Dies liegt natürlich auch daran, dass es sich hier um besonders geburtenstarke Jahrgänge handelt. Der geburtenstärkste Jahrgang war 1964.

Unter den älteren Menschen ist die Nutzung des Internets zwar geringer, nimmt aber ständig zu. Gut 70 Prozent der Altersgruppe zwischen 50 und 59 Jahren sind online. In der Gruppe über 60 ist es erst jeder Dritte. Mit dem Internet wird man zunehmend alle Altersgruppen erreichen.

Besonders intensiv wird das Netz in Bereichen wie Flugreisen, Touristik oder Elektronik genutzt. Als Einstieg dient in der Regel eine Suchmaschine, was erklärt, warum die Google-Suchmaschine durch Verlinkung mit kommerziellen Angeboten zum Goldesel werden konnte. Daneben gewinnen Kommentare von Kunden (siehe das obige Zitat aus Cluetrain Manifesto), Blogs und soziale Netzwerke Bedeutung für die Entscheidung, ob ein Produkt gekauft wird oder nicht. Der Schwerpunkt liegt dabei auf den Nutzerkommentaren. Einer Studie der Marketingagentur Draftfcb zufolge stehen »Peer Reviews« an erster Stelle der Kaufeinflussfaktoren.[111]

Marketing-Guru Philip Kotler hat eine diesbezügliche Rangfolge aufgestellt. Am schlechtesten sind natürlich überwiegend negative Kommentare, am besten überwiegend positive Kommentare von Nutzern. Dazwischen hält Kotler eine Mischung von positiven und negativen Kommentaren für günstiger als ein Fehlen von Kommentaren. Die zweitschlechteste Variante ist also, wenn wenig über ein Produkt im Internet gesprochen wird.[112] Insgesamt einen deutlich geringeren Einfluss übt die Internetwerbung in Form von Bannern aus. Wichtiger sind die Homepages der Unternehmen selbst. Insgesamt liegen die deutschen Verbraucher in der Internetnutzung in der Vorkauf- und Informationsphase im internationalen Vergleich eher hinten, beim tatsächlichen Kauf im Internet hingegen eher auf den vorderen Plätzen. Insgesamt wird dem Internet schon heute unter allen Medien der größte Einfluss auf das konkrete Kaufverhalten der Verbraucher zugemessen. Es gibt wenig Zweifel, dass sich dieser Einfluss in Zukunft weiter verstärken wird.

Trotz dieser Diagnose steht die Nutzung des Internets für ein systematisches Marketing erst am Anfang. Allein das sogenannte Suchmaschinen-Marketing ist mittlerweile zu einer regelrechten Wissenschaft geworden. Von den aussagekräftigen Daten, die das Internet heute liefert, konnten Marktforscher früherer Generationen nur träumen. Die zielführende Interpretation dieser Daten bildet eine große Herausforderung und gleichzeitig eine riesige Chance für die Zukunft. Wer hier besser ist als seine Konkurrenten, wird einen entscheidenden Wettbewerbsvorteil besitzen. Unter dem Aspekt der sozialen Netzwerke besteht die Zukunft des Marketing in einer möglichst optimalen Verlinkung. Die Wege zu einem Angebot führen oft über Zwischenstationen und -personen. Je stärker eine Seite mit anderen Seiten, und zwar mit den richtigen, verlinkt ist, desto größer sind die Chancen, dass ein Interessent das jeweilige Angebot findet und kauft. Eine Schlüsselrolle spielen hierbei personenbezogene Daten, und diesbezüglich stößt das Marketing verstärkt an Grenzen, die durch Persönlichkeits- und Datenschutzrechte definiert werden. Hier sehen sich die Betreiber sozialer Netzwerke vor einem massiven internen Konfliktpotenzial. Sie besitzen einerseits eine Fülle von Informationen, die für Anbieter aus unterschiedlichsten Branchen von hohem Interesse sind. Gleichzeitig handelt es sich hierbei aber zum großen Teil um Daten persönlicher und vertraulicher Art, die einem besonderen Rechtsschutz unterliegen. Das Vertrauen der Nutzer, dass ihre Daten nicht missbraucht werden, bleibt in diesem Kontext ein heikles Gut, das auf keinen Fall verspielt werden darf.

Abschließend sei allen, die rat- und verständnislos vor dem Phänomen Internet stehen, eine Empfehlug mit auf den Weg gegeben: Wenn Sie älter als 30 sind, dann geben Sie sich nicht der Illusion hin, das Internet zu verstehen. Überlassen Sie das den »Digital Natives«.

Mit den Kunden vernetzen!

Das Internet bietet phantastische Möglichkeiten zur Vernetzung mit dem Kunden. Dennoch genügt diese Art der Kundenbindung allein auch in Zukunft nicht. Der »Klebstoff« zum Kunden muss breiter aufgetragen werden. Die persönliche Vernetzung mit dem Kunden verliert keineswegs an Bedeutung. Die meisten Unternehmen beschäftigen ganze Bataillone von Vertrieblern, Kundenbetreuern, Key Accountern oder Callcenter-Verkäufern. Doch wie steht es um die Effektivität dieser Bataillone, deren Bereitstellung eine gigantische Kostenlawine nach sich zieht?

Einer der Schlüsselfaktoren der Vernetzung zum Kunden und der daraus entstehenden Kundenbindung ist die Zeit, die die Mitarbeiter am Kunden, das heißt im direkten Kontakt mit ihm, verbringen. Das gilt nicht nur für die Vertriebs- und andere Kundenkontaktfunktionen, sondern »Zeit am Kunden« ist Herausforderung und Chance für alle. Meiner Erfahrung zufolge wird fast immer zu wenig Zeit am Kunden verbracht. Hier schlummern enorme Verbesserungspotenziale nicht nur für den Verkauf, sondern auch für Produktentwicklung, Prozessorganisation und die Neuausrichtung von Unternehmen.

Eine besonders hartnäckige Missionarin für mehr Zeit am Kunden war und ist Christine Novaković, geborene Licci, die in verschiedenen großen Banken als Chefin, Vorstandsmitglied und Aufsichtsrätin gearbeitet hat. Während ihrer Zeit als Chefin der Citibank Deutschland hat sie bei ihren Mitarbeitern die Zeit am Kunden um 60 Prozent gesteigert. Die positiven Wirkungen einer derartigen Reallokation der knappen Ressource Zeit sind vielfältig. Es wird nicht nur mehr vom Gleichen verkauft, sondern auch das Cross-Selling wird massiv gesteigert. Mehr Zeit am Kunden wird nicht nur für das Produkt eingesetzt, das der Kunde bisher kauft, sondern nahezu zwangsläufig kommt die Sprache auf weitere Produkte oder Services, die ein Unternehmen anbietet. Mehr Zeit am Kunden heißt mehr Cross-Selling. Die Bedeutung eines weiteren Effekts lässt sich schwerlich überschätzen: Die in den direkten Kundenkontakt investierte Zeit erzeugt Bindung. Man könnte etwas überspitzt sagen, dass dauerhafte, belastbare Kundenbindung primär durch Investition in Zeit am Kunden und kaum durch das Internet geschaffen wird.

Selbst Verkäufer verwenden häufig nur einen geringen Bruchteil ihrer Zeit auf den direkten Kundenkontakt. Wenn die Kunden sehr weit auseinanderliegen und lange Reisezeiten anfallen, können es weniger als 10 Prozent sein. Kaum ein Vertriebler schafft mehr als ein Drittel. »The Salesman ist the one who sells« gilt eben nur gelegentlich. Natürlich wird man nie 100 Prozent erreichen. Reise-, Vor- und Nachbereitungszeiten sind unvermeidlich. Dennoch ist fast immer Luft, oder genauer gesagt, zu viel Zeit entfällt auf bürokratische Verrichtungen. Die Erhöhung der Zeit am Kunden erfordert Bürokratieabbau, Verzicht auf überflüssige Formulare und Berichte sowie bessere Besuchsplanung. Um das zu erreichen, muss den Kundenkontaktverantwortlichen Arbeit abgenommen werden. Prüfen Sie doch einmal, ob die zuständigen Innendienstler die Vertriebler von Bürokratie entlasten und so deren Zeit am Kunden spürbar erhöhen können. Es ist bekannt, dass bisherige Innendienstler nur selten erfolgreiche Verkäufer werden. Für die Entlastung der Verkäufer von Bürokratie sind sie jedoch brauchbar. Eine andere Möglichkeit zur Steigerung der Zeit beim Kunden besteht in dem Einsatz externer Dienstleister: Verschiedene Callcenter bieten an, die Terminkoordination für Außendienstler zu übernehmen und damit die Zeit beim Kunden um 30 bis 40 Prozent zu erhöhen. Wenn es gelingt, die effektive Zeit am Kunden von 15 auf 20 Prozent, also um ein Drittel, zu erhöhen, so schlägt das mit Sicherheit positiv auf die Bestellungen durch. Angesichts der immer wieder behaupteten Tatsache, dass Verkaufstalente eine äußerst knappe Ressource seien, ist es verwunderlich, dass nicht mehr Firmen diese Chance nutzen.

Doch Zeit am Kunden betrifft keineswegs nur die Vertriebler. Bei Mittelständlern haben prozentual etwa fünfmal so viele Mitarbeiter regelmäßigen Kundenkontakt wie in Großunternehmen. Das ist Kundennähe! Was können große Firmen tun? Hier sind zwei Beispiele mit Vorbildcharakter. Kurt Döhmel fuhr als Chef der Deutschen Shell jedes Quartal eine Schicht mit einem Fahrer. Döhmel zu den daraus gewonnenen Erkenntnissen: »Mir kann niemand etwas vormachen, was an der Kundenfront los ist, denn ich erlebe die Kunden an den Tankstellen oder bei der Heizölanlieferung persönlich. Ich weiß, was beim Kunden läuft.« Die Deutsche Telekom hat in einem Programm alle Führungskräfte der Deutschen Telekom fünf Tage pro Jahr an die Kundenfront geschickt, in Callcenter, in T-Points, zum Service. Um diese Initiative wirksam durchzusetzen, wurde sie einfach an den Bonus gekoppelt. Wer keine fünf Tage »Zeit am Kunden« nachweisen konnte, der erhielt keinen Bonus. Nicht zuletzt erzeugen Kundennäheprogramme dieser Art starke Wirkungen nach innen. Zur »totalen Vernetzung« gehört in den meisten Geschäften nicht nur das Internet, sondern unverzichtbar auch die persönliche Vernetzung mit den Kunden.

Herausforderung effektivere Umsetzung

Seit langem wird immer wieder gesagt und betont, dass es auf die Umsetzung ankomme. Dieser Aussage kann man schwerlich widersprechen. Gleichzeitig herrscht unter Experten weitgehende Einigkeit, dass die Umsetzung in vielen Firmen, vor allem in Großunternehmen, zu langsam gehe und die beabsichtigten Ziele nicht erreiche. Auch diese Diagnose teile ich. Aus den beiden Aussagen folgt, dass in Zukunft wesentlich mehr Wert auf effektivere und schnellere Umsetzung gelegt werden muss.

Zeit bewusster nutzen!

Zeit ist eine extrem knappe Ressource, der Umgang mit der Zeit dementsprechend für viele Manager ein unbewältigtes Problem. Zeitmangel, Zeitnot und Zeitdruck zählen zu den wichtigsten Stressfaktoren. In den 70er Jahren hat der kanadische Managementforscher Henry Mintzberg herausgefunden, dass Manager im Durchschnitt nur neun Minuten auf eine Tätigkeit verwenden.[113] Im Zeitalter des Multitasking, das heißt der gleichzeitigen Erledigung mehrerer Aufgaben (zum Beispiel werden während des Telefonierens E-Mails bearbeitet), dürfte die mittlere Zeit, die einer Aufgabe zugewandt wird, weiter gesunken sein. Wenn die neun Minuten von Mintzberg aus den 70er Jahren stimmen, dann schätze ich den heutigen Wert auf eher fünf Minuten. Aus dem ständigen Zeitdruck entsteht das Syndrom »Hurry Sickness«. Laut Dr. Meyer Friedman, dem Erfinder der A-B-Typologie, ist diese »Krankheit des permanenten In-Eile-Seins« die am weitesten verbreitete Malaise unserer Zeit.[114] Nimmt man die chinesische Weisheit »Reich ist, wer Zeit hat« wörtlich, so sind die meisten Manager arme Hunde.

Es war offenbar nicht immer so, dass sich die Führenden durch Zeitknappheit abhoben. In Sten Nadolnys Buch »Die Entdeckung der Langsamkeit« identifiziert ein eingeborener Häuptling den Helden des Romans, John Franklin, sofort als Führer der Gruppe.[115] Auf die Frage, woran der Häuptling ihn erkannt habe, erhält Franklin von einem der Begleiter die Antwort: »Wegen Ihres Reichtums an Zeit.« Franklin wirkte stets uneilig, gelassen, ja langsam.

Wie wäre es, wenn man auch Sie an Ihrem Zeitreichtum erkennen würde? Doch wahrscheinlich sieht die Realität anders aus. Da ist es ein schwacher Trost, wenn selbst die Naturwissenschaften nicht so genau wissen, was Zeit ist, wie man dem Buch »Eine kurze Geschichte der Zeit« von Stephen Hawking entnimmt.[116] Einstein machte es sich einfach, ihm wird die Definition »Zeit ist das, was man auf der Uhr abliest« nachgesagt. Ähnlich ratlos wie Sie und ich war hingegen Kirchenvater Augustinus: »Was ist die Zeit? Wenn ich selbst darüber nachdenke, so weiß ich es. Wenn mich aber jemand bittet, ihm die Zeit zu erklären, so weiß ich es nicht.«

Nicht minder große Rätsel bereitet die Zeit in Medizin und Psychologie. Der frühere Fernsehprofessor Heinz Haber berichtete noch, dass»es den Physiologen bisher nicht gelungen ist, in unserem Körper einen echten Zeitsinn zu entdecken«.[117] In jüngster Zeit jedoch haben japanische Forscher ein sogenanntes »Uhrgen« (»Clock Gene«) entdeckt.[118] Wegen dieses Gens haben wir ein deutliches Gefühl dafür, ob zwei oder vier Stunden vergangen sind oder wie spät es ungefähr ist, wenn wir nachts aufwachen.

Allerdings nehmen wir Zeit sehr subjektiv wahr. Angenehme Stunden fliegen dahin, öde Sitzungen dauern Unendlichkeiten. Zudem hängt die subjektive Zeitempfindung des Menschen vom Lebensalter ab. Der wahrgenommene Lauf der Zeit beschleunigt sich mit steigendem Alter unerhört. Dieses Phänomen bewirkt einer amerikanischen Studie zufolge, dass die wahrnehmungsmäßige Mitte des Lebens bei etwa 18 Jahren liegt, die ersten 18 Lebensjahre werden subjektiv als etwa gleich lang empfunden wie die restliche Lebenszeit.

Die sinnvolle und effiziente Nutzung der Zeit ist eine der wichtigsten Fähigkeiten des Managers. Dazu einige triviale Fakten:

- Die Zeit des Individuums ist beschränkt, sie ist eine knappe Ressource.
- Zeit ist nicht spar-, lager- oder regenerierbar.

- Vergangene Zeit ist nicht reversibel.

Nicht richtig ist hingegen die Aussage »Zeit ist nicht käuflich«. Delegation ist nichts anderes als Nutzung »zeitlichen Fremdkapitals«. Auch wenn Sie sich fahren lassen und während der Zeit arbeiten, statt selbst am Steuer zu sitzen, substituieren Sie eigene Zeit durch – allerdings Kosten verursachenden – Zeiteinsatz einer anderen Person.

Chronische Zeitknappheit steht in der Sorgenskala vieler Führungskräfte an oberster Stelle. Es dürfte hier wie beim Einkommen sein. Jemand, der seinen Konsum dem verfügbaren Einkommen anpasst, kommt gut über die Runden, während ein anderer mit höherem Einkommen aufgrund eines nicht angepassten Ausgabeverhaltens unter dauernden Geldproblemen leidet. Eine Zeitversion des Parkinsonschen Gesetzes könnte man wie folgt formulieren: »Arbeit dehnt sich immer so aus, wie Zeit für ihre Erledigung zur Verfügung steht.«

Eine Wurzel der ewigen Zeitknappheit und Hetze liegt in schlechter Planung und mangelnder Voraussicht. Der Weise tut das rechtzeitig, was der Dumme im letzten Augenblick erledigt, heißt es in einem alten Sprichwort. Und der Dichter La Fontaine sagte: »Eilen hilft nicht, zur rechten Zeit aufzubrechen ist die Hauptsache.« Planen Sie deshalb nie nur die Fertigstellung, sondern immer auch den Beginn einer Aktivität ein. Unter dem Aspekt des Zeitmanagements ist der Beginn einer Tätigkeit wichtiger als ihr Schluss.

Oft besteht jedoch der einzige Weg zu einem besseren Zeitgleichgewicht im Verzicht auf unnötige Aktivitäten. Entrümpeln Sie Ihren Terminkalender. Lernen Sie, »nein« zu sagen. Wenn Sie wirklich entschlossen sind, werden viele Termine einer kritischen Prüfung nicht standhalten. Wir alle sind entbehrlicher, als wir uns eingestehen wollen.

Verschwenderischer Umgang mit der Zeit ist ein uraltes Phänomen. Schon Seneca schreibt in »De brevitate vitae« (Von der Kürze des Lebens): »Ich wundere mich immer, wenn ich sehe, dass jemand um Zeit bittet und der, der darum gebeten wird, sich sehr gefällig zeigt. Es wird gleichsam um nichts gebeten, gleichsam auch nichts gewährt. Man spielt mit der allerwertvollsten Sache. Es entgeht jenen die Tatsache, dass diese Sache unkörperlich ist, deshalb schätzt man sie recht gering ein. Man braucht sie gedankenlos, so als koste sie nichts.«[119] Und an anderer Stelle heißt es: »Man findet niemanden, der sein Geld teilen will, doch mit wie vielen teilt ein jeder sein Leben! Sie sind davon gefesselt, ihr Erbe zusammenzuhalten, sobald es aber um die Verschwendung ihrer Zeit geht, sind sie freigebig mit dem, worin allein doch der Geiz ehrenhaft ist.«

Persönlich habe ich den Eindruck, dass Menschen mit ausgeprägt unternehmerischer Einstellung sich dieses Problems bewusster sind als andere. So schreibt Andre Leysen, belgischer Unternehmer und ehemaliger Vorstandsvorsitzender von Agfa-Gevaert, in seinem Buch »Krisen sind Herausforderungen«, dass er bei der kritischen Prüfung seiner Zeiteinteilung oft den Eindruck habe, einen beachtlichen Teil seiner Zeit zu verschwenden. »Die uns zur Verfügung stehende Zeit teilen wir ohne Hemmungen auch mit Menschen und Beschäftigungen, die pure Zeitverschwendung bedeuten.«[120]

Die Unfähigkeit, nein zu sagen, ist einer der größten Zeitverschwender. Tom Peters, Koautor von »Auf der Suche nach Spitzenleistungen«, sieht in der faktischen Zeitallokation den letztlich validen Maßstab für die Bedeutung, die man einer Aktivität zumisst.[121]

Liegt die Lösung im üblichen »Zeitmanagement«? Nur zum Teil! Jeder befasst sich heute mit Zeitmanagement. Bücher und Kurse, meist angefüllt mit Trivialitäten, erleben seit Jahren einen Boom. Doch sie bewirken wenig.

Eine Ursache liegt darin, dass sich Zeitmanagement auf die Angebotsseite, auf den Manager selbst beschränkt. Dies halte ich für einen gravierenden Fehler. Maßnahmen zur besseren Allokation der knappen Ressource »Managementzeit« sollten nicht nur die Angebotsseite betreffen und dort eine planwirtschaftliche Steuerung per Terminkalender empfehlen. Eine genauso wichtige Wurzel des Übels liegt auf der Nachfrageseite (siehe Seneca). Solange die Zeit des Managers ein »freies Gut« ist, das nichts kostet, wird die Nachfrage die Kapazität übersteigen – zumindest solange der Manager sinnvolle Beiträge liefert. Von einem freien Gut wird, wie wir wissen, immer zu viel nachgefragt. Bekanntlich lässt sich ein solches Ungleichgewicht am besten durch ein Preissystem beseitigen.

Mehr als die Hälfte der Zeit des typischen Managers wird von Untergebenen beansprucht. Warum sollen diese beziehungsweise die jeweiligen Profitcenter nicht genauso wie für die Inanspruchnahme anderer Dienstleistungen zahlen? Mehr Markt dürfte auch hier zu einer effizienteren Allokation führen. Es erscheint geradezu absurd, dass eine der knappsten Ressourcen im Unternehmen als freies Gut behandelt wird, während andere noch so kleine Leistungen minutiös verrechnet werden.

Ich habe dieses System in meinen mehr als 14 Jahren als CEO unseres Beratungsunternehmens Simon-Kucher & Partners praktiziert. Die profitcenterbezogene Nachfrage nach meiner Managementzeit wurde genauso verrechnet wie andere Einsätze von Beratern. Ich bin überzeugt, dass diese »pretiale Steuerung«, um mit Eugen Schmalenbach zu sprechen, effektiv zum Ausgleich von verfügbarem Zeitbudget und der Zeitnachfrage beigetragen hat. In der Anfangsphase Mitte der 90er Jahre war allerdings nach relativ kurzer Zeit eine Preiserhöhung notwendig. Oft wird man nicht bis zur wirklich monetären Lösung gehen können. Zwischenstufen sind denkbar. So ist es in manchen Firmen Praxis, dass für Tagesordnungspunkte in Sitzungen der erwartete Zeitbedarf vorab anzugeben ist. Übersteigt die »Voranmeldung« das Zeitbudget, »dann muss alles etwas schneller gehen«, so kommentierte Ferdinand Piëch während seiner Zeit als Vorstandsvorsitzender diese Praxis. Solche und andere denkbaren Punktesysteme ermöglichen zumindest ansatzweise eine Ex-ante-Bewertung und Ex-ante-Allokation der Zeit.

Diese Ideen seien als Anregungen verstanden. Jeder Manager muss für sich die geeignete Form der Implementierung finden. Es scheint jedenfalls absurd, dass die Zeit des Managers als quasi »freies« Gut behandelt und nicht per Preismechanismus, sondern »planwirtschaftlich« oder per Zufall gesteuert wird.

Auch für das Unternehmen als Ganzes ist Zeit ein knappes Gut, da der Zeitbedarf die verfügbare Zeitkapazität in der Regel überschreitet oder Geschäftschancen nur in bestimmten Zeitfenstern bestehen. Wird eine Chance innerhalb einer solchen Zeitspanne nicht genutzt, so ist sie meist für immer vertan. Die Zeiteffizienz von Entscheidung und Umsetzung wird immer wichtiger.

Ich bin sicher, dass die Zeiteffizienz von Entscheidung und Umsetzung erheblich gesteigert werden kann, wenn man zunächst bei allen Beteiligten Einigkeit und Akzeptanz über Grundfragen und Prioritäten erzielt. Sind die Grundsatzentscheidungen gefällt und von allen akzeptiert, so reduziert sich der Zeitbedarf für Entscheidung und Vollzug von Details enorm. Investieren Sie also Zeit in die Klärung der grundlegenden Fragen. Diese Zeit werden Sie im Alltagsgeschäft mehr als einsparen.

Zeit wird auch durch ein ausuferndes Ausschuss- und Komiteewesen vergeudet. Wenn jede noch so kleine Entscheidung durch einen Ausschuss vorbereitet, diskutiert und verantwortet werden muss, so steigt der Zeitbedarf exponentiell. Hierzu sagte John Maddox, Herausgeber der Zeitschrift *Nature*, bezugnehmend auf das amerikanische Management: »They lack imaginative team leaders in technology. They tend to be unwilling to take risks. Everything is controlled by scientific committees, so that decisions are made too slowly.« Bei uns scheint mir das nicht anders – zumindest nicht in den großen Unternehmen. Mut, auch einmal allein Entscheidungen zu fällen und zu verantworten, kann zu erheblichen Zeiteinsparungen führen.

Wenn Sie der Zeitfalle entgehen wollen, müssen Sie mit Ihrer Zeit etwas geizen. Vielleicht beherzigen Sie hierbei folgende Einsichten:

- Die Ressource Zeit ist knapp, nicht vermehrbar, nicht regenerierbar. Notorischer Zeitknappheit entgeht kaum ein Manager.
- Entrümpeln Sie Ihre Zeit von unnötigen Aktivitäten. Entwickeln Sie die Fähigkeit, »nein« zu sagen.
- Wo immer es geht, kaufen Sie Zeit gegen Geld.
- Steuern Sie den Einsatz der Ressource Managementzeit nicht nur angebotsseitig über Zeitmanagement, sondern auch nachfrageseitig über ein Preissystem.
- Verbessern Sie die Zeiteffizienz von Entscheidung und Umsetzung durch Herbeiführung von Konsens in grundlegenden Fragen und -prioritäten. Das spart Zeit bei den Details.
- Ermutigen Sie zu eigenverantwortlicher, unternehmerischer Entscheidung. Die Verlagerung von Entscheidung und Verantwortung auf Komitees verursacht hohen Zeitbedarf.

Wir alle reisen – um mit Otto von Bismarck zu sprechen – auf dem Strom der Zeit; auch wenn wir diesen weder schaffen noch lenken, so können wir auf ihm doch mit mehr oder mit weniger Geschick und Klugheit navigieren.

Multitasking bewältigen!

Der moderne Mensch und insbesondere der Manager ist einer ständig anschwellenden Informations- und Medienflut ausgesetzt. Unsere Firma Simon-Kucher & Partners wurde 1985 gegründet. Als wir begannen, hatten wir kein Fax (allerdings einen Fernschreiber, ein sogenanntes Telex-Gerät), keinen Personal Computer, geschweige denn einen Laptop, erst recht kein Mobiltelefon und natürlich lagen Internet und E-Mail oder Videokonferenzen in ferner Zukunft. Die Vorstellung, wie Geschäfte damals überhaupt funktionieren konnten, fällt aus heutiger Sicht schwer. Genauso hätten wir uns aus der Perspektive des Jahres 1985 wohl kaum vorstellen können, wie man die moderne Informationsflut bewältigt. Beide Situationen sind so grundlegend verschieden, dass ich mich selbst über die menschliche Anpassungsfähigkeit wundere.

Eine der Reaktionen auf die heutige Informationsflut heißt Multitasking. Wir erledigen mehrere Aufgaben gleichzeitig. Vermutlich ist das im geschäftlichen Alltag unvermeidlich, aber im Sinne einer sinnvollen Nutzung von Ressourcen wie Zeit, Aufmerksamkeitsspanne, Nerven auch sehr problematisch. Denn es ist empirisch nachgewiesen, dass Multitasking zu Zeitverlusten, vermehrten Fehlern, nervlicher Anspannung und zu einer Minderung der Lebensfreude sowie der Schlafqualität führt.[122] Schon der römische Sklave Publilius Syrus sagte: »Zwei Dinge gleichzeitig tun bedeutet, beide nicht zu tun.« An der Universität Stanford wurden 19 heftige Multitasker und 22 Nicht-Multitasker verglichen. Sie sollten unwichtige Reize, die während eines Versuches eingeblendet wurden, nicht beachten. Die Nicht-Multitasker waren der Aufgabe gewachsen, und zwar unabhängig davon, wie viele zusätzliche Reize auftraten. Die Leistung der Multitasker ging hingegen mit zunehmender Zahl der Reize zurück.[123] Überraschenderweise fiel es den Multitaskern sogar schwerer, zwischen zwei Aufgaben zu wechseln. Diese Versuche zeigen, dass Menschen, die häufig multitasken, Probleme mit der Konzentration und der Kontrolle ihres Denkens haben.

Sie werden Multitasking im Alltag nicht ganz vermeiden können. Es ist aber sicherlich ratsam, diese Form der Aktivität auf ein möglichst geringes Maß zu beschränken. Große Selbstdisziplin und auch viel Disziplin der Mitarbeiter und Kollegen sind erforderlich, wenn man sich gegen die ständige Erreichbarkeit und den jederzeitigen Zufluss neuer Stimuli schützen und nicht dauernd durch E-Mails, neue Meldungen oder Mobilanrufe aus dem Arbeitsfluss reißen lassen will. Und ständig gibt es Generationen neuer Geräte, die den »Always-on-Zustand« ausweiten. Smartphones, Blackberry, iPhone und iPad lassen grüßen. Natürlich ändern die technischen Möglichkeiten unser Verhalten. Das sofortige Anschalten der mobilen Kommunikationsgeräte nach einer Flugzeuglandung hat bei vielen Managern schon instinktartigen Charakter, sie scheinen nicht mehr anders zu können.

Man muss realistisch sein und eingestehen, dass es ohne diese Geräte im geschäftlichen und zunehmend auch im privaten Alltag nicht mehr geht. Und man möchte die Vorteile ja auch nicht missen. Dennoch sollte man sich gelegentlich aus dieser »Verfolgungsmaschine«, die einen zum jederzeit erreichbaren Sklaven macht, ausklinken. Für bestimmte Aufgaben braucht man einfach Zeit, Ruhe und Störungsfreiheit. Ich selbst habe zum Beispiel nur wenige Zeilen meiner Bücher oder Artikel im Büro geschrieben, sondern mich für diesen Zweck fast immer nach Hause zurückgezogen. Wichtig ist dabei, dass nicht nur kleine Zeitstücke störungsfrei bleiben, sondern man ganze Zeitblöcke freistemmt. Das können je nach Aufgabe einige Stunden, ein halber Tag oder auch mehrere Tage sein. Dieses Ausklinken ist im Geschäftsalltag schwierig, aber eine unglaublich wirksame Methode, um die knappe Zeit sinnvoll zu nutzen.

Wachsam und flexibel bleiben!

Jedes Unternehmen, das sich bei Investitionen, Forschungs- und Entwicklungsprojekten, Markteintritts- oder Standortentscheidungen auf Dauer festlegt, braucht Prognosen über die längerfristige Zukunft. Leider erweist sich die Zuverlässigkeit derartiger Prognosen als äußerst gering, und mit schnellerem Wandel nimmt sie weiter ab. Sollte man die Leistungen der Prognostiker mit einem Schlagwort beschreiben, so käme nur »Voll daneben!« in Frage.

Zwar waren Prognosen schon immer unsicher. Doch was der amerikanische Managementprofessor Steven Schnaars in seinem Buch »Megamistakes – Forecasting and the Myth of Rapid Technological Change« an Prognosenieten zusammenträgt, übertrifft alle Befürchtungen.[124] Um die Trefferquoten von technologischen Prognosen zu analysieren, kramte Schnaars frühere Studien heraus und verglich die Vorhersagen mit der Realität 25 Jahre später.

Die Ergebnisse sind niederschmetternd. Einige Beispiele: In der seinerzeit weitbeachteten »Probe-Studie« des Technologiekonzerns TRW wurden 335 Innovationen für die nächsten 20 Jahre prognostiziert. Der Kommentar von Schnaars: »Fast jede Vorhersage war falsch.« Nicht viel besser kommen die Prognosen der einst berühmten Futurologen Herman Kahn und Anthony Wiener in »Ihr werdet es erleben« weg[125]. Bei großzügiger Auslegung verdienen nach Schnaars maximal 15 Prozent der Voraussagen das Prädikat »korrekt«, 85 Prozent lagen daneben, die Hälfte völlig.

Der Schweizer Verkehrsexperte Gabriel Bouladon vom renommierten Battelle-Institut prophezeite 1967: »Die letzten Omnibusse – elektrisch betrieben natürlich, wie von den um 1980 erlassenen Umweltgesetzen vorgeschrieben – werden bis 1990 verschwunden sein.« Er erwartete stattdessen Selbstbedienungsautos, die man überall vorfindet, mit einer Kreditkarte benutzt und am Ziel einfach stehen lässt. Der gleichen Studie zufolge müssten wir heute mit 16 000 Kilometern pro Stunde durch die Lüfte sausen. In Wirklichkeit fliegen zivile Passagierflugzeuge seit den 60er Jahren mit praktisch unveränderter Geschwindigkeit durch die Lüfte. Das Zeitalter des Überschallflugzeuges Concorde ist seit dem schweren Unfall am 25. Juli 2000 auf dem Flughafen Paris Charles de Gaulle Geschichte.

Ältere Leser erinnern sich vielleicht an die Prognose von Herman Kahn, der zufolge Frankreich zur führenden Weltmacht aufsteigen sollte. Auch Olaf Helmer, Erfinder der DELPHI-Methode, konnte trotz der Einbeziehung von Experten aus verschiedenen Fachgebieten bei seinen Prognosen keine höheren Trefferquoten verzeichnen. Der weltbekannte amerikanische Biologe Paul Ehrlich errechnete 1969 mit Hilfe eines komplexen Modells, dass im Jahr 1980 der Fischbestand der Meere ausgerottet sein würde.

Im Jahr 1982 wurden in dem Buch »Auf der Suche nach Spitzenleistungen« 43 amerikanische Unternehmen als vorbildlich dargestellt.[126] Diese Analyse konnte man durchaus als Quasi-Prognose für ein gutes Abschneiden in der Zukunft interpretieren. Doch ganze zwei Jahre später waren 14 von ihnen, also rund ein Drittel, wie es in *Business Week* hieß, »in serious financial trouble«. Die Zeitschrift *Stern* gab am 27. November 1989 ein Sonderheft mit dem Titel »Stern extra 2000 – Reportagen aus der Zukunft« heraus. Einige Kostproben: Im Jahr 2000 steht Deutschland kurz vor der Einheit, Lafontaine ist Bundeskanzler und Modrow DDR-Staatschef. Es wäre heilsam, solche Prognosen öfter mal hervorzukramen, um sich deren Unsinn vor Augen zu halten. Es bleibt wohl nur der Verweis auf ein Motto von Winston Churchill: »Der sicherste Zeitpunkt für eine Prognose ist kurz nach dem Ereignis.«

Doch nicht nur treten die von den Futurologen vorhergesagten Entwicklungen nicht ein, nein, die Sterngucker verpassen zudem die Innovationen, die sich später wirklich durchsetzen. Vergeblich sucht man in den Prognosen jeweils früherer Jahre nach Personalcomputer oder Internet. Der Wissenschaftsjournalist Thomas von Randow spricht zutreffend vom »Debakel der Orakel«.

Trotz dieser Debakelhistorie glauben viele immer noch an die Propheten. Bücher, die Auskunft über die Welt in 25 Jahren versprechen, haben allemal gute Chancen, Bestseller zu werden. In solchen Prognosen tauchen stets die Stereotype von gestern wieder auf: Unterwasserstädte, routinemäßige bemannte Raumfahrt, vollautomatischer Verkehr, Überschallflugzeuge und und und. »Wer nicht aus der Geschichte lernt, muss sie wiederholen«, sagte der Philosoph George Santayana.

Etwas besser schneidet allerdings ein anderes Genre der Sterngucker ab, die sogenannten Trendspotter, die sich allerdings mehr auf soziologische als auf technologische Vorhersagen kaprizieren. Einer der Pioniere dieser Gilde war John Naisbitt mit seinem Buch »Megatrends«, das sich zwei Jahre auf der Bestsellerliste der *New York Times* hielt und insgesamt 14 Millionen Mal verkauft wurde.[127] Die Aussagen der Trendforscher basieren auf Presseauswertungen, Meinungsforschung und Fokusgruppeninterviews. Aus diesen Daten destillieren die Trendspotter neue »Trends« heraus. Nach einer Analyse der amerikanischen Zeitschrift *Working Woman* eignen sich Frauen wegen ihrer größeren sozialen Sensitivität für dieses Metier besonders. Genau genommen handelt es sich beim Trendspotting jedoch nicht um Prognosen, sondern um ein frühzeitiges Erkennen sich abzeichnender beziehungsweise bereits eingetretener Entwicklungen. Auch Peter Drucker hat stets die Ansicht vertreten, dass sich die Trends der nächsten Jahre schon heute in konkreten Signalen manifestieren. Man müsse nur die Schrift an der Wand lesen können.[128] Für das Management können solche Erkenntnisse von großem Nutzen sein. So stellte ein bekanntes Kosmetikunternehmen, das mit Hilfe einer Datenbank laufend die Häufigkeiten der Erwähnung bestimmter Einsatzstoffe in der Presse erfasst, fest, dass eine Substanz vermehrt genannt wurde. Aufgrund dieser Erkenntnis ersetzte man den Einsatzstoff und erzielte einen erheblichen Wettbewerbsvorteil, als die Chemikalie kurze

Zeit später von der Presse zum Umwelt-Sündenbock erkoren wurde. Für langfristige Prognosen eignet sich Trendspotting allerdings kaum. Zudem ist im frühen Stadium meist unsicher, ob es sich um einen echten Trend oder nur um eine vorübergehende Modeerscheinung handelt.

Worin liegen die Ursachen dafür, dass die Prognostiker so häufig und so voll danebenliegen? Die Fallgruben der Prognose sind zahlreich:

- Technische Träumerei:
  Techniker und Naturwissenschaftler lassen sich oft von rein technischen Aspekten leiten und vergessen die Kosten. Fast alle Weltraumprognosen kranken an dieser Einseitigkeit. Solange es mehr als 10 000 Dollar kostet, ein Kilogramm in den Weltraum und zurück zu transportieren, wird es dort keine nennenswerte Produktion oder gar Massentourismus, wie immer wieder angekündigt, geben.
- Vernachlässigung von Nutzenaspekten:
  Der Nutzen der Technologie für den Kunden und damit dessen Zahlungsbereitschaft werden nicht sorgfältig ausgelotet. Eine Innovation setzt sich nicht wegen ihrer technischen Eleganz oder Ingenuität, sondern einzig und allein aufgrund ihres höheren Kundennutzens durch.
- Nichtbeachtung von Verhaltenswiderständen oder Verhaltensvorteilen:
  Warum gibt es immer noch Tageszeitungen? Weil zumindest die mittlere und ältere Generation ihre Nachrichten nicht aus einem elektronischen Gerät beziehen wollen. Bei jüngeren Menschen ist das – wie in Kapitel 6 diskutiert – häufig schon anders.
- Prognostiker sind keine Erfinder:
  Um Innovationen wirklich vorhersagen zu können, müssten die Prognostiker Erfinder sein. Das aber sind sie nicht. Dieser Mangel erklärt, warum die tatsächlichen Innovationen so schlecht antizipiert werden. Die Prognosespezialisten sind oft und primär Gefangene des jeweiligen Zeitgeistes, ihrer Zeit allenfalls ein bisschen, aber nicht viel voraus. »Technological forecasts tell more about the times in which they were made than they do about the times they seek to predict. Forecasters are inextricably bound up in the spirit of the times in which they live«, sagt dazu Steven Schnaars.[129]
- Prinzipielle Unvorhersagbarkeit der Zukunft:
  Die grundsätzliche Ungewissheit der Zukunft kann das beste Prognosemodell ad absurdum führen. Selbst wenn wir alle Daten und Ge-

setzmäßigkeiten der Vergangenheit erfassen und modellieren könnten, wäre dies in einem sozialen System keine Garantie dafür, dass die gleichen »Gesetze« in Zukunft fortbestehen. Die Chaostheorie lehrt uns, dass wir in komplexen Systemen niemals alle Informationen für eine perfekte Voraussage besitzen werden. Kleine, isoliert betrachtet belanglose Ereignisse können im System gravierende Auswirkungen haben.

- Nichtbeachtung von Grenzen:
  Bäume wachsen nicht in den Himmel; genauso wenig ist es wahrscheinlich, dass Untergangsprognosen in Erfüllung gehen. Gegenläufige, systeminhärente Kräfte werden regelmäßig unterschätzt. Bevor alle Fische ausgerottet werden, entsteht eine Bewegung zur Erhaltung der Fischwelt. Bevor der letzte Deutsche ausstirbt, wie die langfristigen Bevölkerungsprognosen erahnen lassen, wird das Kinderkriegen vermutlich in ungeahntem Maße aufgewertet. Solche Selbstheilungskräfte sind ex ante kaum zu fassen.

Soll man angesichts des Prognosedilemmas resignieren und ganz auf langfristige Prognosen verzichten? Ein völliger Verzicht ist selbstverständlich unmöglich, denn – ob wir es wollen oder nicht – Investitions- und F&E-Entscheidungen sind langfristiger Art und müssen auf Annahmen über die Zukunft basieren. Aus den Erfahrungen können wir jedoch wichtige Einsichten gewinnen:

- Bewahren Sie eine gesunde Skepsis gegenüber allen langfristigen Prognosen. Gehen Sie von Prognosen einen Schritt zurück, gehen Sie etwas auf Distanz.
- Misstrauen Sie komplizierten Prognosemodellen. Nichts deutet darauf hin, dass diese Modelle besser abschneiden als einfache Verfahren. Verwenden Sie möglichst multiple Methoden, unterschiedliche Ansätze und Perspektiven. Je mehr Indikatoren in die gleiche Richtung weisen, desto größer kann Ihr Vertrauen in die Vorhersage sein.
- Fragen Sie strikt und rigoros nach Kosten und Nutzen einer Innovation. Gehen Sie mit gesundem Menschenverstand an die Prognose heran und stellen Sie einfache Fragen. Die meisten Innovationen scheitern nicht an der Technik, sondern an der Ökonomie.
- Halten Sie sich vor Augen, dass echte Innovationen zur Durchsetzung fast immer länger brauchen, als man anfangs glaubt. Fragen Sie, welche

Verhaltenswiderstände es geben kann und ob die Innovation »verhaltenskompatibel« ist.

Die wohl wichtigste Antwort auf die schwierige Vorhersagbarkeit der Zukunft besteht daneben in der Erhöhung von Wachsamkeit und Flexibilität. Wenn der überschaubare Zeithorizont kürzer wird, dann kommt es darauf an, Gefahren früher zu erkennen und das Steuer schneller herumzureißen. Fähigkeit zur schnellen Reaktion statt blindes Verlassen auf langfristige Prognosen heißt deshalb die Devise. Viele Wege wie marktnahe Organisation, dezentrale Entscheidungskompetenz, personale Verantwortung, Planen in Szenarien führen dorthin. So benutzt Shell zwei 20-Jahres-Szenarien, um die Organisation permanent zum Denken in Alternativen zu zwingen. Wenn man nicht ausschließen kann, beim Prognostizieren voll danebenzuliegen, so sollte man doch alles tun, um zu verhindern, dass dies beim Handeln passiert.

Ein Vierzehnjähriger schrieb in einem Aufsatz, eines der größten Probleme unserer Zeit sei die Zukunft. Daran, so fürchte ich, wird sich auch fürderhin wenig ändern. Denn Prognosen bleiben unsicher, insbesondere wenn sie die Zukunft betreffen.

Den großen Fehler vermeiden!

Welche Unternehmen überleben langfristig? Und welche gehen unter oder werden von anderen geschluckt? Und was sind die Ursachen hinter diesen Entwicklungen? Es ist zu Genüge bekannt, dass marktwirtschaftliche Unternehmen relativ kurzlebige Gebilde sind. Unter Firmen sind Methusaleme rar. Von den zwölf Unternehmen des ursprünglichen Dow Jones Indexes aus dem Jahr 1897 findet sich nur noch ein einziges, General Electric, in dem heute 30 Aktiengesellschaften umfassenden Index. Von den »Top 100 Fortune«-Unternehmen des Jahres 1970 sind per 2010 nur noch 21 unter den Fortune 100. Von den 30 Unternehmen, die im Jahr 1988 im Dax bei dessen Gründung vertreten waren, befinden sich nur noch 17 im Dax.[130] In einem Gespräch mit Professor Hermut Kormann, dem langjährigen früheren Vorstandsvorsitzenden der Firma Voith, die mehr als 100 Jahre alt ist, ging es um solche Fragen. Die Vermutung liegt nahe, dass die Überlebenden alles oder zumindest vieles besser machen, dass sie einfach schlauer sind. Kormann ist jedoch anderer Meinung. Vielleicht genüge es, weniger dumm zu sein und Fehler, die andere machen, zu vermeiden, oder gemachte Fehler schneller zu korrigieren. »Um Erfolg zu haben, braucht man nicht klug zu sein, man darf nur nicht dumm sein«, bringt Kormann seine Ansicht auf den Punkt.[131] Ich greife diese These hier auf und erweitere sie um folgende Aussage: »Wer langfristig überleben beziehungsweise unabhängig bleiben will, der muss vor allem den einen ›großen‹ Fehler vermeiden.«

Die Wirtschaftskrise von 2008/9 liefert schlüssiges Anschauungsmaterial zur Stützung dieser These. Die Krise zeigt, dass selbst gut laufende Unternehmen durch den einen »großen« Fehler in kürzester Zeit an den Rand des Abgrunds geraten können. INA Schaeffler wuchs von 1,5 Milliarden Euro Umsatz im Jahr 1998 auf 8,9 Milliarden Euro in 2008, war dabei stets profitabel und galt als hervorragend geführte, solide Firma – bis zum »großen« Fehler im Jahr 2008. Der Umsatz von Porsche stieg von 2,5 Milliarden Euro im Geschäftsjahr 1997/98 auf 8,9 Milliarden Euro in 2007/08. Im gleichen Zeitraum verachtfachte sich der Gewinn aus dem Autogeschäft, und Porsche wurde zum profitabelsten Autobauer der Welt (die Spekulationsgewinne aus dem Jahr 2008 sind hier nicht eingerechnet). Der eine »große« Fehler bedeutete das Ende der Unabhängigkeit für die stolzen Schwaben. Die Hypo Real Estate stieg 2005, zwei Jahre nach der Ausgliederung aus der Hypovereinsbank, in den DAX auf. In 2006 stand der Aktienkurs bei 57 Euro (später sackte er auf knapp über einen Euro ab) und die Eigenkapitalrendite lag bei 11,4 Prozent. Wie der *Spiegel* schrieb, »holte Funke (seinerzeitiger Vorstandsvorsitzender) dann zum ganz großen Schlag aus.« Für mehr als 5 Milliarden wurde der Staatsfinanzierer Depfa erworben – der »große« Fehler, der die Hypo Real Estate in den Abgrund riss.

Nun mag man versucht sein, die drei vorgenannten Fälle des »großen« Fehlers der Krise zuzuschreiben. Das ist jedoch ein Irrtum. Die Geschichte ist voll von »großen« Fehlern. Das Kerngeschäft von Gerling war gesund. Dann strebten die verantwortlichen Manager nach Größerem und kauften den amerikanischen Rückversicherer Constitution Re. In der Presseerklärung von Gerling hieß es dazu am 27. Oktober 1998: »The acquisition of Constitution Re has strengthened our international presence, and has allowed the Gerling Group to achieve a quantum leap in the U.S. reinsurance market.« Der Quantensprung, oft nur ein anderes Wort für den »großen« Fehler, zwang den stolzen Gerling-Konzern in die Knie. Heute ist Gerling ein Teil des Versicherers Talanx.

Doch es sind keineswegs nur von Größenwahnsinn getriebene Akquisitionen, die ins Desaster führen. Die 1913 gegründete Firma Arthur Andersen war mit 85 000 Mitarbeitern und einem Umsatz von 9,3 Milliarden Dollar in 2001 eine der führenden Wirtschaftsprüfungsgesellschaften der Welt. Das Jahr 2002 brachte mit dem Enron-Skandal den »großen« Fehler, der – obwohl nur an einem Standort begangen und von wenigen Partnern zu verantworten – das weltweite Ende dieses einst so stolzen Unternehmens bedeutete. Auch die Metallgesellschaft war ein Vorzeigeunternehmen. Und doch wurde sie in wenigen Jahren zugrunde gerichtet. Ein seinerzeitiges Aufsichtsratsmitglied bestätigte die These: »Es gab e i n e n (Sperrung im Original) Fehler, nämlich die Bestellung von Herrn Schimmelbusch zum Vorstandsvorsitzenden.«

Was sind die Lehren aus diesen Fallstudien?

- Der »große« Fehler bildet in der Tat eine ernste Gefahr für das Überleben von Unternehmen. Er muss deshalb unbedingt und mit allen Mitteln vermieden werden. Die genannten Unternehmen könnten alle noch existieren oder unabhängig sein, wenn sie den »großen« Fehler vermieden hätten. Professor Kormann hat Recht! Es ist entscheidend, nicht dumm zu sein.
- Unter den Ursachen des »großen« Fehlers scheint Größenwahnsinn eine sehr prominente Rolle zu spielen. Folglich sollten Manager, Eigentümer und Aufsichtsorgane schärfstens darauf achten, dass sich diese Untugend nicht breitmacht. Dabei ist zu beachten, dass anhaltende, außergewöhnliche Erfolge den idealen Nährboden für die Entwicklung von Größenwahnsinn bilden.
- Wer sich gegen den »großen« Fehler schützen will, dem sei auch der Verzicht auf übertriebenes Leveraging und gewagte Finanzkonstruktionen nahegelegt.
- Und last but not least: »Große« Fehler werden eher von Typen begangen, deren herausragende Charaktermerkmale nicht in Integrität und Bescheidenheit liegen. Nicht selten liegt der »große« Fehler in der Auswahl des CEOs.

Überorganisation bekämpfen!

In meinen jüngeren Jahren neigte ich dazu, Unternehmen, die scheinbar perfekt organisiert waren, zu bewundern. In diesen Unternehmen war klar, wer für was zuständig war. Und für wirklich alles war jemand zuständig. Prozesse liefen scheinbar reibungslos. Sitzungen waren minutiös vorbereitet, und Zeiten wurden präzise eingehalten. Heute betrachte ich Unternehmen, die so perfekt organisiert erscheinen, mit großer Skepsis. Denn über die Jahrzehnte musste ich immer wieder erfahren, dass perfekte Organisation in Wirklichkeit vor allem Bürokratie, Inflexibilität, hohe Kosten und, im schlimmsten Falle, Erstickung von Unternehmertum bedeutet. Mehr denn je wundere ich mich über die Bewunderung, die Max Weber für Organisation und Bürokratie, am reinsten verwirklicht in der staatlichen Verwaltung, hegte. Kontakte mit staatlichen Behörden und Verwaltungen sind mir heute ein Gräuel.

Die meisten Firmen haben nicht zu wenig, sondern zu viel Organisation, und vor allem zu viel Zentralisation. Die Vorstellung, die Zentrale sei intelligenter als die Untergliederungen, ist aus den Köpfen nicht rauszukriegen. Auf dieses Stereotyp trifft man in der Politik, wo Brüssel sich für klüger hält als das einzelne EU-Mitglied, und Berlin meint, schlauer zu sein als die Bundesländer. Genauso glauben die Leute in den Unternehmenszentralen besser zu wissen, was richtig ist, als die Manager in den dezentralen Einheiten. Eher selten trifft man auf Abweichungen von diesem Muster. In der Politik ist die Schweiz eines der wenigen Beispiele, in denen das Subsidiaritätsprinzip wirklich ernst genommen wird. In der Wirtschaft treffe ich auf solche Einstellungen überraschenderweise bei Private-Equity-Investoren, die den Führungskräften der erworbenen Unternehmen oft erstaunliche Freiräume lassen. Auch bei erfolgreichen Mittelständlern findet man häufig Beispiele für konsequente Dezentralisierung. So hat die Körber-Gruppe, deren bekanntestes Unternehmen der Tabakmaschinen-Weltmarktführer Hauni ist, einen kleinen Konzern mit zahlreichen Weltmarktführern geschmiedet, die rechtlich selbstständig sind und mit hohen Freiheitsgraden operieren. Erstaunlich viele Hidden Champions folgen diesem Muster, wenn sie in neue Geschäfte eintreten. Beispiele sind Weltmarktführer wie Plansee bei Hochleistungswerkstoffen, IBG in der Schweißtechnik oder Hoerbiger in der Kompressor- und Antriebstechnik. Alle diese Firmen operieren in Dutzenden von weitgehend autonomen Einheiten, die klein sind und eher Schnellbooten gleichen als den schwerfälligen Tankern der Großkonzerne. Entscheidend bei dieser Dezentralisation ist, dass die unternehmerische Energie der Führungskräfte zur Wirkung kommt und nicht behindert wird. Kürzlich sagte mir ein junger Manager aus einem deutschen Großunternehmen: »Bei uns wird mit zwei Methoden geführt, nämlich mit Angst und mit Controlling.« Dass da von Freiheit für die Entfaltung unternehmerischer Energie keine Rede mehr sein kann, versteht sich.

Natürlich hat die Dezentralisierung eine Spiegelseite, ohne die sie nicht funktioniert. Diese heißt Verantwortung oder Rechenschaft. Tom Peters nennt diese Polarität »Decentralization and Accountability«. Dezentralisierung bedeutet, dass man, statt den Prozess vorzuschreiben bzw. ständig in diesen einzugreifen, die Ergebnisse prüft – und dann entsprechend reagiert. Doch bei der konsequenten Reaktion hapert es ebenfalls. Wirksame Sanktionen gegen Versager lassen in der Regel viel zu lange auf sich warten. Zu viel Zentralisation liefert den Versagern ihrerseits willkommene Argumente, dass es nicht an ihnen liegt – teilweise trifft das sogar zu. Wie oft habe ich von Führungskräften gehört, dass sie ihre Einheit ganz anders führen würden, wenn sie nur dürften. Wie oft habe ich erlebt, dass eine Geschäftseinheit aufblüht, wenn sie aus dem Konzernverbund herausgenommen und den bisherigen Führungskräften überlassen wird. Kann es einen überzeugenderen Beleg für Überorganisation geben?

Ein weiteres Argument für weniger Organisation resultiert aus der Verschiebung zur Wissensarbeit. Je intelligenter die Mitarbeiter sind, desto weniger Organisation brauchen sie – et vice versa. Hüten sie sich davor, jedes 1-Prozent-Problem mit einer 100-Prozent-Regel zu bekämpfen. Es ist effizienter und billiger, gewisse Fehler durchgehen zu lassen, als alles perfekt kontrollieren zu wollen. Eine kluge Regel besteht darin, eine neue Vorschrift nur zu akzeptieren, wenn gleichzeitig eine alte abgeschafft wird. Würden unsere Politiker dieses simple Prinzip beherzigen, dann wäre manches einfacher. Geben Sie nicht allen Forderungen Ihrer Mitarbeiter nach mehr Organisation nach. Ich jedenfalls sah sets eine wichtige Rolle als Chef darin, eher für weniger als für mehr Organisation zu kämpfen. Bekämpfen Sie Überorganisation.

Seine Märkte verteidigen!

Um einen Markt verteidigen zu können, muss man ihn zunächst einmal »haben«. Unter »haben« verstehe ich hier der Einfachheit halber, dass ein Unternehmen Marktführer und deutlich stärker als der nächste Konkurrent ist. Sonst sollte man »von einen Markt haben« nicht sprechen.

Wie wird man nun Marktführer? Das beste Verfahren ist, einen Markt neu zu begründen, so wie es Brita bei Wasserfiltern, Fischer bei Dübeln oder Kärcher bei Hochdruckreinigern getan hat. Die zweite, schwierigere Methode besteht darin, einen bestehenden Markt zu erobern. Schwieriger ist das deshalb, weil man etablierte Konkurrenten verdrängen muss. Das gelingt nur mit Innovation. So hat Texas Instruments in den 70er Jahren mit dem Taschenrechner den Rechenschieber obsolet gemacht. Trumpf hat das mechanische Blechschneiden durch Laserschneiden ersetzt. Aldi, Ikea, aber auch Würth mit seinem Direktvertrieb für Montageprodukte gehören ebenfalls in diese Kategorie. Die Innovation kann in besserer Leistung und/oder in niedrigeren Kosten bestehen.

Diese Aussagen enthalten bereits die Antworten auf die Frage, wie man seinen Markt verteidigt. Man verteidigt den Markt nämlich genauso, wie man ihn erobert hat, das heißt durch ständige Innovation. Die Hidden Champions des 21. Jahrhunderts sind im Schnitt seit 21 Jahren Weltmarktführer. Sie konnten diese Position halten, weil sie immer wieder neue Lösungen auf den Markt brachten. Dabei spielen regelmäßige kleine Verbesserungen eine weit größere Rolle als die seltenen Durchbruchsinnovationen. Hierbei geht es natürlich um eine weite Sicht von Innovation. Innovationen beschränken sich keineswegs nur auf die Technik, sondern müssen Vertrieb, Prozesse, Kosten und Preise einschließen. Eine Warnung ist an dieser Stelle angebracht: Man verteidigt seinen Markt nicht erfolgreich mit Preissenkungen, wenn man keine Kostenvorteile hat. Nur mit dauerhaft niedrigeren Kosten kann man Konkurrenten aus dem Markt drängen bzw. klein halten. Ohne diese Bedingung ist die preisaggressive Marktverteidigung typischerweise der Weg in den Ruin. Eine weitere Lehre: Erfolgreiche Verteidiger warten nicht ab, bis ein Konkurrenzangriff Erfolg hat, sondern reagieren schnell auf jede ernst zu nehmende Attacke. Idealerweise agieren sie, bevor der Wettbewerb in den Markt eintritt bzw. mit seinem Angriff beginnt. Diese sogenannte Präemption ist strategisch die effektivste Methode der Verteidigung.

Zum Schluss sei eine Mahnung mit auf den Weg gegeben: Die größte Gefahr für den Marktführer liegt oft nicht in der Konkurrenz, sondern in der eigenen Überheblichkeit und Unbeweglichkeit. Walter Wriston, der frühere Chef der Citi-Group, sagte: »Der Glaube an das göttliche Recht der Erbkönige starb vor vielen hundert Jahren, doch nicht, so scheint es, die Lehre von den ererbten Märkten. Es ist ein alter Traum, der nur langsam stirbt. Die Unternehmensgeschichte ist voll von Firmen, die es versäumten, sich mit der Welt zu ändern, und an die nur noch ein Grabstein auf dem großen Unternehmensfriedhof erinnert.«

Kundenverluste strategisch akzeptieren!

Sind Sie Marktführer? Oder haben Sie einen hohen Marktanteil? Und werden Sie von neuen Konkurrenten angegriffen, die Ihnen Kunden abjagen wollen? Dann sollten Sie extrem vorsichtig sein. Denn Sie stehen zwischen Scylla und Charybdis. Verlieren Sie Kunden, dann kann es Ihnen gehen wie 2006 Kai-Uwe Ricke bei der Deutschen Telekom. Wenn man der Presse glauben darf, dann hat ihn damals die massive Kundenabwanderung – 1,5 Millionen in wenigen Monaten – den Job gekostet. Dabei verliert die Telekom die Kunden quasi nur zur Hälfte, denn die Konkurrenten müssen die Leitungen von der Telekom mieten, dabei bleibt mehr als die Hälfte des Umsatzes beim früheren Monopolisten. Apropos Monopolist Telekom: War Kundenverlust nicht genau die Intention des Staates, des Gesetzgebers, des Regulierers? Wozu hat man die Telekom in den Wettbewerb entlassen, wenn sie dabei keine Kunden an die neuen Konkurrenten verlieren darf? Dabei konnten sich die Ergebnisse von Ricke in Bezug auf Gewinn, Cashflow etc. durchaus sehen lassen. Sogar Friedrich Joussen, Deutschlandchef des schärften Konkurrenten Vodafone, kommentierte, dass die Geschäftszahlen der Telekom doch ganz ordentlich aussähen. »Aufgrund der Zahlen hätte ich Kai-Uwe Ricke nicht entlassen«, so Friedrich Joussen.

Kundenverlust ist ein Tabuthema. Kürzlich erklärte mir ein Automobilvorstand: »Wirklichen Ärger kriege ich, wenn ich Kunden verliere. Dann wird es im Aufsichtsrat eng. Ein Gewinnrückgang ist im Vergleich dazu ein zweitrangiges Problem.« Und ein Vorstand einer deutschen Großbank gab mir am Anfang eines Beratungsprojektes mit auf den Weg: »Absolute Nebenbedingung ist, dass wir keinen Kunden verlieren, keinen einzigen. Wenn in der Zeitung steht, dass wir Kunden verlieren, dann wackelt mein Stuhl.«

Was aber sind die Alternativen, wenn man Marktführer ist oder hohe Marktanteile hat und von ernst zu nehmenden Konkurrenten angegriffen wird? Natürlich kommt einem als erstes die Verteidigung der Marktposition mit Zähnen und Klauen in den Sinn. In der Praxis heißt das, mit massiven Preissenkungen gegenzuhalten. Ist das jedoch der einzige oder gar der beste Weg? Oder muss man mit einer völlig anderen Sichtweise an dieses Problem herangehen?

Vielleicht trägt die folgende Fallstudie zur Erhellung bei. Die Mosella AG (Name anonymisiert) war in einem Markt der Spezialkeramik klarer Weltmarktführer, mit einem Marktanteil von über 75 Prozent quasi Monopolist. Doch diese schöne Zeit ging zu Ende, als ein finanzstarker japanischer Wettbewerber, den ich hier Nikko nenne, in den amerikanischen Markt eintrat. Nikko beherrschte den Markt in Japan und verdiente dort gutes Geld. Beim Markteintritt in Amerika unterbot Nikko die Mosella AG beim Preis um 25 Prozent. Mosella wollte, wie gehabt, die dominante Position verteidigen und reagierte sofort mit einer Preissenkung von 20 Prozent, was wiederum Nikko bewog, die Preise um weitere 15 Prozent zu senken und damit die alte Preisdifferenz herzustellen. Nach zwei Jahren hatte Nikko ein Drittel des US-Marktes erobert. Bei Mosella war aus einem Umsatzindex von 100 × 100 (Preis × Menge) = 10 000 ein Wert von 80 × 67 = 5 360 geworden, ein Rückgang von 46,3 Prozent. Der Gewinneinbruch war zwangsläufig noch katastrophaler, da die Preissenkung voll auf die Spanne durchschlug. Was hätte Mosella anders machen sollen? Die Gelegenheit, diese Frage zu beantworten, kam kurze Zeit später, als sich die Japaner den europäischen Markt vornahmen. Wiederum unterboten sie Mosella um 25 Prozent. Doch wie reagierte Mosella diesmal? Es senkte nicht den Preis, sondern verstärkte die Vertriebs- und Servicebemühungen massiv. Auch mit innovativen Produkten und Prozessen wurde gegengehalten. Nach zwei Jahren hatte Nikko auch in Europa ein Drittel des Marktes erobert, Mosella besaß nach wie vor zwei Drittel – und dabei blieb es. Eine neue Balance war erreicht. Was ist der Unterschied zu Amerika? Ausgehend von einem Umsatzindex von 100 × 100 (Preis × Menge) = 10 000 erreichte man in Europa ein Niveau von 100 × 67 = 6 700. Das ist zwar sehr viel weniger als die vorherigen 10000, aber immerhin 25 Prozent mehr als die 5360 aus USA.

Die Situation der Telekom und aller anderen angegriffenen Marktführer ähnelt der von Mosella. In der Regel ist es unrealistisch bzw. zu teuer, sehr hohe Marktanteile gegen entschlossene und finanzstarke Konkurrenten zu verteidigen. *Man sollte sich mit Kundenverlusten abfinden und diese bewusst managen, das heißt man braucht ein »Kundenverlustprogramm«*. Die entscheidende und extrem schwer zu beantwortende Frage besteht darin, bei welchem Marktanteil ein neues Gleichgewicht eintritt und wie lange es dauert, dieses zu erreichen. Oder anders formuliert, welchen Marktanteil man »verdient«, ohne diesen durch Margen ruinierende Preissenkungen erkämpfen zu müssen. Im Falle Mosellas hatte die US-Erfahrung gezeigt, dass den Japanern trotz niedrigerer Preise nicht mehr als ein Drittel des Marktes zufiel. Diese Richtschnur erwies sich auch für Europa als zutreffend. Es ist in solchen Situationen meist vorteilhafter, der Konkurrenz einen Teil des Marktes zu überlassen und auf diese Weise ein gewinnhaltiges Preisniveau zu erhalten. Kein Unternehmen kann ohne Kunden leben. Kundenverluste sind immer unangenehm. Aber genauso wenig nutzt einem Unternehmen eine hohe Zahl von Kunden, wenn diese keine Margen bringen. Kundengewinnung oder Kundenverluste: Auf dem Weg zur neuen Balance von Marge und Kundenzahl kann das eine wie das andere notwendig sein.

Realismus-Injektionen setzen!

»Common sense is not so common.« So ist es in der Tat. Dieser berühmte Spruch stammt übrigens nicht von Oscar Wilde, sondern von Voltaire. Gesunder Menschenverstand scheint bei Wirtschaftsthemen zunehmend zur Mangelware quer durch die Gesellschaft zu verkommen. Ein Rundumschlag ist durchaus angebracht: Politiker ohnehin, Lieschen Müller, aber auch Journalisten, Manager, Bewerber und Berater sind von der Epidemie des ökonomischen Realitätsverlustes befallen.

In einer Untersuchung des Bankenverbandes wird »Geringes Wissen über Management und wirtschaftliche Zusammenhänge in der Öffentlichkeit« als wichtigste Ursache für das negative Image der Wirtschaft genannt. 82 Prozent der befragten Manager stimmen dieser Aussage zu. Fragt man Lieschen Müller oder Otto Normalverbraucher, wie viel von 100 Euro Umsatz einem Unternehmen als Gewinn bleiben, nennen sie typischerweise Zahlen zwischen 25 und 50 Euro. Der mir bekannte Rekord liegt bei 46 Euro. Solche absurden Vorstellungen ziehen sich durch weite Gesellschaftskreise. Selbst Gebildete wirtschaftsferner Fachrichtungen zeichnen sich häufig durch völlig unrealistische Sichtweisen aus. Bei Politikern sind stark überhöhte Wahrnehmungen zur Rentabilität von Unternehmen verbreitet. Bezeichnenderweise sind es fast immer die bösen Multis, die zu viel verdienen. Der arme Mittelständler darbt hingegen in den Augen der gebildeten und der politischen Klassen. Mir selbst stellt sich die Realität eher umgekehrt dar. In einer Befragung von Mittelständlern lag die durchschnittliche Rendite bei 13,3 Prozent, davon können die meisten Großen nur träumen – jedenfalls in Deutschland.

Eine weitere Gruppe mit Realismus-Engpässen sind Bewerber. Ich habe in meiner Tätigkeit zahlreiche Bewerbungsgespräche geführt. Mein Eindruck ist, dass sich Bewerber stark von Moden und großen Namen beeinflussen lassen. Auf die Frage, in welchen Branchen ein Bewerber bevorzugt arbeiten möchte, hörte ich am häufigsten Telekommunikation und Automobilindustrie. Beide Industrien stehen vor großen Problemen und haben in den letzten Jahren massiv Personal abgebaut. Generell stelle ich fest, dass große Firmen mit bekannten Namen beliebter sind als Mittelstandsunternehmen. Dem steht die Tatsache gegenüber, dass viele große Unternehmen, zumindest in Deutschland, Mitarbeiter entlassen, während gute Mittelständler stark wachsen. Als ich 1973 Examen machte, war IBM der absolute Superstar als Arbeitgeber. Das Unternehmen stand auf der Höhe seiner Entwicklung. Sehr viele Top-Absolventen gingen dorthin. Die weitaus meisten von ihnen haben bei IBM eher bescheidene Karrieren gemacht. Warum? Weil es bei IBM zu viele gute Leute gab und weil IBM später in eine Krise geriet, die zu einem Personalabbau um die Hälfte führte. Um die Zeit meines Examens heuerte kaum jemand bei SAP an, denn dieser Start-up war damals ein Nobody, gerade gegründet, mit wenigen Mitarbeitern. Die frühen SAPler haben natürlich finanziell und karrieremäßig ganz anders abgeschnitten als die IBMer. Das ist wie beim Aktienkauf: Von einer Aktie eines Unternehmens, das ganz oben steht, kann man nicht mehr viel erwarten. Man muss auf einen Wachstumswert setzen. Diese einfache Wahrheit entgeht den meisten Bewerbern.

Doch sind Berater nicht schlauer, durchschauen nicht wenigstens sie die Realität? Mitnichten! Beispielhaft führe ich zwei Episoden an. Ein »Partner« einer bekannten Consultingfirma bewirbt sich. Er ist seit 20 Jahren im Geschäft. Seine jetzige Firma gehört zu einem großen Konzern, er kann also nicht Partner im Sinne von Miteigentümer werden, erhält auch keine Dividende, geschweige denn eine Beteiligung am Shareholder-Value-Zuwachs. Als ihm diese doch einfachen Tatsachen und der Unterschied zu anderen Beratungsfirmen in unserem Gespräch klar werden, ist er von den Socken und seufzt: »Das habe ich wohl nicht früh genug bedacht.« Ein anderer Consultant, der bei einem Schweizer Beratungsunternehmen arbeitet, antwortet auf meine Frage, wem die Firma gehört: »Herr X ist 100 Prozent Eigentümer.« Auf meine zweite Frage, warum er dort arbeitet, obwohl er nicht Miteigentümer werden kann: »Dieses Unterschieds war ich mir nicht bewusst.« Mittlerweile hat sich dieser Berater selbstständig gemacht. Seine alte Firma gehört immer noch zu 100 Prozent Herrn X. Realismus ist eben Mangelware – auch bei Beratern.

Kommen wir zu den Managern. Wo zeigt sich bei ihnen der Mangel an Realismus am häufigsten? Zum einen in Allmachtsphantasien. Wie konnte jemand, der eine marode AEG kauft, auf die Idee kommen, dass diese gegen Siemens bestehen könne? Das zweite Phänomen ist Größenwahn. Wie konnten die Gerling-Manager, obwohl knapp bei Kasse, glauben, im globalen Rückversicherungsspiel, das eine enorme Kapitalkraft erfordert, mithalten zu können? Wohin solche Realismus-Defizite führten, ist hinlänglich bekannt. Bei typischen Mittelständlern treffe ich selten auf derartige Schwächen, sie bleiben eher mit den Füßen auf dem Boden der ökonomischen Realität und beeindrucken mich oft durch ihren gesunden Menschenverstand.

Die Ursachen der Realismus-Defizite sind vielfältig:

- praxisferne, zu theorielastige Ausbildung,
- das weitgehende Fehlen von wirtschaftlichen Inhalten in der Schule,
- der Wohlstand, der viele vergessen lässt, dass es kein »free lunch« gibt,
- in manchen gesellschaftlichen Gruppen auch die Animosität gegenüber der Wirtschaft, die verhindert, dass objektive Fakten überhaupt zur Kenntnis genommen werden,
- bei Managern vor allem mangelnde Bodennähe, Trendgläubigkeit und Beeinflussbarkeit durch Managementmoden.

Hüten Sie sich vor diesen Gefahren. Sorgen Sie durch Bodenkontakt für eine ständige Zufuhr von Realismus-Injektionen. Wer die Wirtschaft realistisch sieht, verfügt über einen unschätzbaren Vorteil.

Innovationsfähigkeit steigern!

Innovation und Veränderung erzeugen stets Widerstände. Denn Innovation ist laut Schumpeter »die kreative Zerstörung des Vorhandenen«. In vielen Unternehmen sind ganze Heerscharen damit beschäftigt, die kreativen Zerstörer in Schach zu halten – meist mit Erfolg.

Niemand ist gegen Innovation an sich – zumindest solange sie nicht eigene Besitzstände gefährdet. Doch viele sehen eine solche Gefährdung. Die Geschichte der Menschheit ist deshalb ein fortwährender Kampf gegen die Innovation, eine Geschichte der permanenten Auseinandersetzung zwischen Bewahrern und Veränderern.

So kommentierte Platon die Kulturinnovation der Schrift wie folgt: »... verdummt, macht abhängig und mithin unselbstständig und birgt die Gefahr in sich, wichtige Informationen in die Hände von Unbefugten gelangen zu lassen.« Der Mathematiker Appolonius von Perga beantragte, Archimedes aus der Universität von Alexandria auszuschließen, weil er durch seine Experimente »die reine Mathematik mit der Materie beschmutzt« habe. Mitte des 19. Jahrhunderts forderte der Wiener Medizinprofessor Semmelweis die Ärzte auf, sich vor Operationen die Hände in Chlorwasser zu waschen, weil sie Keime übertrügen. Die Unterstellung, sie seien nicht sauber, brachte seine Kollegen derart gegen ihn auf, dass er seine Professur an der Wiener Universität verlor. Auch Galilei hatte längst, bevor er mit der Kirche in Konflikt geriet, die unversöhnliche Feindschaft der orthodoxen Aristoteliker auf sich gezogen. Im Jahr 1829 forderte der Gouverneur des Staates New York den US-Präsidenten Jackson auf, »das amerikanische Volk vor dem Übel Eisenbahn zu schützen«. Simon Newcomb (1835–1909), ein berühmter Astronom, behauptete noch um 1900, dass Fliegen mit Maschinen, die schwerer als Luft sind, unmöglich sei – sogar nach den ersten Versuchen der Brüder Wright beharrte er auf seinem Standpunkt.

Der Leiter des Londoner Patentamtes schlug 1908 vor, das Amt zu schließen, da alle wesentlichen Erfindungen gemacht seien. Bei der Einführung des Tonfilms im Jahre 1927 fragte Harry Warner, Gründer von Warner Bros.: »Wer zum Teufel möchte Schauspieler sprechen hören?« Ein Jahr später meinte in Göttingen Max Born, mit der Entdeckung der Elektronengleichung durch Dirac sei die Physik wohl abgeschlossen. In einem Vortrag vor der Royal Academy sagte Lord Rutherford, von dem grundlegende Entdeckungen in der Kernphysik stammen, aller Glaube, dass dieses Gebiet einmal eine praktische Bedeutung erlangen könne, sei »blue moonshine«, also reine Illusion. Ein Jahr später wurde die Kernspaltung entdeckt. 1943 schätzte Thomas J. Watson, IBM-Gründer, dass in der Welt Bedarf für etwa fünf Computer bestehe.

Ist es heute anders? Mitnichten! 1977 kommentiert Ken Olsen, Gründer von Digital Equipment, die Einführung des Personalcomputers: »Es gibt keinen Grund, warum jemand einen Computer zu Hause haben sollte.«

1988 meint Stephen W. Hawking in seinem Bestseller »Eine kurze Geschichte der Zeit«: »We may now be near the end of the search for the ultimate laws of nature.« Klingt bekannt (siehe Max Born 1928). Wie oft hörte ich vor 20 Jahren führende Vertreter der deutschen Pharmaindustrie sagen, kommerzielle Erfolge gentechnologischer Produkte ließen noch lange auf sich warten? Die Gentechnik-/Biotechnologiefirma Amgen, die 1989 ihr erstes Produkt überhaupt einführte, erzielte 2009 einen Umsatz von knapp 15 Milliarden Dollar.

Innovation fordert den Abschied von Bewährtem und die Inkaufnahme von Risiken. Innovation ist mit Angst, mit erlebter Unsicherheit verbunden. Blockaden gegen Innovationen sind insofern verständlich und normal. Erfolg in der Vergangenheit ist oft der größte Feind der Innovation. Je erfolgreicher ein Unternehmen in der Vergangenheit war, desto mehr steht auf dem Spiel, desto größer ist das Risiko, dass die Neuheit nicht zum gleichen Erfolg führt. Innovation verlangt die Aufgabe altbewährter Erfolgsregeln und Gewohnheiten. Das fällt schwer. So sagte Arthur Koestler: »Eine neue Gewohnheit anzunehmen ist leicht, mit einer Gewohnheit zu brechen ist dagegen eine heroische Leistung.«

Die Fortführung eines ungewöhnlichen Erfolges ist oft schwieriger als die Schaffung desselben, weil die Innovationsblockaden besonders ausgeprägt sind. Warum haben sich die US-Eisenbahnen nicht selbst mit Fluggesellschaften Konkurrenz gemacht? Warum sind die Schmalfilmhersteller Ende der 70er Jahre nicht ins Videogeschäft eingestiegen? Warum haben die damals in der Welt führenden deutschen Pharmafirmen in den 80er Jahren nicht Generika-Linien aufgebaut?

Die Antwort ist immer die gleiche: Weil sie ihre jeweils schönen, florierenden Geschäfte nicht zerstören wollten! Was ist aus diesen Geschäften geworden? Sie sind weg, geraubt von Innovatoren, die sich nicht um Altes scherten.

Nur wer sich ständig in Frage stellt und sich selbst notfalls mit eigenen Innovationen angreift, überlebt auf Dauer. Marktwirtschaft heißt Dynamik, bedeutet ewige Jagd. Wer sesshaft und Sammler wird, wer sich auf Erfolgen ausruht, der ist das Opfer von morgen. Es ist besser, sich selbst mit Innovationen Marktanteile wegzunehmen, als diese der Konkurrenz zu überlassen.

Nur wenige Firmen betreiben die Innovationsjagd auf sich selbst systematisch. Gillette ist eine solche Firma, die gut laufende Artikel stets durch neue, noch bessere Produkte verdrängt. Doch leider ist dies nicht die Regel.

Ständig neue Chancen aufgreifen, wo es doch so viel bequemer ist, bestehende Geschäfte fortzuführen, die sicherer und weniger konfliktbeladen erscheinen, bildet eine große Herausforderung.

Steigern Sie deshalb die Innovationsfähigkeit Ihres Unternehmens, indem Sie verhindern,

- dass bevorzugt konservative und angepasste Untergebene befördert werden.
- dass die Organisation zu sehr auf Routineaufgaben ausgerichtet ist. Etablieren Sie notfalls Projektteams oder spezielle Innovationsabteilungen.
- dass Job-Rotationen zu schnell erfolgen und sich Kurzfristdenken breitmacht. Innovation braucht langen Atem.
- dass Produkte/Märkte oder Funktionen übermäßig divisionalisiert oder separiert sind. Kreativität erfordert das Zusammenbringen unterschiedlicher Sichtweisen.
- dass sich gewohnheitsmäßiges Denken breitmacht. Organisieren Sie gelegentlich um.
- dass Fehler und Erfolge asymmetrisch bewertet werden. Sanktionen »sinnvoller« Fehler führen zur Fehlervermeidung als oberster Maxime. Das ist der Tod jeglicher Innovativität.

- dass die von einer Innovation negativ Betroffenen ins Bodenlose fallen. Sonst züchten Sie sich zukünftige Blockierer.

Die Beseitigung von Blockaden reicht jedoch nicht aus, sondern schafft erst Spielraum für aktive Maßnahmen zur Steigerung der Innovationsfähigkeit:

- Lernen Sie, kreative, innovative Mitarbeiter zu managen. Das ist schwerer, als Sie denken. Beherzigen Sie die folgende Aussage von Thomas Watson, jun., Sohn des IBM-Gründers und jahrzehntelang selbst IBM-Chef: »Ich habe nie gezögert, jemanden zu befördern, den ich nicht mochte. Im Gegenteil, ich habe immer Ausschau gehalten nach widerspenstigen, kratzbürstigen, fast unausstehlichen Typen. Wenn man genügend viele davon hat und die Geduld aufbringt, sie zu ertragen, dann gibt es für ein Unternehmen keine Grenzen.«
- Setzen Sie klare Innovationsziele (beispielsweise in Prozent vom Umsatz, der mit neuen Produkten erzielt werden soll) und kontrollieren sowie honorieren Sie deren Einhaltung.
- Bringen Sie Techniker und Marketing-/Verkaufsleute zusammen. Wenn beide, statt sich zu bekriegen, gemeinsam Problemlösungen ausbrüten, dann kommt vielleicht kein Nobelpreis, aber immerhin ein Markterfolg heraus.
- Wenn eine Innovation ein eigenes etabliertes Produkt angreift, dann bilden Sie, sofern machbar, eine neue organisatorische Einheit in möglichst großer Distanz von der anzugreifenden Einheit. Die Neuen werden allen Ehrgeiz daransetzen, es den Etablierten zu zeigen, ohne dass letztere sie organisatorisch abblocken können.
- Schaffen Sie eine Kultur konstruktiv-kreativer Unsicherheit. Hinterfragen Sie akzeptierte Annahmen und Regeln und ermuntern Sie Ihre Mitarbeiter, dies ebenfalls zu tun – auch wenn Sie selbst das Objekt der Hinterfragung sind. Die kreativsten Leute, die ich getroffen habe, waren solche, die stets, auch bei scheinbar offensichtlichen Dingen, »Warum?« fragten.
- Sorgen Sie schließlich für eine Atmosphäre des Vertrauens, der Kommunikation, der Offenheit. In vielen Firmen beobachte ich eklatante Widersprüche zwischen individueller Innovationsbereitschaft und korporativer Innovationsblockade – ein sicheres Indiz für Kommunikationsprobleme.

Bei allen Bemühungen um Innovation sind Fehlschläge unvermeidlich. Zwar sagte der Philosoph André Glucksmann, der Narr dieser Generation sei das Genie der nächsten Generation. Leider gilt das nicht für alle Narren. Solange es kein sicheres Mittel gibt, die »Genie-Narren« ex ante zu identifizieren, müssen wir echte Narren in Kauf nehmen, um innovieren zu können. Eines ist jedenfalls gewiss: Innovation ist und bleibt der Sieg der Originalität über die Gewohnheit.

Nicht naiv an Trends glauben!

Mein Anliegen ist es auch, vor einem naiven Glauben an Trends zu warnen: Glauben Sie nicht an Trends, sondern betrachten Sie meine Vorschläge in diesem Buch als Anregungen zum kritischen Nach- und Überdenken. Und vergessen Sie nie: am Ende kommt es immer auf die Umsetzung, auf das Tun, an!

Anmerkungen

1 *Nachkrisenzeit* ist der Titel eines Buches von Daniel Gros und Sonja Sagmeier, das in 2010 vom Ecowin-Verlag, Salzburg, veröffentlicht wurde.
2 Vgl. Samuel Huntington, *Kampf der Kulturen: Die Neugestaltung der Weltpolitik im 21. Jahrhundert,* München: Goldmann 2002.
3 Vgl. Francis Fukuyama, *The End of History and the Last Man,* New York: Free Press 1992. Deutsch: *Das Ende der Geschichte*, München: Kindler 1992.
4 Vgl. Robert Kagan, *The Return of History and the End of Dreams*, New York: Vintage 2008.
5 Vgl. Howard Gardner, *Five Minds for the Future,* Boston: Harvard Business School Publishing, 2006.
6 Zur Klarstellung: Hier sind europäische Billionen (1 Billion = 1 000 Milliarden), nicht amerikanische »billions« gemeint.
7 Zahlreiche Indikatoren, vor allem solche im Finanzbereich, sind noch wesentlich stärker gewachsen als die Exporte. Vgl. Mauro F. Guillén, *Where is Globalization Taking Us?* Philadelphia: Wharton School 2010.
8 Es gibt allerdings auch skeptischere Stimmen, vgl. Rolf Langhammer, *Sind die goldenen Jahre der Globalisierung vorbei? Orientierungen zur Wirtschafts- und Gesellschaftspolitik*, Ludwig-Erhard-Stiftung Bonn, Juni 2010, S. 41–44.
9 Das entspricht einem Korrelationskoeffizienten zwischen Pro-Kopf-Exporten und Einwohnerzahl von 0,62.
10 Diese Position vertritt auch David Marsh, früherer Deutschland-Korrespondent der Financial Times, vgl. David Marsh, *It's the exports, stupid*, Newsletter »The Bigger Picture«, 12. Juli 2010.
11 Theodore Levitt, *Editorial*, Harvard Business Review, November-December 1988, S. 9.
12 Den 651 000 Geburten des Jahres 2009 standen 842 000 Sterbefälle gegenüber, eine Differenz von fast 200 000.
13 Gunnar Heinsohn, *Deutschland verschläft den Kampf um Talente*, Frankfurter Allgemeine Zeitung, 24. Juni 2010, S. 33.

14 Vgl. Klaus F. Zimmermann, *Wir brauchen eine »Agenda Zuwanderung«*, Handelsblatt, 4. August 2010, S. 7.

15 Ibid.

16 Ibid.

17 Vgl. *Five Forces Reshaping the Global Economy*, McKinsey Quarterly, May 2010.

18 Julia Löhr, *Die Ingenieurskunst lockt, der Papierkram vertreibt*, Frankfurter Allgemeine Zeitung, 21. September 2010. S. 14.

19 Gunnar Heinsohn, *Deutschland verschläft den Kampf um Talente*, Frankfurter Allgemeine Zeitung, 24. Juni 2010, S. 33.

20 Vgl. *Zuwanderer in den Industriestaaten*, Frankfurter Allgemeine Zeitung, 19. August 2010, S. 10

21 Vgl. *New Poverty Index Unveiled*, Time, 26. Juli 2010, S. 5.

22 Time, 16. August 2010, S. 35.

23 Vgl. *Small Fish in a Big Pond*, Economist, 10. September 2009.

24 *General Electric muss chinesischer als die Chinesen werden*, Frankfurter Allgemeine Zeitung, 16. Juli 2010.

25 Vgl. dazu auch Philipp Ehmer, *Wachstumstreiber Asien*, Verlagsbeilage Elektroindustrie, Frankfurter Allgemeine Zeitung, 23. Juni 2010, S. B6.

26 Vgl. *Bosch Rexroth hofft auf Fernost*, Frankfurter Allgemeine Zeitung, 14. Mai 2010, S. 16.

27 Vgl. Christoph Hein, *Die dritte Welle*, Frankfurter Allgemeine Zeitung, 17. Juli 2010, S. 13.

28 Vgl. Christoph Hein, *Chinas Unternehmen fassen Fuß in Deutschland*, Frankfurter Allgemeine Zeitung, 2. August 2010, S. 15.

29 Vgl. Johnny Erling, *China wird zur Mega-City*, Die Welt, 17. September 2010, S. 6, auch die folgenden Zahlen sind diesem Artikel entnommen.

30 Vgl. Christoph Hein, *Indiens Wachstum führt zu mehr Slums*, Frankfurter Allgemeine Zeitung, 6. September 2010, S. 14.

31 Theodore Levitt, *The Globalization of Markets*, Harvard Business Review, Mai-Juni 1983.

32 Vgl. Frankfurter Allgemeine Zeitung, 4. Juli 2009, S. 13.

33 Volkswagen hatte schon einmal im Jahr 1978 die Produktion in USA aufgenommen, das Werk aber kurze Zeit später wieder geschlossen.

34 Vgl. Nathan Lewis, *Gold – The Once and Future Money*, Hoboken, N. J.: Wiley & Sons 2007.

35 Vgl. dazu auch Henrik Müller, *Schwer tragbare Lasten*, Manager-Magazin, August 2010, S. 86, und Hermann Simon, *Vom richtigen Umgang mit Schulden*, Manager-Magazin, August 2010, S. 68; vgl. auch Meinhard Miegel, *EXIT, Wohlstand ohne Wachstum*, München: Propyläen 2010.

36 Vgl. Carl-Christian von Weizsäcker, *Das Janusgesicht der Staatsschulden*, Frankfurter Allgemeine Zeitung, 5. Juni 2010.

37 Michael Hölling und Karsten Seibel, *Das große Missverständnis, Protokolle sollten die Anlageberatung verbessern. Der Versuch ist gescheitert*, Welt am Sonntag, 25. Juli 2010.

38 Vgl. dazu auch Sandro Nücken, *Steuerwettbewerb und Freiheit*, Frankfurter Allgemeine Zeitung, 30. Juli 2010, S. 10.

39 Vgl. *Es naht die hohe Zeit der Interessenvertreter*, Frankfurter Allgemeine Zeitung, 20. September 2010, S. 5.

40 Auf Landes- bzw. Kommunalebene gibt es solche Regeln. So können beispielsweise in Rheinland-Pfalz Mitarbeiter einer Kommune nicht Mitglieder des jeweiligen Stadt- oder Gemeinderates werden.

41 Zitiert nach: *Reiche Leute noch reicher machen*, Süddeutsche Zeitung, 14. März 2009, S. 28.

42 Vgl. Institut der deutschen Wirtschaft, *Standort Deutschland*, Köln 2010, S. 18.

43 Andreas Georgi gibt die EK-Quoten für deutsche Mittelstandsunternehmen mit 8 %, für österreichische Mittelständler mit 16 % an. Die IKB-Bank führt eine EK-Quote von 16,7 % für die deutsche gewerbliche Wirtschaft an. Ernst & Young nennt 18 % für deutsche Unternehmen.
Vgl. Andreas Georgi, *Notwendigkeit und Instrumente eines ganzheitlichen Risikomanagements für Mittelständler, Gewerbetreibende und Freiberufler*, Zeitschrift für Betriebswirtschaft Januar 2007, S. 7 – 18; *IKB-Bank, Eigenkapitalbasis deutlich gestärkt*, VDI-Nachrichten, 18. Mai 2007, S. 27; Ernst & Young, *Wege zum Wachstum*, Stuttgart 2005.

44 Vgl. Hermann Simon, *Hidden Champions des 21. Jahrhunderts*, Frankfurt am Main: Campus 2007, Kapitel 8, S. 257.

45 Der Verfasser ist einer der drei Gründer der Helikos S. E.

46 Vgl. dazu Hermann Simon und Martin Fassnacht, *Preismanagement*, Wiesbaden: Gabler 2008.

47 Vgl. dazu Kapitel 6 in diesem Buch.

48 Zu einer vertiefenden Behandlung dieses Themas vgl. Hermann Simon, Frank Bilstein und Frank Luby, *Der gewinnorientierte Manager*, Frankfurt am Main: Campus 2006 (amerikanisches Original: *Manage for Profit, not for Market Share*, Boston: Harvard Business School Press 2006).

49 Vgl. VDI Nachrichten, 6. Juni 2008, S. 39.

50 Vgl. Jim C. Collins und Jerry I. Porras, *Built to Last: Successful Habits of Visionary Companies*, New York: Harper Collins 1994, und Jim C. Collins, *Good to Great*, New York: Harper Collins 2001.

51 Paul Watzlawick, *Anleitung zum Unglücklichsein*, München: Piper 2009.

52 Vgl. Richard Foster, *Innovation: The Attacker's Advantage*, New York: Simon & Schuster 1988.

53 Diese Diskussion fand vor dem Toyota-Skandal statt, der im Jahr 2010 insbesondere in den USA die Wogen hochgehen ließ.

54 Vijay Mahajan, *The 86% Solution – How to Succeed in the Biggest Market Opportunity of the 21st Century*, New Jersey: Wharton School Publishing 2006.

55 C. K. Prahalad, *The Fortune at the Bottom of the Pyramid*, Upper Saddle River, N. J.: Pearson 2010.

56 Vgl. Bernhard Steinrücke, *Ich sehe Quantensprünge für Firmen in Indien*, Absatzwirtschaft, Oktober 2010, S. 9.

57 Podiumsdiskussion zum Thema »Ultra-Niedrigpreisstrategien« beim 1. Campus for Marketing, WHU Koblenz, Vallendar, 23. September 2010.

58 Vgl. Varinia Bernau, *Der fantastische Flachmann*, Süddeutsche Zeitung, 12. August 2010, S. 20.

59 Vgl. VDI-Nachrichten 30. März 2007, S. 19.

60 Vgl. Holger Ernst, *Industrielle Forschung und Entwicklung in Emerging Markets – Motive, Erfolgsfaktoren, Best Practice-Beispiele*, Wiesbaden: Gabler 2009.

61 Gespräch mit Siemens-Chef Peter Löscher bei der Asien-Pazifik-Konferenz in Singapur am 14. Mai 2010.

62 Gespräch mit Tata-Auto-Chef Carl-Peter Forster in Bombay am 11. Mai 2010.

63 Vgl. Automotive News, 15. September 2010, Bernstein-Research London.

64 Es handelt sich um die Firmen Voith Paper, Behr, König & Bauer, Giesecke & Devrient, MAN Roland, Sick, Heidenhain, Brainlab, Qiagen und Tracto-Technik.

65 Oliver Koppel, *Das Innovationsverhalten der technikaffinen Branchen, Gutachten für den Verband Deutscher Ingenieure (VDI)*, Köln: Verlag des Instituts der Deutschen Wirtschaft, April 2006.

66 Ray Kurzweil, *The Singularity is Near, When Humans Transcend Biology*, New York: Viking 2005.

67 Unter anderem von Bundesfinanzminister Peer Steinbrück in seiner Regierungserklärung »Zur Lage der Finanzmärkte« im Bundestag am 25. September 2008 benutzt (»Die Welt wird nicht wieder so werden wie vor dieser Krise«).

68 Vgl. Frank Strauß, »Vertrauen im Privatkundengeschäft«, Vortrag beim 1. Campus for Marketing, WHU Koblenz, Vallendar 23. September 2010.

69 Vgl. Andreas Nickenig, Vertriebsleiter Haribo, in Podiumsdiskussion »Vertrieb: Veränderungen, Probleme, neue Methoden«, 1. Campus for Marketing, WHU Koblenz, Vallendar, 23. September 2010.

70 Vgl. Michael Fassnacht, »Marketing nach der Krise: Die Perspektive der USA«, Vortrag beim 1. Campus for Marketing, WHU Koblenz, Vallendar, 23. September 2010.

71 Vgl. Podiumsdiskussion »Vertrieb: Veränderungen, Probleme, neue Methoden«, 1. Campus for Marketing, WHU Koblenz, Vallendar, 23. September 2010.

72 Vgl. *Kraft's Sweet Tooth*, Time, 19. Juli 2010, S. 44.

73 Vgl. *Billigmarken verlieren Marktanteile*, Frankfurter Allgemeine Zeitung, 12. Juli 2010, S. 15.

74 *Die Lebensversicherung gegen Einmalzahlung wird immer beliebter*, Frankfurter Allgemeine Zeitung, 26. August 2010, S. 12.

75 Vgl. www.opel-garantie.de , Stand 26. August 2010

76 Vgl. *Small Firms Resort to Freebies and Special Deals*, Wall Street Journal, 5. Februar 2009.

77 Vgl. Advertising Age, November 2009.

78 Vgl. *Small Firms Resort to Freebies and Special Deals*, Wall Street Journal, 5. Februar 2009.

79 Vgl. Michael Fassnacht, »Marketing nach der Krise: Die Perspektive der USA«, Vortrag beim 1. Campus for Marketing, WHU Koblenz, Vallendar, 23. September 2010.

80 Vgl. *Messe Frankfurt unterstützt finanzschwache Anbieter*, Frankfurter Allgemeine Zeitung, 11. Februar 2010, S. 15.

81 Vgl. *Windradbauer überraschen mit ehrgeizigen Prognosen*, Financial Times Deutschland, 13. Februar 2009, S. 14.

82 Vgl. Wirtschaftswoche, 25. Mai 2009, S. 113.

83 Vgl. *Small Firms Resort to Freebies and Special Deals*, Wall Street Journal, 5. Februar 2009.

84 Vgl. *Sparzwang beflügelt Wolkenkonzept*, Handelsblatt, 2. März 2009, S. A2.

85 Vgl. www.scopevisio.com

86 Vgl. *Wohnlichkeit in der Flugzeugkabine*, Neue Zürcher Zeitung, 5. Februar 2007, S. 7.

87 Für den Begriff »Aftermarket« gibt es kein griffiges deutsches Wort. Deshalb verwenden wir hier den englischen Ausdruck. »Ersatzmarkt« trifft den Inhalt nur partiell, da zum Beispiel Ersatzteile oder Renovierungen nicht eingeschlossen sind.

88 Vgl. *Kein offenes Scheckbuch*, Wirtschaftswoche, 19. Februar 2009, S. 12.

89 Vgl. zu diesen Techniken Hermann Simon und Martin Fassnacht, *Preismanagement*, Wiesbaden: Gabler 2008.

90 Zu einer vertiefenden Behandlung vgl. Hermann Simon, *33 Sofortmaßnahmen gegen die Krise*, Frankfurt am Main: Campus 2009.

91 Vgl. Stephan Finsterbusch, *Vom PC zum handlichen TC*, Frankfurter Allgemeine Zeitung, 24. September 2010, S. 19.

92 Mitte der 90er Jahre hatte Apple mit dem sogenannten Newton Message Pad schon einmal ein ähnliches Produkt vorgestellt, das jedoch kein Markterfolg wurde.

93 Vgl. *Amazon verkauft immer mehr digitale Bücher*, Frankfurter Allgemeine Zeitung, 21. Juli 2010, S. 15. Man beachte, dass »gebundene Bücher« Paperbacks (Taschenbücher) nicht einschließt, deren Verkaufszahlen deutlich höher sind.

94 Vgl. *Bertelsmann setzt auf Boom digitaler Bücher*, Frankfurter Allgemeine Zeitung, 2. August 2010, S. 18.

95 Vgl. Capital, Juni 2010, S. 18.

96 Vgl. Klara Keute, *Der kostbare Wortschatz*, Frankfurter Allgemeine Zeitung, 4. März 2010.

97 Vgl. *Current Google Insights trends: Wikileaks posts clasified military video, Masters*, The Independent, 12. April 2010.

98 Vgl. Huffingtonpost.com.

99 Vgl. *Wie man das Netz aufmischt*, Frankfurter Allgemeine Zeitung, 12. Juli 2010, S. 32.

100 Vgl. *The People who Shape our World*, Time, 3. August 2006.

101 Rick Levine, Christopher Locke, Doc Searls, David Weinberg, *The Cluetrain Manifesto*, Cambridge, MA: Perseus Publishing 2000. »Cluetrain« ist ein Wort, das es im Englischen nicht gibt. »Clue« heißt Ahnung oder Anhaltspunkt. Im Wörterbuch leo.org findet man die folgende Erklärung: »Clue train (or cluetrain) is a metaphorical train on which an ignorant or incompetent person needs to ride. This phrase was popularized a couple of years ago by the publication of The Cluetrain Manifesto on the Web (see http://www.cluetrain.com/) and in book form.«

102 Vgl. Billboard.Biz Bulletin, 24. September 2010, S. 3.

103 Google Unternehmensinformation.

104 Vgl. Millwardbrown.com, Brand Z Top 100, 2010.

105 Vgl. *Facebook will die Plattform im Internet werden*, Frankfurter Allgemeine Zeitung, 29. Juni 2010, S. 15.

106 Vgl. *Twitter und Facebook immer im Blick, Kostenloses Flipboard macht das iPad zum Magazin für »Social Web«*, Trierischer Volksfreund, 27. Juli 2010, S. 19.

107 Vgl. *Facebook ist eine vorübergehende Phase, Gespräch mit Stowe Boyd*, Frankfurter Allgemeine Zeitung, 18. Mai 2010, S. 17.

108 Ibid.

109 Vgl. *Einfluss des Internet auf das Marketing wird unterschätzt*, Frankfurter Allgemeine Zeitung, 6. Juli 2010.

110 Vgl. *Shell-Jugendstudie*, Hamburg 2010, und Manfred Spitzer, *Im Netz*, Frankfurter Allgemeine Zeitung, 22. September 2010, S. 8.

111 Vgl. Michael Fassnacht, »Marketing nach der Krise: Die Perspektive der USA«, Vortrag beim 1. Campus for Marketing, WHU Koblenz, Vallendar, 23. September 2010.

112 Philip Kotler, »Next Generation Marketing«, Vortrag, Mexico City, 2. Juli 2010.

113 Vgl. Henry Mintzberg, *The Structure of Organizations: A Synthesis of Research*, Englewood Cliffs: Prentice Hall 1979.

114 Vgl. Meyer Friedman und Diane Ulmer, *Treating Type A Behavior – and Your Heart*, New York: Knopf 1984. Der Typ A ist ständig unter Zeitdruck und angespannt, was auf Dauer zu Herzkrankheiten führt. Der Typ B bleibt unabhängig vom Umfeld stets gelassen.

115 Vgl. Sten Nadolny, *Die Entdeckung der Langsamkeit*, München: Piper 1987.

116 Stephen Hawking, *Eine kurze Geschichte der Zeit*, Hamburg: Rowohlt 1991.

117 Vgl. Heinz Haber, *Die Zeit*, München: Droemer Knaur 1989.

118 Makoto Akashi et al., *Noninvasive Method for Assessing the Human Circadian Clock Using Hair Follicle Cells*, Proceedings of the National Academy of Sciences, August 2010.

119 Vgl. Lucius Annaeus Seneca, *De Brevitate Vitae (Von der Kürze des Lebens)*, Lateinisch/Deutsch, Ditzingen: Reclam 2008.

120 Vgl. André Leysen, *Krisen sind Herausforderungen*, Herford: Busse-Seewald 1989.

121 Vgl. Thomas J. Peters und Robert W. Waterman, *Auf der Suche nach Spitzenleistungen*, 9. Auflage, Frankfurt: Redline Wirtschaft 2003.

122 Vgl. *Multitasking mindert die Lebensfreude*, Trierischer Volksfreund, 22. Juli 2010, S. 22.

123 Vgl. Manfred Spitzer, *Im Netz*, Frankfurter Allgemeine Zeitung, 22. September 2010, S. 8.

124 Stephen Schnaars, *Megamistakes – Forecasting and the Myth of Rapid Technological Change*, New York: Free Press 1989.

125 Herman Kahn und Anthony J. Wiener, *Ihr werdet es erleben*, Gütersloh: Bertelsmann 1970.

126 Vgl. Thomas J. Peters und Robert W. Waterman, *Auf der Suche nach Spitzenleistungen*, 9. Auflage, Frankfurt: Redline Wirtschaft 2003.

127 Vgl. John Naisbitt, *Megatrends*, New York: Warner Books 1982.

128 Vgl. Peter F. Drucker, *Management Challenges for the 21st Century*, New York: Harper 1999.

129 Stephen Schnaars, *Megamistakes – Forecasting and the Myth of Rapid Technological Change*, New York: Free Press 1989.

130 Vgl. *Der Wandel als Chance*, Frankfurter Allgemeine Zeitung, 23. September 2010, S. V4.

131 Hermut Kormann, *Gibt es so etwas wie typisch mittelständische Strategien*, Diskussionsbeiträge Nr. 54, Universität Leipzig, Wirtschaftswissenschaftliche Fakultät, November 2006.

Register

Hermann Simon
Hidden Champions des 21. Jahrhunderts
Die Erfolgsstrategien unbekannter Weltmarktführer

2007. 452 Seiten, gebunden
ISBN 978-3-593-38380-4

E-Book:
ISBN 978-3-593-40360-1

Das Geheimnis des Erfolgs

In Deutschland, Österreich und der Schweiz gibt es mehr als 1000 Weltmarktführer. Verborgen vor der Öffentlichkeit ziehen sie ihre erstaunlichen Erfolgsbahnen, lehren die weltweite Konkurrenz das Fürchten und verändern unsere Welt mit ihren Innovationen. Von niemandem können Unternehmer, Manager und Nachwuchskräfte mehr über zukunftsorientiertes Management lernen – doch was macht diese Hidden Champions so erfolgreich? Hermann Simon deckt ihre Geheimnisse auf.

»Flott geschrieben und angereichert mit vielen Beispielen ... Die Lektüre dient der Überprüfung der eigenen Strategie und macht nicht zuletzt Mittelständlern Mut, ihr eigenes unverwechselbares Profil zu entwickeln und auf dieser Basis die internationalen Marktchancen zu nutzen.« **F.A.Z.**

Mehr Informationen unter www.campus.de

campus
Frankfurt · New York